삼위일체 하나님

권찬수 지음

✝

머리말

할렐루야!

이 저서를 접하신 독자님에게 먼저 주님의 이름으로 문안드립니다. 삼위일체의 이론은 하나님의 신론에 대한 교리에 속하는 것으로서 초대 교회 이후 오랜 세월을 거쳐 오면서 많은 논란과 논쟁(論爭)이 계속되었습니다. 삼위일체에 대한 정의(定義)는 성경 기록에서의 직접적인 인용(引用)이 아니라 성경이 나타내는 여러 의미(意味)에서 발췌(拔取)된 이론이(理論) 되다 보니 사람의 견해(見解)에 따라서는 추상적(抽象的) 사고(思考)가 포함될 때가 많기 때문입니다.

그러므로 삼위일체의 이해와 그 정의는 상당히 어려운 문제로 많은 논쟁의 대상이 된다는 사실이 어쩌면 자연스러운 현상이라고도 할 수가 있는 것입니다. 그러나 삼위일체에 대한 원칙의 정립(定立)은 이미 웨스트민스터 회의 신앙 고백서에서 근거한 기독교 정통 교단들의 삼위일체 교리(敎理)의 정의(定義)로 공인(公認)되어 있는 것입니다.

그러나 기독교 정통 교단들의 삼위일체 교리는 성경에서 나타난 액면적 의미 그대로의 개념적(槪念的) 정의로만 정립되어 있기 때문에 이에 만족하지 못하는 사람들의 삼위일체에 대한 더 구체적인 합리적 이해의 추구(追求)에 따른 끊임없는 시도(試圖)로 삼위일체에 관한 저서가 넘쳐 남으로 말미암아 더욱 뜨거운 논쟁이 계속되고 있는 것입니다. 그러다 보니 삼위일체에 관한 세부적(細部的)인 해석에 있어서는 같은 사항(事項)의 내용인데도 불구하고 동방교회와 서방교회와의 해석이 좀 다르기도 하며, 같은 정통 신학자의 논리가 되는데도 불구하고 서로 다른 주장이 되기도 하는 것입니다.

그러한 가운데 본 저서는 삼위일체에 대한 전에 없었던 학문적 고차원(高次元)의 새로운 정의(定義)적 제시(提示)의 글이 아니라 이미 기독교 정통 교단들의 신론(神論) 교리로 인정하고 있는 웨스트민스터 신앙 고백의 삼위일체 교리(敎理)에 대한 평신도(平信徒)들의 현실적 신론신앙(神論信仰)의 눈높이 이해(理解)에 대한 취지(趣旨)의 글로서 성경적 의미의 전개(展開)적 의론의 제시(提示)가 되는 것입니다.

하나님의 삼위일체 지식이론(知識理論)을 필히 알아야만 천국에 간다는 것은 결코 아닙니다. 삼위일체의 하나님은 몰라도 한 분 하나님을 알고 그 아들 예수 그리스도를 주(主)로 영접(迎接)하고 그 이름만 믿음으로 부르면(입으로 시인) 그 누구나 그 믿음으로 천국에 가는 것입니다. 그러나 삼위일체를 이해하는 것은 보다 더 고상(高尙)한 지식신앙의 경험으로 보다 더 유익한 생활신앙이 되며 이단(異端)적 신론의 유혹(誘惑)에도 자기 신앙 방어(防禦)에 큰 도움이 되는 것입니다.

그런데 삼위일체 하나님의 이해 자체부터가 상당히 어려운 문제가 되는 것은 하나님은 한 본체이시나 삼위로 계신다는 그 자체가 사람의 논리로 볼 때는 비합리적(非合理的) 이론으로서 성경의 그 많은 말씀 가운데서도 독립적(獨立的) 인격(人格)으로 보이는 성삼위의 그 하나되는 존재형태(存在形態)에 대한 직접적이고 구체적(具體的) 기록은 없다는 사실입니다. 그러므로 이 저서(著書)는 사람이 알 수 없는 이러한 사실자체(事實自體)와 관련된 성경적 근거(根據)를 중심으로 한 삼위일체(三位一體) 하나님의 이해(理解)에 관한 글로서 말씀과 기도 가운데서의 정리(整理)를 해 보게 된 것입니다. 부족한 부분이 있을지라도 공감(共感)된 부분에 있어서는 은혜(恩惠)의 공유(共有)가 되기를 바라는 바입니다.

2023년 3월
저자 권찬수 장로

✝

추천사

권찬수 장로님의 책『삼위일체 하나님』은 성도인 우리가 각자의 사명에 충실하되, 교회의 일치와 교회 내 공동체성의 중요성을 생각하게 해 주는 책입니다. 성부, 성자, 성령 하나님은 세 인격이지만 한 본질로서 존재하고 계시는 거룩하신 하나님은 사랑의 관계 속에서 페리코레시스(상호 윤무, Perichoresis)로 존재하시는 삼위일체 하나님이십니다. 이는 삼위일체 하나님을 섬기는 성도인 우리가 추구하며 살아가야 하는 모습이 어떠해야 하는지를 생각하게 합니다.

세 인격의 삼위로 계시는 하나님의 모습처럼 성도는 각자의 직분과 사명에 따라 각자의 역할이 다릅니다. 그러나 한 본질이신 하나님의 모습처럼 서로 사랑으로 상호 협력과 연합을 이루어 가야 합니다. 저자이신 장로님이 학교에서 신학을 가르치는 신학자로서가 아니라 일반 직업을 가진 평신도 장로로서 이 책을 쓰신 것은 삼위일체 하나님의 교리가 단지 교리의 영역, 학문적 영역에만 머물러 있지 않고 성도의 일상의 삶과 동떨어지지 않으면서, 교회를 포함한 모든 삶의 자리에서 언제나 고백되고 추구되어야 하는 모습임을 깨닫게 합니다.

장로님은 삼위일체 하나님을 통해 깨달으신 통찰을 삶 속에서 실천적으로 살아 내고 계시는 분입니다. 사업체를 운영하실 때 성실하게 감당하시면서도 어디서나 온유와 겸손한 모습을 잃지 않으시는 장로님의 모습은 이번에 쓰신 책의 내용처럼 하나님에 대한 이해를 장로님의 삶에서 녹여 내고 있으신 분임을 확신하게 됩니다.

부디 이 책을 읽는 독자들이 하나님이 어떤 분이신가를 알아 가는 기쁨을 갖는 가운데 하나님을 닮아 가는 삶이란 무엇인가에 대한 답을 얻는 책이 되기를 기대합니다. 하나님을 사랑하고 교회를 사랑하는 모든 독자에게 이 책을 권해 드립니다.

2023년 3월
김수한 목사

Contents

제1장

하나님

하나님이란?

이 저서의 주(主)된 목적의 글은 삼위일체(三位一體)에 관한 서술이 된다. 그러나 삼위일체(三位一體) 하나님을 말하기 전에 누구나 잘 안다고 생각하는 하나님을 먼저 말하게 되는 것은 삼위일체 하나님에 관한 이해(理解)적 연관선상(聯關線上)의 필수(必須)라고 생각되기 때문이다. 하나님에 관한 모든 사실의 글을 구체적으로 쓰려면 별도의 저서(著書)가 되어야 할 정도로 많은 설명의 글이 필요하나 사정상 개념적(概念的)인 범위내(範圍內)에서의 한 분 하나님을 먼저 생각해 보고자 한다.

하나님이란 천상천하(天上天下)의 영원 전부터 영원무궁토록 그 누구나 그 무엇과도 비교조차도 될 수 없는 **최고권위(權威)의 통치자(統治者) 곧 만왕(萬王)의 왕(王)이시요, 신앙 섬김 대상으로서의 유일(唯一)한 참신(神)인 것**이다(신6:4 ; 딤전1:17, 6:15-16 ; 출15:11 ; 고전8:4-6). 그러므로 하나님이란 칭호(稱號) 그 자체는 이름이라기보다는 절대적 유일(唯一) 통치적(統治的) 신(神)적 직함(職銜)으로 볼 수가 있다(왕상18:21 ; 히8:10 ; 렘24:7 ; 신4:35).

그리고 호칭(呼稱)의 발음관계(發音關係)를 보게 되면 기독교에 속해 있는 한두 종교 단체와 믿지 않는 사회에서는 하느님(하늘님의 'ㄹ'이 빠진 말)이라는 발음(發音)으로 호칭(呼稱)하게 되나 개신교의 대다수 교단에서는 절대적 유일신(唯一神)이라는 하나의 의미(意味)가 부여(附與)된 "**하나님**"으로의 발음으로 호칭(呼稱)하게 된다.

이는 성경에 표현된 강조적 의미로 천상천하에 둘이 될 수 없는 참신(神)은 유일신(唯一神) 여호와 곧 홀로 하나이시며(슥14:9) 천지 섭리(攝理)의 직무적 역할(役割)에 있어서는 천지의 유일(唯一)한 주재(主宰)로서의 절대적 하나님으로 호칭(呼稱)하게 되는 것이다(신10:17 ; 사37:16 ; 요17:3 ; 유1:25 ; 단2:47 ; 행17:24).

그래서 정통개신교에서는 대한민국 〈애국가〉를 불러도 하느님이 보우(保佑)하사가 아닌 **"하나님이 보우(保佑)하사 우리나라 만세"**라고 부르게 된다. 물론 우리나라의 국어사전에서는 하나님이나 하느님을 동일한 표준어로 인정하고 있으나 대다수의 기독교인은 절대적 하나님으로만 호칭(呼稱)하고 있는 것이다.

하나님의 이름과 그 이름의 뜻

1. 하나님 이름의 성경적 호칭(呼稱)과 참고적 유래설(由來設)

하나님의 이름은 <u>"여호와(Jehovah)"</u>이시다(출3:15 ; 사42:8 ; 시68:4). 그러나 한편 야훼(Yahweh)라고도 하게 되는데 이는 하나님의 이름에 대한 문자(文字) 적용에 의한 발음(發音) 관계상 그 표현(表現)에 따른 것으로, <u>근본적(根本的) 하나님의 이름으로 인정되는 그 의미(意味)에 있어서는 **여호와나 야훼는 같은 하나의 뜻으로 함께 사용**</u>되는 것이다. 이러한 하나님 이름에 대한 성경의 기록과 그 호칭(呼稱)에 대한 기록을 보게 되면 창세기 1장 천지창조(天地創造)의 기록에 있어서는 그냥 하나님으로만 기록이 되었으나 그 창조의 구체적 내력(來歷)이 기록된 창세기 2장에서의 4절에는 처음으로 "여호와 하나님"으로의 기록이 시작되었는데 창세기 2장에서는 11번이나 여호와 이름이 하나님 단어 앞에 붙어 있는 것이다. 그 이후 여호와 그 이름의 단어(單語)는 하나님이라는 단어와 더불어 수천 번(數千 番)이나 구약성경에 기록되어 있는 것이다. 그리고 사람들의 여호와 그 이름의 단어(單語)를 최초로 말한 기록은 창세기 4장 1절의 아담의 아내 하와가 임신(姙娠)하여 가인을 낳고 이르기를 내가 여호와로 말미암아 득남(得男)했다는 기록이 되며 <u>또한 사람들이 최초로 여호와 그 이름을 직접 호칭(呼</u>

稱)한 그 시작은 아담의 둘째 아들 곧 가인에게 죽은 아벨 대신(代身)에 낳은 아들 셋이 그의 아들 에노스를 낳은 때 그때에 비로소 사람들은 "여호와(야훼)의 이름을 불렀다는 기록"을 볼 수 있다(창4:26).

그런데 하나님께서는 야곱에게도 직접 나는 여호와니 아브라함과 이삭과 야곱의 하나님이라고 말씀하신 때도 있었고(창28:13), 또한 아브라함도 직접 여호와 하나님으로 호칭한 적도 있었지만(창15:2) 하나님께서 직접 "나는 여호와라며 그 이름의 의미까지 공식적(公式的)으로 알린 사실"은 아브라함과 이삭과 야곱에게도 알리지 않았던 사실로 모세에게의 알림이 처음인 것이다(출6:1-7). 그러므로 하나님의 이름 여호와(야훼)는 성경의 절대적 칭호인 것이다.

한편 하나님의 이름에 관한 것으로서 성경의 직접적인 기록에 의한 사실이 아닌 신학자(神學者)들이 말하는 전래적(傳來的) 학설(學說)이라고 할 수가 있는데 이는 이미 신학계의 대중화되었기에 간단하게나마 참고적 사항으로 소개해 본다면 모세가 처음 공식(公式) 문자(文字)적 하나님의 이름을 받을 때 하나님이 모세에게 알려 준 이름은 히브리 문자 4개의 자음으로 표기(表記)가 되었는데 이를 라틴어계 문자로 표기하게 되면 영어의 알파벳 YHWH로 4개의 자음(子音)이 된다고 한다. 이 히브리어 네 자음을 테트라그라마톤(Tetragrammaton)이라 하는데 각각의 자음에 어떤 모음(母音)의 형식(型式)을 붙여 하나님의 이름으로 발음(發音)을 해야 하는지에 있어서는 밝혀지지 않았다고 하는 것이다.그래서 하나님의 이름은 모음 적용의 발음이 없는 YHWH의 4자 음자로의 표기만 되어있었는데 이마저도 바벨론 유수기 이후(바벨론 포로 이후) 유대인들은 10계명 중의 제3계명에 하나님의 이름을 망령(妄靈)되게 부르지 말라는 것(출20:7)과 실제적 하나님 이름의 모독(冒瀆)죄를 범한 사람은 돌로 쳐 죽이라는 사건(출24:10-16)을 연관(聯關)시켜 하나님 이름은 지극히(至極히) 거룩한 이름으로 신성(神性)의 위엄(威嚴)적 두려운 칭호(稱號)가 되기 때문에 YHWH에 대해서도 사람이 감히 직접 부르는 것은 물론 읽는 것조차도 크나큰 무례(無禮)함이라 간주(看做)하여 하나님 이름의 호칭에 있어서는 아주 금(禁)하기로 했다고 한다. 그래서 하나님의 이름을 직접 부르거나 YHWH는 읽지도 않는 대신(代身)에 히브리 언어인 **아도나이**(Adonai→나의 주(主)님이라는 뜻)로나 또는 **엘로힘**(Elohim→전능적 위대함과 장엄의 하나님을 칭하는 복수적 의미)이라는 관용적(慣用的) 표현(表現)으로 하나님 이름의 호칭(呼稱)과 읽음으로 갈음되게 되었다고 한다.

그 후 세월이 흐른 후 사람들은 다시금 하나님의 이름을 직접 부르기를 원했으나 역시 YHWH의 자음(子音)만으로는 알 길이 없으므로 말미암아 A.D. 6~7세기경 기독교 신학자(神學者)들에 의하여 하나의 방안(方案)을 간구(干求)하게 되었는데 하나님 이름의 알파벳 표기인 4자음인 YHWH를 기본으로 하여 그 자음(子音)에다 아도나이(Adonai) 문자(文字)의 모음(母音)을 발취(拔取)하여 삽입(挿入)시킨 문자 곧 여호와 (Jehovah) 또는 야훼(Yahweh)로 그 이름으로 읽히게 된 것이라고 한다. 그 후 이러한 유래(由來)의 전통이 70인 역에서 공식(公式) 채택(採擇)이 됨으로써 초대 교회와 중세 시대를 거친 오늘날의 하나님 이름의 표기와 발음의 호칭 곧 여호와(야훼) 그 이름이라고 하는 것이다.

그리고 근세(近世)에 와서는 하나님의 처음 이름의 표기인 YHWH에 대한 신학자(神學者)들의 연구에서 하나님의 이름에 대해서 여호와로 발음하기보다는 야훼로의 발음이 하나님 이름의 발음에 더 가까워 보인다는 주장(主張)의 설이 있기는 하나 이 역시 YHWH의 자음(子音)에 모음구성(母音構成)에 대한 발음에 관한 주장으로 원문의 4자음 그 자체부터가 명확한 발음으로 밝혀지지 않은 불확실(不確實)의 전제(前提)하에서의 주장이 됨으로써 별다른 의미까지 부여(附與)시킬 필요는 전혀 없어 보인다.

여호와(Jehovah) 이름의 발음과 야훼(Yahweh) 이름의 발음 그 자체는 달라도 하나님의 같은 이름이라는 하나의 의미(意味)로 받아들여지고 있는 것이며 그 후 성경들의 번역(飜譯)에 있어서도 새 번역, 표준 새 번역은 YHWH를 아도나이(Adonai)적 주(主)로 번역하고 있으며 공동번역(共同飜譯)에 있어서는 하나님의 이름을 야훼로의 발음으로 표기하고 있는 관계로 가톨릭에서는 하나님의 이름을 야훼라고 발음하고 있으나 한국 개신교(改新敎)의 경우 한두 교단을 제외한 대다수의 교단에서는 개역(改譯)성경의 전통(傳統)적 번역을 존중히(尊重히) 여겨 영어로 번역된 하나님의 이름(Jehovah)을 한글 발음 그대로의 **"여호와"** 그 이름의 발음으로 사용하고 있는 것이다. 그러므로 하나님의 이름에 있어서 **여호와**만 맞고 **야훼**는 아니라고 할 수가 없으며 또한 **야훼**는 맞고 여호와는 아니라고 할 수가 없으므로 <u>**여호와와 야훼**는 같은 의미(意味)의 절대적 하나님 이름으로 함께 사용될</u> 수밖에 없는 것으로 보이는 것이다.

2. 여호와(야훼) 그 이름의 뜻

세상의 수많은 모든 이름마다 그 뜻이 있듯이 하나님의 여호와(야훼) 그 이름에도 뜻이 있는데 곧 '스스로 있는 자'라는 뜻이 되는 것이다. 성경에 여호와 그 이름의 뜻은 꼭 집어 이것이라는 액면의 기록은 없지만 그 이름과 관계된 의미(意味)에서 여호와 그 이름의 뜻이 발견(發見)된 것이다. 출(出)애굽의 당시에도 나라마다 민족(民族)마다 섬기는 수많은 신(神)의 이름이 있는 가운데 문제는 "과연 어떤 이름의 신(神)이 참신(神)이냐?" 하는 것이었다. 그래서 모세가 자기와 같은 자손(子孫) 곧 이스라엘 민족(民族)을 출(出)애굽을 시키는 명(命)을 하나님으로부터 받아 애굽에 가서 임무수행(任務修行)을 하게 될 경우 바로왕은 물론 이스라엘 자손들이 누가 너를 우리에게 보냈느냐고 물을 때 무엇이라 대답해야 하는지 하나님께 여쭈었을 때 하나님께서 "나는 스스로 있는 자니 스스로 있는 자가 보냈다고 하라." 하게 됨으로써 여호와(야훼) 그 이름의 뜻이 스스로 있는 자로 확인(確認)이 된 것이다. 천하 만물 중에 스스로 생겨나는 것같이 보이는 것도 있기는 하지만 실상은 그 어떤 미물(微物)의 하나라도 스스로 생겨날 수는 없는 것이다. 그러므로 그 무엇이나 생겨나는 데에 있어서는 다 이유가 있는 것으로, 이는 창조(創造)의 절대적 원리(原理)라고 해야 한다.

그러나 하나님만은 그 무엇에게도 창조되지 않은 그야말로 스스로의 존재(存在)가 됨으로써 유일(唯一)한 전능(全能)의 권세자(權勢者)로서 창조주(創造主)의 자격이 되고도 남음이 있는 절대자로서의 그 어느 신(神)과도 비교조차도 될 수가 없는 참신(神)이 되는 것이다. 그러므로 하나님의 이름은 '스스로 있는 자(곧 나는 나다)'라는 의미(意味)의 여호와(야훼)가 되시기 때문에 '하나님'이라는 그 자체의 칭호(稱號)는 이름이라기보다는 이미 이 저서(著書)의 서두(書頭) 부분에서 언급(言及)한 바와 같이 천하의 절대적 유일한 통치자(統治者)라는 권세(權勢)적 직함(職銜)으로 이해(理解)가 되는 것이다(신7:9 ; 삼하7:24 ; 왕상8:60, 18:21 ; 시95:7).

이는 하나님의 이름은 곧 여호와(야훼)라는 절대적 이름(신6:4)으로 명백히 밝혀졌기 때문이다. **그래서 스스로 있는 자의 뜻을 가진 여호와(야훼) 그 이름 역시 천하 최고 통치의 절대적 칭호(稱號)가 되기 때문에 여호와(야훼) 그 이름이 아니면 그 어떤 위대한 이름이 있다 하더라도 그는 하나님으로 인정될 수가 없는 것이다.** 그러므로 바알이 하나님이라고 제아무리 우긴다 해도(왕상18:21) 그 이름은 여호와가 아니라 바알이 되기에 천지의 절대적 최고 통치권세(統治權勢)의 하나님이 아니며 만일 사람들이 흔히 말하는 천지신명(天地神明) 중에 하나님이 있다 해도 그 이름 여호와가 아니면 이 또한 참하나님이 될 수 없을 뿐만 아니라(삼하22:32 ; 렘10:10) 오히려 거짓이라 증명되는 것이다. 그러므로 여호와 그 이름은 많은 사람이 말하고 섬기는 수많은 신 중 한 신의 이름이 아니라 앞에서도 언급한 것처럼 여호와 이름은 유일(唯一)의 참신(參神)이 된다(사44:6, 45:21-22).

✝

영원히 살아 역사하시는 하나님

앞의 글에서와 같이 천상천하(天上天下)에 둘도 없는 유일신(唯一神)이신 하나님은 사람들처럼 한 시대(時代)를 살아가는 한시적(限時的) 존재(存在)의 하나님이 아니라 영원(永遠)히 살아 역사(役事)하시고 통치하시는 하나님이라는 사실이다(렘10:10 ; 딤전1:17 ; 계1:8).

그런데 사람들 중에서는 이렇게 영원히 살아 역사(役事)하시는 전지전능(全知全能)하시고 위대(偉大)하신 하나님을 처음부터 없다고 할 뿐만 아니라 독일의 유명 철학자 프리드리히 니체(Friedrich Nietzsche)는 신의 존재를 인정은 했었으나 신(神)은 죽었다고 했다. 또한 미국의 신학자 중 두어 사람은 신(神)은 죽었다는 저서까지 내었다고 한다. 이는 하나님이 보이지 않는다는 이유만으로, 사람의 철학적 논리의 근거를 앞세워 감히 대담한 선언(宣言)을 한 것이다. 그러나 하나님이 없다고 해서 없는 것이 아니라, 유명인(有名人) 한두 사람이 신(神)이 죽었다고 해서 하나님이 죽은 것이 아니라 하나님은 영원토록 살아 역사(役事)하시기에 우주만물(宇宙萬物)의 과거가 있고 현재(現在)가 있고 미래(未來)가 있게 되는 것이다.

1. 하나님의 살아 역사(役事)하시는 믿음의 인정(認定)

성경은 살아 역사하시는 하나님의 절대적 말씀이 되므로 말씀 안에 계시(啓示)된 내용과 하나님의 아들이 육체(肉體)를 입은 예수 그리스도로 세상 구원자로 오신 역사적(歷史的) 사실과 예수 그리스도의 구속 사역(使役)과 성령을 통한 살아 역사(役事)하심에 대한 사실을 믿음으로 받아들이는 믿음의 증거(證據)로 영원한 하나님의 존재(存在)하심을 인정(認定)하게 되는 것이다. 그리고 또한 말씀으로 천지를 창조하신 하나님을 본 사람이 없지만 이 또한 천지를 창조하셨다는 그 말씀에 대한 믿음으로 말미암아 창조(創造)의 하나님이라는 사실을 인정하게 되는 것이다(히11:1-3). 그래서 "믿음이 없이는 하나님을 기쁘시게 하지 못하나니 하나님께 나아가는 자는 *반드시 그가 계신 것과* 또한 그가 자기를 찾는 자들에게 '*상(賞) 주시는 이심을' '믿어야'* 할지니라(히11:6)."라고 말씀하신 것이다. 그러므로 하나님의 영원히 살아 역사(役事)하심을 믿는 믿음의 인정(認定) 자체가 영원하신 하나님의 존재 인정에 대한 본질(本質)적 신앙(信仰)이 되는 것이다.

2. 삼라만상(森羅萬象)의 하나님 계시(啓示)

하나님의 살아 역사(役事)하심에 대한 인정에 있어서 태초(太初)에 하나님이 천지(天地)를 창조(創造)하셨다는 그 말씀을 믿는 믿음의 인정뿐만 아니라 실상(實狀)은 표적(表蹟)의 증명(證明)을 선호(選好)하는 대다수의 사람에게도 증명이 될 수 있는 지은 바 된 피조물(被造物) 곧 삼라만상(森羅萬象)의 섭리(攝理) 안에서도 하나님의 살아 역사(役事)하심이 계시(啓示) 증명(證明)되고 있다는 사실이다. 즉, 바람이 보이지는 않으나 바람이 지나갈 때 또는 지나간 후의 그 나타난 현상(現狀)을 통해서 바람이 있다는 사실과 그 위력(威力)을 알 수가 있으며 전선을 타고 흐르는 전기가 직접 보이지는 않으나 그 전기로 인하여 나타나는 에너지(Energy)에 의한 운동력(運動力)의 역할(役割)을 통하여 전기가 흐르고 있다는 사실이 나타나게 되는 것과 같이 하나님을 볼 수가 없고 하나님의 창조를 본 사람이 없고 믿음이 없는 사람에게도 그 지은 바 된 만물(萬物)들로부터 나타나는 여러 현상(現狀)의 계시(啓示)를 통해서도 하나님의 창조와 살아 계시는 그 존재(存在)의 역사(役事)를 알 수가 있는 것이다.

그래서 성경의 한 기록을 보면 **"이는 하나님을 알 만한 것이 그들 속에 보임이라. 하나님께서 이를 그들에게 보이셨느니라. 창세(創世)로부터 그의 보이지 아니하는 것들 곧 그의 영원(永遠)하신 능력과 신성(神性)이 '그가 만드신 만물(萬物)에 분명히 보여 알려졌나니' 그러므로 그들이 '핑계하지' 못할지니라(롬1:19-20, 참고 행14:16-17)."**라고 말씀하신 것이다. 그러므로 성경에는 천지만물(天地萬物)을 전능(全能)하신 하나님께서 말씀으로 창조하셨다는 사실이 구체(具體)적으로 분명(分明)하게 기록되어 있으므로(창1:1-31) **보이는 것**(세상의 보이는 모든 만물)**은 나타난 것으로 말미암아 된 것**(만물 그 자체의 자연적 발생)**이 아님을 확실(確實)하게 잘라 말씀하고 있는 것이다**(히11:3下).

그러나 세상 학문(學文)은 천지만물이 어떤 작용(作用)에 의하여 자연스레 생겨났다고 주장하기 때문에 보이는 것, 곧 하나님으로부터 지은 바 된 만물(萬物)과 그것에 대한 섭리(攝理)를 통해서 하나님의 살아 계심과 그 역사(役事)하심에 대한 몇 가지만의 사례(事例)적 증거(證據)로 말해 보고자 한다. 먼저 우주(宇宙)에 대해서 생각해 보게 되면 그야말로 우주천체(宇宙天體)는 너무나 광대(廣大)해서 사람의 설명으로는 다 표현될 수가 없다. 그러므로 오늘날의 과학(科學)도 광대한 우주와 그 만물에 대해서 다 설명할 수가 없으므로 우주와 자연에 대한 부분적 대변(代辯)이 될 수밖에 없는 것이다.

그런 가운데서도 기독(基督) 학자(學者)들로 구성(構成)된 창조과학(創造科

學)이라는 신앙적 학문도 활성화(活性化)되고 있음을 볼 수도 있다. 그리고 사람의 과학이 알려 주는 우주의 드러난 부분만 보더라도 우주의 그 광대 (廣大)함 그리고 우주 천체의 그 정확한 모든 질서를 보게 되면 우주의 천체 자체가 스스로 그렇게 생겨날 수는 없는 것이다. 그러므로 우주 천체의 모든 형태(形態)와 그 질서는 성경의 기록 그대로 전능(全能)하신 하나님께서 만드신 예술 작품으로, 조물주의 섭리에 따른 정밀(精密)한 자동(自動) 시스템으로 질서, 운영되고 있는 실상을 과학(科學)을 통하여서도 더욱 분명하게 실감(實感)하고 있는 것이다. 그래서 근대와 같은 과학(科學)의 발전(發展)이 없었던 고대(古代)의 사람들은 지구가 네모난 고정형태(固定形態)로 알고 있었으나 과학이 발달하면서 우주공간(宇宙空間)에서 떠 있는 둥근 행성(行星)의 자전(自轉)과 공전(公轉)의 지구(地球)임이 밝혀졌다.

그런 가운데 또 한편 과학보다도 앞섰던 성경의 창조와 연관된 기록을 볼 수도 있는데 과학이 무엇인지도 모르던 그 옛날에 창조주 하나님의 직접적인 관심을 받던 동방의 의인(義人) 욥이 친구들과의 토론에서 한 말을 보면 **"그는(하나님) 땅(지구)을 아무것도 없는 곳(허공)에 매다시며"**라고 했으니(욥26:7-10) 이는 우주에 떠 있는 움직이는 지구(地球)에 대한 표현으로 보이지만 당시 사람들에게는 그 말이 무슨 말인지를 잘 모르고 있었으나 과학의 발전시대(發展時代)가 와서야 과학을 통하여 다음과 같은 사실들을 자세히 알게 되었으니, 우주 공간에 떠 있는 지구는 둥글며 불덩어리 항성(恒星)인 태양(太陽)과 아주 적당한 거리의 행성(行星) 중 하나로 생물(生物)이 살아갈 수 있도록 태양으로부터 에너지(Energy)와 적당한 온도를 공급(供給)받게 되며 또한 다른 별과 달리 생물이 살 수 있는 물이 있고 공기(空氣)가 있으며 지구의 공전과 자전을 통하여 기후의 열대(熱帶), 한대(寒帶), 사계절(四季節)이 있는 온대(溫帶)가 형성(形成)될 뿐만 아니라 밤과 낮의 반복교차(反復交叉)를 통하여 생물들이 살아갈 수 있는 환경(環境)이 제공(提供)되며 지구의 유일(唯一)한 위성(衛星)인 달이 가까이 있어서 태양과 지구와 달과의 연관된 만유인력(萬有引力)과 지구 자전, 원심력의 조화(調和)적 공유(共有)가 되고 그것으로 말미암아 매일같이 달의 인력에 의한 바다의 밀물과 썰물로 교차반복(交叉反復)되게 함으로써 육지(陸地)의 온갖 오염물(汚染物)을 모두 다 수용(受容)하는 바다의 물을 항상 흐르게 하여 썩지 않도록 함은 물론 지구의 반드시 필요한 부분에 영향(影響)을 미치고 있음이 구체적(具體的)으로 확인된 것이다.

더 나아가 둥근 지구의 공전(公轉)과 자전(自轉)이 계속되고 있는 가운데서 위치 방향의 기준을 그 자체의 한 방향에서 정해 놓고 본다면 거꾸로의 바닷물이 되어 보임에도 불구하고 우주의 어느 쪽으로 쏟아지지 않을 뿐만 아니라 거꾸로의 사람마저도 우주의 어떤 곳으로 떨어져 날아가지 않으니 이는 곧 지구의 중력(重力) 때문이 아닌가?

그리고 또 한편 다윗과 기자(記者)들을 통하여서는 창조주 하나님이 물의 경계를 정하사 땅으로 넘치지 않게 한다고 성경의 몇 곳에서나 이미 그 옛날에 이미 알려 주었으니(시104:9, 33:7 ; 렘5:22 ; 잠언8:29 ; 38:8 ; 시33:7) 이 또한 지구 표면의 70여 %나 차지하고 있는 넓은 면적의 바닷물로 지진(地震), 화산(火山)이나 태풍(颱風) 등 환경적 요인으로 인한 쓰나미(Tsunami) 같은 규모로 땅을 덮칠 때도 있기는 하나 이는 어디까지나 부분적이며 육지와 바닷물의 경계(境界)는 언제나 확실해서 모든 육지를 덮치지 못함은 물론, 지구 생태계 존재존속(存在存續)에 있어서도 절대적 필수 역할의 바닷물과 민물은 끊임없이 수증기로 증발(蒸發)되어도 우주의 어딘가로 날아가 사라지지 않고 지구의 대기권 안까지만 갔다가 결국은 창조 안의 윗물(창1:6-7), 곧 구름의 비가 되어 다시 지구의 표면으로 돌아오게 된다. 그러므로 이러한 우주와 지구 운영의 시스템(System)은 완전한 자동화(自動化)이며, 단 조물주(造物主)의 판단과 필요에 따른 특별한 수동형태(手動形態)가 가끔 나타날 때도 있을 뿐인 것이다.

이렇게 광대(廣大)하고 정밀(精密)한 천체(天體)에 대한 이해(理解)도 과학

(科學)을 통해서 알게 되지만 실상은 사람들이 과학이라고 인정하고 있는 그 과학의 결론(結論)도 하나님의 지으신 바 된 우주의 만유와 대자연의 만물에 대한 구체적 지식에 있어서는 알 수 없는 것들이 너무나 많기에 그에 따른 추측(推測)에 의한 정의(定義)적 학문들도 많이 있을 수밖에 없는 것이 사실이다.

예(例)를 들면 과학이라는 그 자체는 100%로의 증거가 있어야 하는데도 불구하고 지구에서의 태양(太陽)까지의 거리는 대략 1억 5천만 km로 빛의 속도로 가면 8분 20초가량 소요(所要)되며 시속 100km 속도의 자동차로 가면 170년 정도(程度)가 걸린다고 한다. 그러나 이는 사람의 직접적인 측지(測地)의 실측(實測)이 아닌 이론적(理論的) 측지법(測地法)에 의한 추정(推定)적 거리로, 실상은 엄청난 오차가 있을 수도 있기 때문에 완전한 과학적 답이 될 수는 없는 것이다.

그러므로 과학이 사람들의 무지를 깨우치고 많은 유익을 제공(提供)하기에 과학의 중요성을 인정하게 되는 것은 너무나 당연하지만 과학의 한계(限界) 또한 너무나 분명하기 때문에 과학적 결론의 정의(定義) 그 자체는 시대를 막론하고 불변(不變)해야 되는데도 불구하고 비록 추론성(推論性)이 포함되어 있는 과학적 정의이기는 하지만 불과 100여 년의 세월도 못 지나서 그 정의(定義)가 완전히 뒤바뀌어 버릴 수도 있는 것이 세상 과학의 한계이기도 한 것이다. 그러므로 우주 전체에 대한 구체적(具體的) 이해(理解)에 있어서 과학이 알 수가 있다는 것은 빙산(氷山)의 일각(一角)에 불과할 뿐 실상은 과학으로도 모르는 것이 아는 것보다 더 많은 것이 사실인 것이다.

그럼에도 많은 수(數)의 사람은 과학이라는 말만 붙여져도 무조건적인 맹신(盲信)을 하면서 영원히 살아 역사(役事)하시는 하나님의 존재하심과 창조(創造) 섭리(攝理)는 눈으로 볼 수 있는 지은 바 된 대자연(大自然) 가운데서 분명하게 증명(證明)되고 있는데도 불구하고 과학의 증명이 없다 하여 조물주(造物主) 하나님으로 인정하지 않는다는 사실이다.

그러한 가운데 천지 만물은 저절로 생겨났다는 추정(推定)적 과학(科學)을 앞세운 주장(主張)을 계속하고 있음으로써 스스로의 어리석음을 자처(自處)하는 격(格)이 되고 있는 것이다. 세상에는 수많은 종류의 각가지 형태의 수동 및 자동 기계가 있지 않은가? 어떤 기계의 그 만든 것을 자기가 못 봤다고 해서 저절로 생긴 것이라고 말하는 사람은 찾아보기 어려울 것이다. 그럼에도 사람들은 사람이 만든 것과는 비교할 수 없는 웅장(雄壯)함과 정밀함의 우주 천체의 시스템(System)은 저절로 생겨났다고 우긴다. 그렇다면 이 주장이야말로 근본 죄악에 감염(感染)된 인간의 창조주 하나님께 대한 부정적(否定的) 선입견(先入見)의 항변(抗卞)이 될 수밖에 없다.

만일 천지 만물이 저절로 생겨났다면 세상의 헤아릴 수 없는 기계(機械) 중 그 하나라도 저절로 생겨난 기계도 있을 수밖에 없을 것이다. 그러나 세상에는 저절로 생겨난 기계는 단 하나도 없었으며 저절로 생겨났다고 주장하는 사람들도 없는 것이다. 만일 어떤 기계를 두고 끝까지 기계 스스로 생긴 거라고 주장한다면 이상한 사람으로 낙인(烙印)될 수밖에 없는 것이다. 그리고 한편 우주와 자연계에 대한 지적 설계론(Intelligent Design)이라는 이론도 있어서 무조건적인 진화론만 있는 것이 아니기는 하지만 지적 설계론 역시 진화론으로부터는 창조에 가까운 엄청난 주장이라 할 수는 있어도 하나님 창조의 명확한 주장에 비하면 실상은 이 역시 불분명한 논리에 속하는 주장이 될 수밖에 없는 것이다.

3. 생태계(生態系)에 살아 역사하시는 하나님 증명(證明)

생태계(生態系)에 있어서 성경에서는 모든 생명체(生命體)가 종류별(種類別)로 창조되어 종류별로 생육번성(生育蕃盛)하라는 창조주의 명령이 있었음을 기록하고 있는 것이다(창1:10-28). 그래서 수많은 세월 속에서 끊임없는 생태계의 번식(繁殖)이 계속되었지만 사람들이 미처 깨닫지 못하고 있는 독특한 한두 가지 외에, 또한 사람들의 인위적(人爲的) 유전자(遺傳子) 조작(造作)을 하지 않는 이상, 그리고 혹 한두 돌출적(突出的) 변화가 있었다 하더라도 그것으로만 끝나게 되는 것이며 모든 식물과 미생물(微生物)에서부터 고등동물(高等動物)에 이르기까지 모두가 조물주(造物主)의 명령에 순응(順應)하여 종류별로 번식되어 온 것이 사실이다.

즉, 아무리 많은 종류(種類)의 풀과 나무가 뿌리가 서로 얽혀 있고 가지가 서로 맞대어 뒤섞인 가운데서의 번식이 이루어진 그러한 환경 가운데서도 혼합종(混合種)의 풀들과 나무들이 스스로 계속하여 생겨나지 않고 있으며 그리고 꽃과 벌, 나비의 관계를 생각해 보아도 진화론(進化論)으로 본다면 꽃과 벌, 나비의 관계가 이루어질 수가 있겠는가 하는 것인데 만일 벌, 나비가 있기 오래전에 꽃이 먼저 완전한 꿀을 내는 꽃으로 진화를 했다 해도 꽃이 그 씨앗을 내어 그 종류를 이어 오지 못했을 것이다.

이는 벌, 나비 등 매개 곤충이 없기 때문에 암술과 수술의 꽃가루 교접이 잘 될 수가 없었기 때문이다. 물론 바람에 의해서도 교접은 될 수도 있지만 꽃가루를 잘 교접시킬 만한 움직임의 바람이 없거나 벌, 나비의 교접이 필수인 열매를 맺는 식물도 있기 때문이다. 만일 벌, 나비가 꽃보다 몇 개월 먼저 진화를 했다면 이 또한 꿀을 내는 꽃이 없었으니 단 며칠도 못 가서 멸절(滅絕)되었을 것이다. 벌, 나비는 꽃에서 분비(分泌)되는 꿀을 먹어야 살 수 있기 때문이다.

그러나 창조에 있어서는 먼저 식물류(植物類) 창조에 이어 동물류(動物類)의 창조가 엿새(6일) 동안 곧바로 완전하게 완성(完成)이 되었으니 먹이 체계(體系)의 순서까지도 완벽했었다는 사실이 되는 것이다. 또한 모든 식물, 동물류가 창조된 후 수많은 세월 동안 산과 들과 땅속, 물속까지 수많은 종류의 생명체(生命體)가 섞여 살아가도 다른 종류의 혼합(混合), 혼혈

(混血) 없이 질서적 종류별 번식으로 계속되어 온 것이다.

진화의 논리에서 사람의 조상(祖上)이라는 유인원(類人猿)까지도 침팬지는 침팬지대로 오랑우탄은 오랑우탄대로, 고릴라는 고릴라대로 명백한 종류별 번식이 된다는 사실로서 고릴라와 침팬지 사이에 또 다른 유인원이 생겨나고 있는 것은 결코 아닌 것이다. 이는 같은 과류(科類)의 종류에 있어서도 변동(變動) 없는 종류별(種類別)의 번식(繁殖)인 것이다. 이것만 보더라도 천지의 만물(萬物)은 저절로 생겨난 것이 아니라 창조와 그 섭리에 따른 생태계의 질서인 것이다. 만일 생태계가 스스로 생겨났다면 지금도 새로운 혼합(混合)의 생명체가 끊임없이 나타나 생태계의 혼란이 계속될 것이며 없었던 새로운 생명체도 끊임없이 생겨날 것이다.

그런데도 불구하고 사람이 알 수 있는 생태계의 역사만 보더라도 수많은 세월 동안의 생태계의 종류는 점점 줄어든다는 사실이다. 물론 환경적 요인이 작용된 것도 사실이지만 그것을 감안(勘案)하더라도 변화된 환경에 따른 생물(生物)은 나타나지 않는 반면에 처음 생명체의 종류가 줄어든다는 사실에는 누구도 부인하지 않을 것이다. 눈으로도 볼 수 없을 정도의 미생물(微生物)의 생태계에도 창조의 증거가 나타나 있다면 만물의 영장(靈長)인 사람의 생명이야말로 어떻게 저절로 생겨난 동물이 진화되어 존재하는 생명이라고 할 수가 있겠는가 하는 것이다.

오늘날 첨단과학(尖端科學) 속의 의학의 발전 또한 가공(可恐)할 만한 상상초월(想像超越)의 경지(境地)에 이른 것이다. 그래서 알게 된 인체(人體), 곧 사람의 두뇌(頭腦)로부터 오장육부(五臟六腑) 및 피부세포(皮膚細胞)에 이르기까지 그 정밀성(精密性) 작용이야말로 하나님의 생명신비(生命神秘) 그 자체로, 사람의 말로 다 표현될 수가 없는 창조(創造)의 완벽한 자동(自動) 시스템(System)이다. 그 어떤 기계(機械)보다도 정밀한 인체의 사람이 저절로 생겨난 진화(進化)로 이어진 유인원(類人猿) 진화의 산물(產物)이라 주장한다면 사람 스스로가 천지창조의 전능한 조물주 하나님의 형상(形象)과 생기

(生氣)와 지혜(智慧)를 받은 고귀(高貴)한 생명 곧 만물(萬物)의 영장(靈長)임을 (창1:26-29, 7-15, 20-25) 억지로 부인(否認)하며 사람의 다스림을 받는 유인원의 자손(子孫)을 자처(自處)하는 우스꽝스러운 격(格)이 되고 마는 것이다.

생물(生物) 역사(歷史)의 현상(現狀)을 보더라도 만일 사람이 유인원(類人猿)의 진화(進化)로부터 나왔다면 사람의 조상은 침팬지인가? 고릴라인 가? 오랑우탄인가? 그리고 지금에 와서는 유인원과 사람 사이의 중간인 격체(中間人格體)도 이미 나타나 있을 것이며 거슬러 올라가 유인원으로 진화되지 못한 동물도 반드시 있을 것이며 앞으로도 사람보다도 더 우수 한 진화의 생명체가 생겨날 수밖에 없을 것이다. 그럼에도 그러한 중간 생명체도 발견되지 않고 있으며 같은 과(科)에 속하는 유인원의 그 세계에 서도 철저한 종류별 번식이 되고 있으며 만일 진화를 통하여 사람보다 더 우수한 고등 동물의 생명체가 생겨났다고 한다면 그 누구도 믿지 않을 것이 다. 그리고 실상 진화론(進化論)은 추측론의 학문일 뿐 과학(科學)이 아닌 것이다. 과학은 육하원칙(六何原則)에 의한 완전한 증거증명(證據證明)의 결 론(結論)인 것이다.

유전자(遺傳子)가 비슷하다고 해서 형상(形像)이 많이 닮았다고 해서 그것 이 근본 같은 본질의 계통이 된다면, 세상의 수많은 생명체 중에는 닮은 것들이 너무나 많은 것이다. 만일 새들이 서로서로 닮았다면 모든 새는 한 뿌리가 되어야 하는 것이다. 그런데 새들은 창조의 원칙대로 여러 종 류의 새가 종류별로 번식(繁殖)되는 것이며 또한 비슷한 종류의 교합이라 할지라도 자체의 일시적(一時的)일 뿐 철저한 계통(系統)의 흐름은 종류별 번식이 되고 있는 것이다. 그러므로 진화론은 어디까지나 정확한 자료에 의한 명백한 증명(證明)의 학문(學文)이 아니라 명확하지 못한 추측론적(推 測論的) 자료에 의한 사람의 상상(想像)적 학문화(學文化)로 되어 있음에도 불구하고 진화론(進化論)을 마치 완전한 과학(科學)인 것처럼 오해(誤解)하 고 있는 사람들이 너무나 많은 것이다. 오히려 현실의 우주의 천체(天體)

와 자연계(自然界)의 만물(萬物)에 나타난 창조(創造)의 증거(證據)를 과학적(科學的)이라고 해야 하는 것이다. 단 앞의 글에서도 비슷한 언급을 한 바가 있지만 창조가 사람들의 대중(大衆)적 완전한 과학으로 증명(證明)되지 못하는 것은 인간의 과학이 창조(創造)의 고차원(高次元)적 신비(神秘)의 지혜에 도달(到達)할 수가 없기 때문인 것이다.

만일 모든 생명체가 진화로 완전한 생명체가 되었다면 완전(完全)한 진화에 이르기까지는 수많은 세월 동안 계속된 불완전(不完全)을 통하여 진화도 되기 전에 이미 스스로 멸절(滅絶)되었을 것이다. 그러나 '창조는 처음부터 완전함이 되는 것'이다. 그러므로 모든 생태계에 있어서 환경에 따른 약간의 자체적 변화는 혹 있을 수 있어도 근본(根本)을 바꾸는 진화는 있을 수가 없는 것이 창조의 원리(原理)인 것이다.

사람이 유인원(類人猿)과 유전자(遺傳子)가 비슷하다고 해서, 너무 많이 닮았다고 해서 사람이 유인원의 자손(子孫)이 되는 것은 결코 아니다. 소위(所謂) 사람들이 주장(主張)하는바 인간이 유인원(類人猿)으로부터 진화(進化)했다면 꼭 이어받아야 될 것을 이어받지 못하고 닮아야 될 것을 닮지 못한 것이 있는 것이다.

유인원은 대부분이 나무를 아주 잘 타는데 그야말로 나무 타는 재주가 마치 사람이 땅을 밟고 다니는 것처럼 자유자재(自由自在)로 나무를 잘 타는 것이다. 그러므로 사람이 유인원으로부터 진화를 했다면 나무만큼은 유인원 이상으로 잘 타야 될 것이다. 그런데도 사람은 유인원처럼 유연(柔軟)하고 능숙(能熟)하게 나무를 잘 타지 못한다. 그렇다면 나무를 탈 필요가 없어서 나무 타는 재주가 퇴화(退化)된 것인가? 결코 그렇지 않다. 원시시대(原始時代)나 지금이나 사람의 생활 가운데 그 생활 주변의 나무와는 항상 밀접(密接)한 연관이 되어 있는 것이다.

사람이 농사를 짓기 전에는 나무의 열매도 필수 식물의 하나였으므로 나무에 잘 올라야 유인원처럼 쉽게 식물을 쉽게 구할 수가 있으므로 나무 타는 재주가 퇴화될 이유가 없는 것이다. 그러나 사람에게는 유인원으로부터 이어받은 나무를 잘 타는 특별한 재주는 없는 것이다. 오늘날에도 만일 사람에게 유인원처럼 나무 타는 재주가 있다면 그야말로 편리할 때가 아주 많을 것이다. 그럼에도 사람의 나무 타는 실력은 유인원적 동물들과는 비교가 되지 않는 것이다. 또한 유인원을 비롯한 대다수의 동물은 수영(水泳)을 배우지 않아도 본능(本能)적으로 잘하게 되는 것이다. 그럼에도 사람은 수영을 배워야만 할 수가 있다.

그러다 보니 오늘날에도 사람이 나무에서나 높은 곳에서 떨어지는 사고를 당하거나 수영을 못 해서 물에서 익사(溺死)하는 사고가 흔히 있다는 사실을 보면 유인원으로부터 진화되었다는 사람은 유인원과 같은 나무 타는 재주나 유인원들이 잘하는 본능은 없는 반면에 소와 돼지와 같은 대형 동물들에게 있어서의 수영은 살아가는 필수가 아닌데도 불구하고 놀라운 본능을 지니고 있는 것이다. 그러므로 진화가 필요에 따라서 계속되는 것이라면 사람이 되기까지의 진화 속에서 유인원보다도 더 월등(越等)한 본능적 나무 타는 재주나 수영하는 재능(才能)을 가져야 한다.

베 짜는 새가 유인원 이상으로 안전한 곳을 찾아 정교(精巧)하고 단단한 집을 짓는 지능(知能)적 새로 보인다 해도, 앵무새가 사람의 말을 그렇게 흉내를 잘 내어도 계속하여 사람처럼 진화의 발전(發展)을 이어 가는 것이 아니며 또한 어떤 원숭이들은 도구(道具)를 사용하여 먹이를 구하는가 하면 고구마의 흙을 닦아 내거나 씻어 먹는 지능(知能)의 원숭이가 있지만 이들의 지능은 진화(進化)의 과정이 아니라 창조(創造)의 본능(本能)으로, 수만 년(數萬 年)의 세월이 흐른다 해도 더 이상의 지능으로 발전하여 사람의 지능처럼 될 수는 없는 것이다. 그러므로 유인원이 아무리 사람의 유전자(遺傳子)와 형상(形象)을 닮았고 흉내를 내고 지능이 좀 있어 보인다 해도, 일상(日常)의 사람과 비슷한 감정(感情) 표현에 의한 웃음과 눈물이 없으므로 여느 동물들이나 다를 바가 없다.

그래서 마치 사람이 하나님의 형상(形象)을 닮았다고 해서, 하나님의 생기를 받아 가공(可恐)할 만한 지혜의 힘을 가졌다고 해서 사람이 진화(進化)하여 하나님이 되는 것은 결코 아닌 것과 같이 동물들 중에서 아무리 사람과 비슷한 부분이 있다 하더라도 그 창조의 원칙(原則)대로 처음부터 끝까지 사람은 사람이고, 동물은 동물일 수밖에 없는 것이다.

그러므로 살아 역사(役事)하는 하나님을 아는 것에 있어서의 먼저는 하나님의 창조를 믿음으로 받아들이는 신앙의 원칙과 또 한편 증거를 앞세우는 사람의 요구(要求)를 위해서 나타내어 보이는 창조(創造)의 섭리(攝理)와 피조물(被造物)을 통한 하나님의 살아 역사(役事)하심의 계시(啓示)로도 확실하게 증명(證明)됨으로 말미암아(롬1:19-20) 인간역사(人間歷史)의 시작에서부터 오늘날까지 아니 미래(未來)에까지도 사람의 양심적(良心的) 판단으로 연결(連結)되는 종교심(宗敎心)이 부인(否認)될 수는 없다(행17:22).

단, 사람이 그 창조의 참신(神)을 정확하게 찾는가가 문제일 뿐인 것이다. 우주와 지구상에서의 어떤 사물(事物)이나 미물(微物)의 생명이든 저절로는 있을 수가 없는 것이 근본의 이치(理致)인 것이다. 그 무엇은 누가 만들어도 만들어야 있는 것이다. 비록 사람이나 동물이 만들지 않았으면 풍우(風雨)가 만들어도 만든 것이며 어떤 새로운 물질(物質)이 나타나도 유(有)가 필히 있는 어떤 근본 아래에서 발생(發生)된 것이다.

그래서 집마다 지은 이가 분명하게 있듯이 천지의 모든 만물(萬物)은 전지전능(全知全能)하신 유일신(唯一神)이신 하나님이 지으셨다는 사실이다(히3:4). 그래서 하나님의 창조(創造)만이 유일(唯一)한 무(無)에서 유(有)로 된 것이 되므로 설령(設令)의 논리상 만일 그 어떤 가스 혼합(混合)의 작용(作用)으로 혹 그 무엇이 발생(發生)했다 하더라도 근본된 그 가스는 하나님의 창조(創造)로부터 생겨난 것으로, 그 실상은 있었으나 보이지 않았던 물질이었을 뿐이다.

오늘날 사람들이 과학을 통하여 지구상에 없었던 어떤 신(新)물질을 만들어 내었다 하더라도 그 생겨나게 한 근원(根源)은 완전한 무(無)에서의 유(有)가 아니라 어떤 근본(根本)된 물질(物質)에 근거한 화학작용(化學作用)의 결과로, 물질(物質)이라는 그 자체는 유(有)에서 유(有)라는 물질의 변화(變化)인 것이다. 그러므로 만유(萬有)와 자연계(自然界)의 만물(萬物)과 사람의 생명을 비롯한 모든 생명체(生命體)는 처음 무(無)에서 스스로 유(有)로 된 진화(進化)의 결과가 아니라 처음 무(無)에서 하나님의 완전한 종류별(種類別) 창조(創造)의 결과인 것이다. 그래서 그 창조(創造)의 나타난 섭리(攝理) 안에서도 살아 역사(役事)하시는 하나님으로 증명(證明)이 된다.

하나님의 존재적 근원

지금까지 천지창조(天地創造)와 그 섭리(攝理)를 통한 하나님의 살아 역사(役事)하심이 증명(證明)이 되었는데 그 전능(全能)의 하나님이야말로 어떻게 존재(存在)하실 수 있었느냐가 또 하나의 관건(關鍵)이 되는데 천지를 창조하신 하나님이야말로 그 누구에게도 지음을 받지 않은 스스로 존재(存在)하시는 분이시다(출3:14). 세상에는 스스로 존재(存在)하는 것은 그 무엇도 있을 수가 없는 것이다.

천지(天地)의 모든 만물(萬物)은 하나님의 창조(創造)에 속하는 피조물(被造物)이 되며 그 피조물의 형태적(形態的) 변화(變化)마저도 사람이 만들었다든지 아니면 햇빛이나 비바람, 기온 등 자연환경의 문리적(文理的) 작용이나 변화에서 발생(發生)된 것으로 근본부터 스스로 된 것은 없는 것이다. 그러나 하나님만은 그 무엇에게도 지음을 받지 않았을 뿐만 아니라 그 어떤 작용(作用)에 의함도 아니라 말 그대로 스스로 존재하시는 분(출3:14)이시다. 그래서 그 무엇에게도 지음을 받지 않으시고 스스로 계시는 하나님이시기에 전능(全能)의 창조자(創造者)가 될 수 있었던 것이다.

✝

하나님의 속성

하나님의 속성도 구체적으로 다 말하려면 아주 많지만 그중 대표적인 몇 가지 속성만을 말하게 된다면 다음과 같다.

1. 영(靈)이심

하나님은 영(靈)이시다(요4:24 ; 벧전4:14 ; 고전2:11). 그래서 육체(肉體)의 사람은 하나님을 직접 본 사람도 없고 볼 수도 없는 것이다(딤전6:15-16). 그러므로 기독교(基督敎) 섬김의 신앙(信仰)은 하나님의 형상(形像)을 만들어 놓고 섬기는 것이 아니라 영(靈)이신 하나님의 이름을 찬송하며 그 이름을 불러 시인(是認)하고 믿으며 하나님의 이름으로, 하나님의 형상으로 오신 구원의 중보자(仲裸者) 예수 그리스도 그 복음으로 말미암은 믿음으로 하나님께 나아가는 것이다(대하6:20, 시10:1, 시113:2, 히13:15, 요일3:23, 히11:6). 그래서 기독 개신교(改新敎)에서는 나무나 돌이나 금속(金屬)이나 기타 그 무슨 물질(物質)을 막론하고 그것으로 하나님의 형상이나 예수님(근본 하나님의 본체이심, 그 이름 앞에 무릎을 꿇음, 빌2:5-11)의 형상이나 그 어떤 섬김의 형상을 만들어 놓고 그 앞에서 섬기며 기도하지 않는 것이다. 이는 하나님은 영

(靈)으로서 보이지 않는 형상이기에 보이는 형상으로 만들어 섬기면 이는 다른 거짓 신(神)의 우상(偶像) 섬김의 죄악(罪惡)이 되기 때문이다(출20:3-6, 출32:1-35).

2. 영원(永遠)하심

하나님은 스스로 계셨을 뿐만 아니라 영원하신 하나님이 되시는 것이다 (딤전1:17, 6:16 ; 시90:2 ; 사40:28). 그러므로 하나님은 낡아 쇠하여지거나 죽음이 없으며 영원 전부터 영원무궁(永遠無窮)토록 변(變)함없는 생명의 근원으로 존재하시는 것이다.

3. 전지전능(全知全能)하심

하나님은 전지전능하시다(롬11;33 ; 잠21:2 ; 욥14:16 ; 창18:14 ; 출6:3 ; 습3:17 ; 렘32:17). 하나님의 지혜와 지식의 풍성함은 한이 없으며 하나님은 알지 못하는 것이 없으므로 사람의 마음과 걸음까지도 다 알아 감찰(鑑察)하시며 그 능력은 천지를 말씀으로 창조한 완전한 전능자로서 범사(凡事)에 능히 못 하심이 없으신 하나님이시다.

4. 무소부재(無所不在)하심

하나님은 어느 곳에서나 계실 수 있는 분이시다(사66:1 ; 왕상8:27-28 ; 시139:7-10 ; 엡2:22). 하나님의 통치의 공식(公式) 입장에서는 하늘 보좌(寶座)에 계시지만(왕상22:19 ; 마23:9) 구체적 역사의 활동(活動)에 있어서는 하늘 보좌만이 아니라 시간과 공간(空間)을 초월(超越)하는 전능자(全能者)로서의 성령 안에서 어느 시간이나 어떤 곳에서나, 한 사람의 마음에도 계실 뿐만 아니라 필요에 따라서는 동시적 모든 사람의 마음속에까지도 능히 계시며 역사(役事)하시는 분이시다. 그러므로 언제나 그 누구와도 동행(同行)할 수 있으며 언제 어디서나 한 사람, 한 사람의 기도까지도 다 들으시는 하나님이시다.

5. 거룩하심

하나님은 거룩거룩하시다(출15:11 ; 레11:45 ; 사6:3 ; 요17:11 ; 마6:9). 그러므로 하나님은 세상 사람들이 섬기는 그 많은 신(神) 가운데서도 특별히 구별된 유일(唯一)한 참신(神)이 되시기에 진정한 섬김의 거룩한 대상이 되는 것이다. 그래서 하나님께서도 직접 내가 거룩하다고 하셨으며 천사(天使)들의 찬양(讚揚)에서도 거룩의 단어(單語)가 빠질 수가 없으며 예수님께서도 거룩하신 아버지라고 하셨으므로 예수님의 가르친 주기도에서도 먼저 거룩한 하나님의 이름에 영광(榮光)을 돌리고 있는 것이다. 그러므로 성경의 여러 곳에서도 거룩하신 하나님으로 많은 강조(強調)가 되고 있다.

6. 사랑이심

하나님은 사랑이시다(요일4:7-8,16 ; 고후13:13 ; 살후3:5). 기독교에서 그토록 사랑을 부르짖는 것은 사랑은 하나님께 속한 것으로, 하나님이 사랑이시기 때문이며 또한 사람을 구원(救援)하시되 사랑으로 구원하셨으니 곧 사람을 사랑하시되 독생자를 세상에 보내어 십자가에 죽으면서까지 내어 주셔서 사랑으로 인류(人類)를 구원하신 것이다(요3:16 ; 요일4:9). 그러므로 하나님은 사람들도 서로 사랑하며 살아가기를 그토록 원하시며 사랑하는 자만이 하나님을 안다고까지 알려 주신 것이다. 그러므로 하나님을 사랑하노라 하면서 형제를 미워하면 이는 거짓말이며 보는바 형제를 사랑하지 못하는 자는 보이지 않는 하나님을 사랑할 수 없다고까지 하신 것이다(요일4:20).

그러므로 사랑은 하나님의 속성(屬性) 중에서도 중심(中心)적인 속성이기에 인류를 구원하신 구속사역(救贖使役)도 사랑에서 시작하고 사랑으로 성취(成就)되었으며 결국은 하나님의 그 큰 사랑이야말로 사람들에게 주신 복음의 새 계명(誡命)이 되고 있는 것이다(요13:34). 그러므로 세상에는 사랑이라는 단어가 수없이 통용되고 있는데 그 적용만 구분이 되어 보일 뿐 사랑이라는 그 자체의 근본은 사람에게서 난 것이 아니라 하나님께로부터 나온 것이 되므로 그 사랑의 가치는 세상의 그 어떤 좋은 것과도 비교될 수가 없는 것이다.

7. 선(善)하시고 인자(仁慈)하심

하나님은 선(善)하고 인자(仁慈)하시다(시86:5, 106:1 ; 대하7:3). 그래서 하나님은 선(善)하실 뿐만 아니라 마음이 어질고 자애(慈愛)하셔서 비록 돌이킬 수 없는 죄악(罪惡)을 저지른 인간에게 자비(慈悲)의 긍휼(矜恤)을 베푸시되 마치 아버지의 은혜(恩惠)를 배반(背叛)하고 집 나간 탕자(蕩子)의 아버지와 같이 끝까지 돌아오기를 고대(苦待)하시며 사랑의 마음으로 기다리시는 참하나님 아버지이시다. 이는 일시적이 아니라 하나님의 영원한 속성이 되는 것이다.

8. 빛이 되시고 의(義)로우심

하나님은 빛이시라 했다(요일1:5, 딤전6:16, 요8:12). 빛은 곧 창조(創造)의 시작이기도 하다(창1:1-5). 빛은 모든 생명체(生命體) 생성(生成)의 근본 요소(要素) 중 필수 요소의 하나로 빛의 근원(根源)이신 하나님께로부터 나오게 되며 행위적(行爲的) 성향(性向)에 있어서는 의(義)의 상징(象徵)이 되기도 함으로써(시36:9) 빛은 당연히 하나님의 의(義)와 연관되어 있는 것이 사실이다. 그러므로 빛의 반대가 되는 어두움은 악(惡)의 상징이 될 때도 있는 것이다(고후6:14, 골1:14, 엡5:8, 창조에 있어서는 어두움도 별도의 목적이 있음).

그래서 하나님은 또한 의로우시다고 했다(시116:5 ; 요일1:9 ; 요17:25). 하나님은 모든 행위에 있어서 완전히 의(義)로우시기 때문에 불의(不義)의 대명사(代名詞)인 마귀(魔鬼)와는 끝까지 대적(對敵)하신다. 그러나 하나님의 형상을 따라 지음을 받은 사람에게는 은혜를 베풀기를 원하신다. 하나님은 의로움을 좋아하시기에 정직한 자는 하나님의 얼굴을 본다고 한 것(믿음적 대면으로 이해)이다(시11:7). 그렇지만 사람의 죄악까지도 그대로 용납(容納)할 수 없는 것은 때로는 선(善)하고 의롭지 못해서가 아니라 하나님은 절대적 의(義)의 하나님이신지라 죄악(罪惡)과는 함께하려야 하실 수도 없는 것이다. 마치 물과 기름이 액면 그대로는 섞이려 해도 섞일 수가 없는 것같이 죄악의 사람이 그대로는 용납(容納)될 수가 없기에 독생자(獨生子)의 생명까지도 내어 주는 한없는 희생(犧牲)을 치르면서까지 죄의 문제를 십자가 속죄(贖罪)로 해결하여 구원의 은총(恩寵)을 베푸시고 올바른 삶으로 인도하시는 것이다.

9. 공의(公義)의 하나님

하나님은 공의(公義)의 하나님이시다(신32:4 ; 사5:16, 46:13 ; 습3:5 ; 행17:31).

그래서 공의로 다스리시며 범사에 공평(公平)하실 뿐만 아니라 선악(善惡) 간의 판단(判斷)에서도 심판적 공의에 있어서는 옳고 그름의 공의는 분명하게 나타내는 것이다(살후1:6-12). 그래서 아무리 자신의 형상을 따라 직접 지으신 사람일지라도 그 불의는 무조건 용납(容納)하지 않으셨으며 의로운 자에게는 반드시 상을 베푸시고 불의(不義)를 행하며 끝까지 돌아오지 않는 자에게는 반드시 심판(審判)의 벌(罰)을 내리시는 것이다.

10. 진실(眞實)하심

하나님은 진실하시다(신32:4 ; 출34:6 ; 시146:6 ; 롬3:4). 사람은 거짓을 말하나 하나님은 속이지 않으시며 언제나 참되신 분이시다. 그러므로 거짓말을 할 수도 없는 진실된 분이시기에 거짓 없는 진실(眞實)의 하나님으로서 사람과의 약속(約束)은 분명히 이행(履行)하시며 권세와 능력을 보이기 전에 먼저 진실을 행(行)하시는 것이다(민23:19 ; 히6:18).

11. 두려우신 하나님

두려우신 하나님이라고 하면 그 누구에게나 문득 떠오를 수 있는 것은 하나님은 자비(慈悲)로우시고 긍휼히 여기시는 사랑이신데 어떻게 두려움의 하나님이라고 할 수가 있겠느냐 하는 반문(反問)의 생각을 먼저 하게 될 것이다. 그러나 성경적으로 본다면 앞에서 언급한 대로 선(善)하시고 인자(仁慈)하시고 사랑이 많으신 하나님이 어떻게 두려움의 하나님이 될 수가 있느냐고 생각할 수도 있겠지만, 그러나 두려움의 하나님도 되신다는 것은 분명(分明)한 성경적 사실이다(신10:17 ; 계15:4 ; 고후5:11 ; 단6:26 ; 시47:2 ; 느1:5). 블레셋에 빼앗겼던 하나님의 궤가 기럇 여아림에 도착했을 때

베세메스 사람들이 함부로 직접 궤를 들여다보다가 여호와의 진노하심으로써 70명이나 즉석에서 죽은 사실이 있었으니(삼상6:19-21) 이 어찌 두려움의 하나님이 아니시겠는가 하는 것이다.

① 전능(全能)의 위엄(威嚴)과 거룩한 의(義)와 정치적(政治的) 두려움

두려우신 하나님이라는 사실을 말씀 안에서 찾아볼 수가 있는데 먼저는 전능(全能)의 권세(權勢)로 말미암은 거룩한 위엄(威嚴)과 지극한 의(義)의 하나님이 되시기 때문에 죄의 근성을 지니고 있는 인간에게는 두려움의 하나님이 아닐 수가 없는 것이다(신5:22-28).

한 나라의 왕(王)에게는 대단한 두려움의 권세(權勢)가 있다. 이는 왕이 나빠서가 아니라 나라를 이끌어 가는 다스림의 근본(根本)이 된 권세인 것이다. 만일 왕에게 다스리는 정치적 두려움이 없다면 누가 왕의 말을 잘 듣겠으며 어떻게 책임지고 나라를 잘 다스려 가겠는가 하는 것이다.

하나님은 완전한 영(靈)으로서의 천지(天地)를 말씀으로 창조(創造)하신 주권자(主權者)로서의 만왕의 왕이 되시기에 그 전능(全能)의 권세(權勢)로부터 나오는 위엄(威嚴)의 다스리는 두려움이야말로 가히 말로 표현(表現)될 수가 없는 것이다(딤전6:15-16, 시99:1).

그러므로 "여호와의 소리가 힘 있음이여, '여호와의 소리가 위엄(威嚴)차도다.' 여호와의 소리가 백향목(柏香木)을 꺾으심이요, 여호와께서 레바논 백향목을 꺾어 부수시도다. 그 나무를 송아지같이 뛰게 하심이여, 레바논과 사론으로 들송아지같이 뛰게 하시도다. 여호와의 소리가 화염(火焰)을 가르시도다. 여호와의 소리가 광야(廣野)를 진동(震動)하심이여, 여호와께서 가데스 광야를 진동시키시도다. 여호와의 소리가 암사슴을 낙태(落胎)하게 하시고 삼림을 말갛게 벗기시니 그의 성전(聖殿)에서 그의 모든 것들이 말하기를 영광(榮光)이라 하도다(시29:4-9)."

그러므로 하나님이 시내산에 임(臨)하실 때도 일반 백성이 가까이 올라오게 되면 그 위엄(威嚴)의 치심으로 말미암아 죽을 수도 있기 때문에 모세에게 명(命)하여 경계선(警戒線)을 지정(指定)하고 그 경계선을 넘는 자는 돌로 쳐 죽이라고까지 엄한 명령(命令)을 내리셨으며(출19:12-25) 때로는 하나님과의 수시로 대화하는 모세마저도 하나님을 만날 때는 그 두려움으로 인하여 무섭게 떨었다고 했다(히12:19-21).

이뿐 아니라 하나님의 영광을 보여 달라는 모세에게 네가 내 얼굴을 보지 못하리니 나를 보고 살 자가 없음을 알리면서 지나가는 하나님의 등만 보여 준 것이다(출33:20). 이는 하나님의 위엄은 소멸(燒滅)하는 불이시요(히12:25), 가까이 가지 못할 빛에 거(居)하시므로 하나님을 본 사람도 없고 볼 수도 없는 분이시기 때문이다(딤전6:15-16). 그래서 하나님의 위엄(威嚴)과 그 영광(榮光)이 얼마나 크고 두려운지 일반의 이스라엘 백성들은 멀리서 하나님의 음성만 들어도 죽을 위험을 느꼈다는 사실이다(출20:19 ; 신5:25). 그러므로 영(靈)으로 계시는 위엄의 하나님에게 근본 죄의 육체(肉體)의 사람이 직접 대면(對面)하기에는 감당(堪當)할 수 없는 두려움의 하나님이 되시는 것이다.

전능의 위엄에 이은 왕(王)에 대한 또 하나의 정치적(政治的) 두려움도 생각해 볼 수가 있는데 이는 왕이신 하나님은 믿고 순종하는 자들만의 왕이 아니라 천지(天地) 곧 만유(萬有)의 주(主), 만왕(萬王)의 왕으로서의(딤전6:15) 천지의 질서를 위하여 의(義)의 정치로 다스리시는 것이다(시99:1). 만일 하나님에게 정치적 권세(權勢)의 위엄(威嚴)적 두려움이 없다면 과연 천지 만물의 평화(平和)적 질서가 유지(維持)될 수가 있는가 하는 것이다(삼상11:7, 삼상12:18). 이는 이미 하나님의 두려움을 그 누구보다도 더 잘 아는 한 천사마저도 하나님께 대항(對抗)하는 교만으로 말미암은 멸망의 타락된 사실을 볼 수가 있는 것이다(사14:12-15).

그리고 또 한편 하나님은 지극한 의(義)의 하나님이 되시는 반면에 사람에게는 죄악의 근성(根性)이 있기 때문에 사람이 하나님을 섬기는 일에 있어서까지도 하나님은 두려움의 하나님이 될 수밖에 없는 것이 사실이다. 특히 구약의 율법시대(律法時代)에 있어서는 사람이 하나님에 대한 섬김의 일을 할 때도 반드시 하나님이 모세를 통하여 주신 규례(規例)대로 행하여야만 하나님의 거룩성을 훼손하지 않게 되는 것이었다. 그래서 전적인 하나님의 섬기는 일에 봉사하는 고핫 자손들에게도 하나님의 거룩한 지성물에 접근 시 생명 보존을 위해서 직접 성소를 보지 말 것을 주의(注意)시켜 놓았던 것이다(민4:18-20).

　그런데 하나님을 섬기는 일에 있어서의 모세의 규정(規定)을 지키지 않았을 때는 실제의 죽음의 사건까지 나타나기도 했는데 아론의 아들 나답과 아비후가 규례대로 분향(焚香)을 하지 않고 다른 불을 사용하다가 하나님의 불에 삼킴을 당했으며(레10:1-3) 사울왕이 블레셋에 빼앗겼던 하나님의 궤를 다윗왕이 블레셋으로부터 넘겨받아 다윗의 성으로 들여오는 과정에서 궤를 실은 수레를 끌던 소가 뛰는 바람에 웃사가 넘어지는 하나님의 궤를 손으로 붙잡은 실수로 여호와 하나님의 치심을 받아 목숨을 잃었던 사건으로 인하여(삼하6:1-8) 그토록 친근하신 여호와로 대하던 다윗왕도 거룩한 위엄의 두려우신 하나님으로도 경험하게 된 것이다(삼하6:9-10). 또한 제사장이 섬김의 분향(焚香)을 해야 할 것을 웃시야왕이 자신이 직접 하다가 나병이 걸린 사건도 있었던 것이다(대하26:16-21).

　하나님을 섬기며 위하는 일인데도 불구하고 불상사(不祥事)가 일어난 것은 근성적(根性的) 죄악(罪惡)의 사람이 지극한 위엄의 의(義)가 되시는 하나님께 가까이 다가가는 데 대한 거룩한 규례(規例)를 무시(無視)했기 때문인 것이다. 오늘날의 섬김은 율법규례(律法規例)의 섬김이 아니라 중보자(中褓者) 예수 그리스도 그 이름으로 섬기는 복음 시대의 섬김이다. 그러나 하나님의 근본적 거룩하신 위엄(威嚴) 그 자체는 변함이 없는 만큼 구원받은 하나님의 자녀(子女)로서의 언제나 예수 그 이름 안에서, 하나님의 사랑 안에서, 아버지 하나님과의 장벽(障壁)이 없는 교통(交通) 안에서 은혜(恩惠)의 자유(自由)를 마음껏 누리되 하나님을 섬기는 **의식적 섬김이나 공경(恭敬)적 입장에 있어서는 그 옛날 야곱이 벧엘에서 만난 하나님께 두려움으로 섬김과 같이(창28:10-22) 무례(無禮)함이 없는 경건적 두려움의 섬김이 되어야 하는 것이다. 그래서 복음 안의 신약성경에서도 사람이 하나님을 섬길 때에는 경건(敬虔)함과 두려움으로 기쁘게 섬기라고 하신 것이다**(히12:28-29, 계14:7).

② 질투(嫉妬)의 두려우신 하나님

하나님은 질투(嫉妬)의 하나님이라고 했다(출20:5 ; 신4:24, 6:22 ; 슥8:2). 그렇다면 의(義)와 사랑의 하나님이라고 말한 성경이 의심스러울 수도 있을 것이다. 그러나 그것은 큰 오해(誤解)가 될 뿐이며 하나님은 천지(天地)의 유일(唯一)하신 주권자(主權者)로서 친히 창조(創造)하신 사람을 너무나 사랑하셨기에 사람이 순종(順從)의 삶을 통하여 언제나 행복(幸福)의 삶이 되기를 고대(苦待)하셨을 뿐만 아니라 사람이 악에 빠질 때마다 질투(嫉妬)의 두려움이 일어나기까지 염려하시는 하나님이 되시는 것이다(신32:1-21).

그러므로 하나님은 선(善)하고 인자(仁慈)하시지 않아서가 아니라 더 나아가 사랑이 없어서가 아니라 앞에서도 언급한 바와 같이 오히려 하나님은 선(善)하시고 인자하시고 자비(慈悲)로우시고 죄(罪)값으로 인하여 멸망 가운데 있는 인간의 죄악(罪惡)을 대속(代贖)하여 구원하시려고 지극히 사랑하는 그 외아들 예수님을 죄악의 인간 세상에 보내셔서 십자가의 비참한 죽음에 내어 주기까지 사람을 극진히 사랑하시는 사랑의 하나님이신 것이다. 그러므로 인간을 이토록 사랑하시는 하나님의 그 질투(嫉妬)는 인간 세상에 가득한 이기적(利己的) 죄악(罪惡)에 속한 시기(猜忌)나 미움의 질투(嫉妬)가 아니라 창조주로서의 하나님 자신의 형상(形象)대로 자신이 직접 지으신 그토록 사랑하는 사람이 멸망의 악(惡)을 따라 우상을 섬기지 않고 참신(神)이신 하나님만을 섬김으로 말미암은 영생의 복을 얻게 하기 위한 선악(善惡)적 다스림의 질투가 되는 것이다.

　그래서 스스로 의(義)가 되셔서 의(義)의 권세로 선악을 다스리시는 하나님은 인간에게 접근하는 악의 득세(得勢)를 당연히 질투하심으로써 마치 기름과 물이 절대로 하나로 섞일 수가 없듯이 선악(善惡)을 절대로 함께 용납(容納)하지 않으실 뿐만 아니라 천지(天地)를 창조(創造)하신 참신(神)으로서 받을 영광과 찬송을 우상(偶像)이나 그 누구에게도 주지 아니하시는 질투의 하나님이 되시며(사42:8), 또한 하나님의 영광을 위하여 창조된 피조물(被造物)인 사람에게도(사43:7) 그 누릴 영화(榮華)와 영광(榮光)을 주셨음에도 불구하고(잠4:8, 21:21 ; 살후1:12 ; 시50:15) 사람이 마귀의 기뻐하는 뜻을 따라 하나님의 받으실 거룩한 영광을 가로채는 일에 있어서는 절대로 그냥 넘어가지 않으시는 질투의 하나님이신 것이다(행12:23). 이는 곧 단순한 이해(理解)와 양보(讓步)로 간과(看過)할 수 없는 창조의 절대적 위계(位階) 질서유지(秩序維持) 안에서의 선악의 공의(公義)적 다스림이 되는 것이다. 그래서 창조주 하나님의 피조물인 사람이 조물주(造物主) 하나님만을 사랑하지 않고 오히려 다른 신(神)이나 우상(偶像)을 사랑하고 섬긴다면 그 결과는 하나님의 질투로 인한(신6:14-15) 징벌(懲罰)로 이어지게 되는 것이다(출20:5 ; 시6:15 ; 습1:18, 3:8).

　영원 전(永遠前)부터 영원무궁(永遠無窮)토록 살아 역사(役事)하는 전능(全能)과 사랑의 참신(神)이 되시는 하나님은 거짓된 신(神)이나 말 한마디 못하는 허상(虛像)의 우상(偶像)과는 함께할 수가 없으므로 자신의 생기(生氣)를 받아 지음을 받은 지극히 사랑하는 주의 자녀를 악에게 빼앗길 수가 없기 때문이다. 그러므로 선악 간의 대적 관계에 있어서는 보복의 진노와 질투의 두려운 하나님이 되시는 것이다(나훔1:2).

③ 일시적(一時的) 징벌(懲罰)과 심판(審判)의 두려움
　하나님에 대한 또 다른 두려움은 심판(審判)의 두려움인 것이다. 은혜로우시며 의로우시며 긍휼(矜恤)이 많으신 하나님은 사람들에게 복(福) 주시기를 원하시고 은혜(恩惠) 베푸시기를 원하며 평강(平康) 주시기를 원하시는 하나님이 되시기에(시116:5 ; 민6:24-26) 사람을 근심하게 하며 두려움의 심판을 하시는 것은 본심(本心)이 아니라 사람들의 다양한 죄악 때문인 것이다(애가3:33-43). 그러므로 하나님이 사람에게 법(法)과 규례(規例)를 주셔서 그 법과 규례를 따라 행하지 않는 자를 심판하게 되는 것은 사람을 심판하기 위하여 법과 규례를 주신 것이 아니라 오히려 죄악으로 가득한 세상을 살아가는 인류가 그 법과 규례를 잘 지켜 복(福)을 받아 잘 살게 하기 위함인 것이다(신6:24-25).

그래서 심판의 하나님이 두렵다는 사실은 하나님의 심성이 좋지 않아서가 아니라 **죄악(罪惡)을 다스리는 법(法)이 무섭다는 사실**인 것이다. 그래서 **공의(公義)의 하나님으로서의 어쩔 수 없는 선악 간(善惡間)에 있어서의 법과 양심의 법을 통한 심판(審判)을 하게 되는 것이다.** 그러므로 선악 간의 심판에 있어서는 비록 현재의 심판이 없었다 하더라도 언젠가는 필히 심판(審判)을 하시게 되는 것이다(롬1:18-2:16). 세상에서도 재판장(裁判長)이 두려운 것은 혹 불의(不義)한 재판장이 아닐까 하는 두려움보다는 죄(罪)에 대한 무서운 법(法)을 가지고 나오는 재판장이기 때문이다.

이와 같이 하나님은 선(善)하고 인자(仁慈)하심이 영원(永遠)한 하나님이실지라도 공의(公義)적 심판(審判)의 하나님으로서 선악 간(善惡間)에 적용되는 무서운 법(法)의 잣대를 통하여 사람을 죽이기도 하시고 살리기도 하시는 생명주권(生命主權)의 여호와 하나님이 되시기 때문에(삼상2:6) 죄악(罪惡)의 사람에게는 더욱 큰 두려움의 하나님이 되시는 것이다(사66:16 ; 롬14:10 ; 눅12:4-5 ; 시7:11).

그래서 바울 사도는 율법(律法)은 거룩하며 의(義)롭고 선(善)하다고 하면서도(롬7:12) 한편으로는 그 율법의 조문(條文)은 죽이는 법(法)이라고도 했다(고후3:6-7). 이는 범법자(犯法者)에게 있어서의 법(法)이라는 그 자체의 무서운 위력(威力)을 말하는 것이다. 이는 인류의 조상인 아담, 하와가 선악과를 범한 즉시 하나님이 범죄에 대한 거론도 하기 전에 이미 하나님이 두려워 숨어 다닌 사실에서 볼 수가 있는 것이다. 그러므로 의(義)로우신 하나님의 심판은 폭정(暴政)의 두려움이 아니라 악(惡)을 차마 보지 못하시는 공의(公義)의 법(法)적 심판의 두려움이 된다(합1:3 ; 시119:75, 7:11).

그러한 가운데 복음 안에서의 하나님을 생각해 본다면 예수 그리스도께서 인류의 속죄(贖罪)를 위하여 친히 십자가에 못 박혀 피 흘려 죽으심으로 말미암아 범법(犯法)의 사람에게 죽음을 적용하는 율법의 요구를 단번에 다 이루었기 때문에 지금은 믿음으로 의롭다 함을 받아 살리는 영(靈)의 시대, 곧 복음의 시대로서 율법의 잣대가 없으신 선(善)하고 인자(仁慈)하시고 사랑이 많으신 본성 그대로의 하나님으로 다가오시는 것이다.

즉, 긍휼(矜恤)의 하나님이 보내신 예수 그리스도를 통한 은혜(恩惠) 구원 안에서의 하나님은 죄악(罪惡)의 인간에게 심히도 무섭고 두려운 심판(審判)의 주(主)로 먼저 다가오는 것이 아니라 마치 탕자(蕩子)의 비유(譬喩, 눅 15:11-32)와 같이 그토록 베풀어 준 아버지의 은혜를 배반(背叛)하고 집을 떠나 모든 것을 탕진(蕩盡)한 가운데 멸망 중에 있는 아들이 아버지 품 안으로 돌아오기를 기다리는 것처럼 죄악 가운데의 모든 인생이 하나님의 품으로 다시 돌아오기를 끝까지 고대(苦待)하고 기다리시는 아버지 하나님이 되신다는 사실인 것이다.

그러므로 하나님과 사람 간 완전한 참중보자(中褓者)가 없는 율법(律法)의 구약(舊約) 시대에는 하나님의 직접적인 심판의 징벌(懲罰)이 많았지만 오늘날의 복음(福音) 시대는 하나님과 사람 간 죄악(罪惡)의 원수(怨讐)된 관계를 십자가로 화목(和睦)하게 하신 중보자 예수 그리스도로 인하여 아주 특별한 사정(事情)이 아닌 이상 잘못된 길에 들어선 인생(人生)들일지라도 곧장 돌아오게 하는 독촉(督促)의 일시적(一時的) 징벌(懲罰)의 두려운 채찍은 있을지라도 결국은 오히려 도우시는 하나님이 되시며(히12:1-29) 감정적 즉석(卽席) 심판의 징벌(懲罰)은 거의 없는 것이 사실이다.

그러나 복음의 은혜 안에서도 하나님의 경륜(經綸)에 속한 선악 간(善惡間)의 최후심판(最後審判) 추수(秋收)의 날은 반드시 있는 것이므로 **인간세상(人間世上) 최후의 그날까지도 악(惡)에서 떠나 돌아오지 않는 하나님의 대적자(對敵者)들에게는 선악 간 공의(公義)적 심판에 대한 진노(震怒)의 두려운 하나님이 될 수밖에 없는 것이다**(롬2:5).

12. 복음에서 조명된 본성은 긍휼의 친근하신 하나님

인간 세상을 다스리시는 하나님의 경륜(經綸)에 대한 이해(理解)와 인정(認定)이 없으면 하나님은 사랑이라고 하는 것과 또한 두려움의 하나님이라고도 하는 것과 복음(福音) 안에서의 친근(親近)하신 긍휼의 하나님이라는 사실로 함께 인정하는 것에 있어서는 좀 혼란(混亂)스러울 수도 있는 것이 사실이다.

그러므로 바로 앞부분의 글과 중복(重複)의 글이 될 수도 있지만 더 확실한 이해(理解)를 위해서 한 번 더 강조(强調)를 하게 되면 구약시대에서의 많이 나타나는 **두려움의 하나님이라는 것은 난폭(亂暴)적 행위에 속한 두려움이 아니라 선악 간(善惡間) 공의적(公義的) 통치(統治)에서 나타날 수밖에 없는 실상(實狀)과 근본 전능(全能)적 위엄(威嚴)의 거룩 성(性)에서 나타나는 자연스러운 두려움이 되는 것이며 하나님의 본성(本性)에 있어서는 하나님의 속성(屬性)에서의 언급(言及)과 같이 선(善)하시고 인자(仁慈)하심이 영원(永遠)하신 사랑과 긍휼의 하나님으로서 복음 안에서는 더욱 명확하게 증명(證明)되고 있다는 사실이다.**

이에 관한 성경적 내력(來歷)들을 보면 하나님의 선(善)하신 형상을 따라 지음을 받은 사람이 극진(極盡)한 사랑과 은혜와 긍휼의 하나님을 배반(背反)하고 마귀(魔鬼)의 자식(子息)이 됨으로써 하나님과의 원수(怨讐)가 되었지만(롬5:10 ; 골1:21) 그래도 **하나님의 본심(本心)은 인생(人生)을 고생시키고 근심케 하여 멸망(滅亡)케 하는 데 있지 않고, 심판의 징벌(懲罰)을 받게 하는 데도 있지 않고 긍휼(矜恤)의 용서로서 모든 사람이 구원받고 진리(眞理)를 아는 데 이르기를 원하시는 하나님이신 것이다**(애가3:33 ; 미가7:18 ; 딤전2:4).

물론 구약(舊約) 시대의 여호와 하나님은 하나님의 성민(聖民)으로 택한 이스라엘을 하나님의 극진한 사랑 가운데서 바로 세우기 위해서 그 이스라엘로 가나안의 원주민(原住民) 일곱 족속(族屬)을 쫓아내게 하며 진멸(殄滅)하게도 했으며(신7:1-11) 때로는 불순종과 원망(怨望)의 이스라엘 백성들에게까지도 혹독(酷毒)하다 할 정도로 불뱀에 물리게 하여 많은 사람이 죽게 하는 즉시적(卽時的) 심판(審判)의 징벌을 가한 사실도 있는데(민21:4-6) 이를 사람의 입장에서만 본다면 하나님을 믿는 그 자체부터가 너무나 무서운 하나님으로 보일 수도 있는 것이 사실이다.

그러나 이는 사람에 관한 하나님의 경륜(經綸)적 이해가 없는 입장에서의 오해(誤解)에서 비롯되는 것으로, 지난 부분 글에서의 언급(言及)과 같이 하나님의 심판적 두려움의 징벌은 하나님의 폭정(暴政)이 아니라 선악 간의 공의(公義)적 통치에 속하는 문제로, 스스로 의(義)가 되시는 하나님으로서는 첫 사람 아담의 배반(背反)적 불순종(不順從)에 의한 언약파기(言約破棄)의 무서운 죄(罪)가 세상에 편만(遍滿)되어 있기 때문에 영원한 멸망 가운데 있는 인간죄악(人間罪惡)의 문제를 그대로 두고서는 다시금 영원한 생명의 인류(人類)로 회복(回復)시킬 수가 없었기에, 죽음 가운데 있는 **후세(後世)의 수많은 불쌍한 인류(人類)의 영혼(靈魂) 구원을 위하여 먼저 선악 간(善惡間) 공의(公義)적 심판의 통치를 통하여 반역(叛逆)적 불순종과 원망, 불평 죄악(罪惡)의 무서움과 그 죄(罪)값의 비참(悲慘)함을 알게 하는 징표(徵標)가 되게**(민26:10) **하는 동시(同時)에 장대의 높이 들린 놋뱀을 통하여서는 죄악으로 인한 죽음의 멸망 가운데서도 복음(福音)적 은혜구**

원(恩惠救援)의 생명(生命)의 길이 있음을 미리 보여 주기도 하는 것이다 (민21:4-9 ; 고후1:18-31 ; 롬1:16-17).

이처럼 구약시대(舊約時代)에서의 두려움의 하나님으로 보인 일들이 많았음으로 인하여 신약시대의 사랑의 하나님을 말한다면 구약시대의 하나님과 신약시대(新約時代)의 하나님은 서로 다른 하나님이 되시는 것인가 하는 의문(疑問)이 들 수도 있는 것이 사실이다. 그러나 결코 그렇지 않다. 하나님은 영원한 하나님이시기에(시90:2, 41:13) 율법시대의 여호와 하나님이나 복음시대의 아버지 하나님은 같은 한 하나님으로서 구약시대 징벌의 그 와중에서도 죄악(罪惡)의 이스라엘이 회개(悔改)하고 돌아오기를 권고(勸告)하시고 기다리시는 사랑과 자비와 긍휼의 그 하나님이 되셨던 것이다(사55:7 ; 렘15:19 ; 말3:7).

그렇다면 왜 복음 시대에 와서야 사람에게 친근(親近)한 하나님이라는 사실로 더 명확(明確)하게 증명(證明)이 되는 것인가 하는 것인데 그 이유인즉 먼저 언급한 대로 창조주 하나님의 형상(形象)대로 지음을 받고 창조주 하나님의 생기(生氣)를 받아 생령(生靈)이 된 피조물(被造物)인 첫 사람 아담(창1:26-28, 2:7)이 창조주 하나님의 주신 행복(幸福)된 법적(法的) 언약(言約)을(창2:15-17) 악(惡)의 대명사(代名詞)인 마귀(魔鬼)의 유혹(誘惑)을 받아 일방적으로 파기(破棄)함으로 인하여 그 죄값에 따른 사망 가운데 인간(人間)이 되었을 뿐만 아니라(창3:1-24) 그로 인하여 세상에 죄악(罪惡)이 들어오게 되었고, 그 죄악으로 말미암아 모든 인류가 마귀(魔鬼)의 자식(子息)이 된 죄악(罪惡) 가운데의 멸망(滅亡)적 사람들이 됨으로써 스스로 의(義)가 되시는 하나님과는 원수(怨讐)가 되어 버렸다(롬5:12-14 ; 행13:10 ; 골1:21).

이 원수의 관계는 세상 사람들 사이의 감정과 증오(憎惡)의 일반적 원수(怨讐)의 관계가 아니라 함께하려야 함께할 수 없는 선악 간의 근본 문제로, 원수에 대하여 이해해 준다고 해도 그 이해(理解)로만 될 수 없는 문제, 양보(讓步)해 준다고 해도 양보로만 해결될 수 없는 문제, 용서(容恕)해 준다고 해도 그냥 용서만으로 해결될 수 없는 문제인 것이다. 이는 죄(罪)의 삯은 사망이며(롬6:23) 반드시 그 죄값을 멸망의 영원한 죽음으로 치르지 않을 수가 없었기 때문인 것이다.

　그러한 가운데서도 사람을 끝까지 사랑하시는 하나님의 예정(豫定)된 구원의 시작은 어떤 하나의 민족(民族)뿐만 아니라 인류 곧 만민(萬民)의 영원한 은혜의 복음적 구원을 위한 예표(豫表)적 실행(實行)의 구원으로서 먼저 아브라함과 이삭과 야곱에게 한 언약(言約)대로(창15:18 ; 신9:5 ; 레26:42-45 ; 출3:1-4:17) 이스라엘 민족을 먼저 택하여 모세를 민족의 지도자로 세워 애굽의 가혹(苛酷)한 노예(奴隷)의 신분(身分)에서 출애굽의 해방(解放)을 시켜 젖과 꿀이 흐르는 복지(福地)의 가나안 땅으로 인도하여 정착(定着)하게 하는 구원(救援) 곧 역사(歷史)적 보이는 구원으로서 이를 만방(萬邦)에 알리는 하나님의 구원으로서 영적인 시각(視覺)에서는 복음은혜(福音恩惠)의 예표(豫表)적 구원의 의미(意味)를 나타내고 있는 것이다.

　그러므로 인간에 대한 하나님의 구원의 경륜을 좀 더 구체적으로 보게 되면 창조주 사랑의 하나님께는 죄악으로 인하여 멸망 가운데 있는 사람들에게 사랑과 구원의 하나님이 되심을 온 세상 사람에게 알게 하기 위하여 이미 오래전에 아브라함에게 언약(言約)한 대로 먼저 택함을 받은 이스라엘 민족을 모세를 통하여 출애굽의 해방(解放)을 시켜 복된 언약(言約)의 율법(律法)을 주셨지만 역시 죄악의 근성(根性)을 가진 사람으로서 불순종(不順從)은 물론 오히려 하나님이 그토록 싫어하는 원망(怨望)과 불평(不平)과 거역(拒逆)과 반역(叛逆)의 죄악으로 일관(一貫)하게 된 것이다(민11:1, 14:27 고전10:1-11).

　그런 가운데서도 사람들은 말하기를 사람에게도 자유(自由)를 주어서 자기가 하고 싶은 대로 두게 되면 그것이 곧 사랑으로 사람을 위함이 아니겠느냐고도 반문(反問)하기도 하겠지만 이는 하나님도 이미 사람에게 시행(施行)해 본 것으로서 사람이 능히 그 자유를 감당치 못했음이 명확하게 드러난 것이다.

앞에서도 언급한 바가 있지만 창조주 하나님은 에덴동산의 첫 사람 아 담에게 에덴동산을 다스리고 관리하는 권세와 만복(萬福)을 주셨을 뿐만 아니라 동산 모든 나무의 열매는 임의(任意)로 먹되 동산(東山)의 가운데 있는 선악(善惡)을 알게 하는 나무의 열매만 먹지 말라는 금지(禁止)의 단 한 가지 절대적 언약(言約)을 주셨는데도 불구하고 마귀의 유혹을 받은 사 람의 욕심은 선악을 알게 하는 나무의 열매를 먹게 되는 불순종뿐만 아니 라 그 불순종으로 인한 하나님과 같이 되고자 하는(하나님과의 동등 된 권위) 교만(驕慢)의 죄악(罪惡)으로 연결됨으로써 피조물인 사람이 창조주 하나 님의 은혜를 배반(背反)하는 멸망의 길을 자초(自招)하게 된 것으로, 이는 곧 하나님이 베푸신 행복과 자유(自由) 은혜에 대한 배반(背反)적 방종(放 縱)의 결과를 가져오게 되었다(창1:26-3:24).

그래도 하나님은 인간의 순수한 자유의지(自由意志) 회복(回復)과 복(福) 을 주시기 위하여 다시금 생명과 복(福)과 사망과 화(禍)를 사람 앞에 두어 직접적인 비교로 생명과 복을 스스로 선택하도록 또다시 언약(言約)해 주 셨지만(신30:15-20) 이 역시 생명의 복을 거부(拒否)하고 사망과 화를 선택 한 일방적 언약 파기(言約破棄)로 또다시 하나님의 심판적 징벌을 스스로 선택한 격이 되었다(창세기, 출애굽기, 레위기, 민수기, 신명기 등 모세 오경 참조).

그러므로 천지의 유일하신 주권자로서(딤전6:15) 인간(人間)을 구원하고 자 하시는 하나님의 사랑의 결심(決心)은 사람을 지으신 창조자(創造者)로 서의 사람의 의사(意思)와 관계없는 경륜(經綸)적 예정(豫定)에 의한 주권 적(主權的) 개입(介入)의 구원의 실행(實行)인 것이다. 이 주권적 개입은 사 람의 자유(自由)를 억압(抑壓)하기 위함이 아니라 선악 간(善惡間) 통치 차원으 로서 죄악(罪惡)으로부터 억압되어 있는 멸망의 생명을 의(義)의 자유로운 생 명으로 이끌어 내는 사랑의 주권적 개입이 되는 것이다.

그래서 사람의 타락(墮落)과 하나님의 주권(主權)적 관계에 대한 상상적

(想像的) 예(例)를 들어 본다면 어떤 과학자가 로봇을 만들어 거기에 가공(加功)할 만한 인공지능(人工知能)을 입력(入力)하여 사람들의 생활을 도우며 사람들을 보호하는 선용(善用)의 목적으로 사용하고자 했는데도 불구하고 그 로봇이 지능(知能)적 오류(誤謬)를 일으켜 목적의 기능(機能)을 상실(喪失)했을 뿐만 아니라 오히려 자기를 만든 과학자를 대적(對敵)하고 사람을 공격(攻擊)하고 온갖 시설을 파괴(破壞)하는 무서운 힘의 괴물 노릇을 한다면 그 과학자의 아무리 많은 노력과 비용(費用)이 투자(投資)된 그 어떤 소유물(所有物)보다도 아끼는 로봇이라 할지라도 그 주권자로서 로봇을 강제로 제압(制壓)하여 뜯어내어 고칠 수밖에 없으며 만일 고칠 수 없다면 결국은 파괴(破壞)해 버리게 될 것이다.

이와 같이 성경에도 하나님의 주권(主權)적 비유(比喩)가 있는데 이는 복음의 선택적 구원에 대한 주권적 비유(比喩)가 되는데 창조주(創造主) 하나님과 피조물(被造物)인 사람의 관계에 대한 하나님의 모든 주권(主權)이라는 그 자체에 있어서는 동일(同一)하므로 토기(土器)장이의 그 그릇에 대한 주권을 통해서 창조주 하나님의 피조물인 사람에 대한 주권(主權) 그 자체에 대해서 우선(于先) 생각해 보고자 한다.

그 비유(比喩)는 토기장이와 그 만든 그릇에 관한 비유로, 토기장이야말로 자기가 만든 그 그릇에 대한 권리(權利)나 그 사용에 관한 관리적 용도(用度)는 전적으로 그 그릇을 만든 주인(主人) 곧 토기(土器)장이의 권한(權限)에 있으므로 그 그릇의 입장에서는 토기장이가 자신을 사용하는 선택(選擇)적 결정에 대해서는 이의제기(異議提起)를 할 권리(權利)가 없다는 사실인 것이다(롬9:14-32).

그렇다면 하물며 하나님이 사람을 지으시되 다른 모든 피조물과는 달리 흙으로, 자신의 손으로, 자신의 형상(形象)대로 직접 사람을 만드시고 그 코에 전능자(全能者) 자신의 생기(生氣)를 불어넣어 생령(生靈)이 되게 하시고 헤아릴 수 없는 수많은 피조물 중에서도 사람에게만 만물(萬物)의 영장

(靈長)의 지위(地位)를 부여(附與)하심으로써 모든 피조물 중 으뜸으로 무한한 행복의 영화(榮華)를 누리게 하셨는데도 불구하고 사람은 그 창조의 목적에 따라 하나님의 영광(榮光)을 위한 삶(사43:7, 21 ; 엡1:6) 곧 하나님의 선(善)하심과 거룩한 성품(性品)을 따라서 하나님이 아름답게 창조하신 세상을 순종(順從)과 은혜(恩惠)의 감사 안에서 잘 관리하는 사람, 하나님을 찬송하는 사람이 되지 못하고 오히려 창조주 하나님의 주신 권리(權利)와 자유(自由)를 남용(濫用), 악용(惡用)하여 생명의 주권자(主權者)이신 하나님께 배반(背反)의 불순종(不順從)이 될 뿐만 아니라 하나님의 대적(對敵)인 마귀(魔鬼)에게 순종(順從)하여 그 종(從)이 됨으로써 하나님의 의(義)로움만 있는 밝은 세상에 어두움의 죄(罪)를 끌어들여 더러운 죄악(罪惡)의 세상이 되게 함과 동시에 하나님과는 원수(怨讐)의 관계가 되었으니 창조주 하나님에 대한 피조물인 사람으로서는 이러한 배반(背反)의 범죄(犯罪)에 대해서는 그 어떤 변명(辨明)도 인정될 수가 없었던 것이다.

그러므로 이미 죄악(罪惡)으로 타락(墮落)한 영원한 멸망의 인간에게 있어서는 생명의 주권자(主權者)이신 하나님의 강제(强制)적인 개입(介入)과 간섭(干涉)이 없으면 결국은 사람의 구원도 영원한 생명도 있을 수 없는 영원한 멸망의 생명이 될 수밖에 없는 것이다. 그래서 인간의 삶에 대한 하나님의 개입(介入)은 단순한 권세(權勢) 남용(濫用)의 군림(君臨)이 아니라 창조주(創造主)이시요, 평강(平康)의 왕권(王權)적 군림(君臨, 군림 자체, 욥41:34 ; 사9:7)의 주권자(主權者)로서 긍휼과 사랑의 개입인 것이다.

그래서 죄악으로 인한 멸망 가운데 있는 인간의 생명 문제의 해결에 있어서 죄악에 감염(感染)된 사람일지라도 율법의 약속을 통하여 다시금 의(義)의 아버지께 돌아오게 하기 위하여 때로는 극진(極盡)한 사랑으로, 때로는 혹독(酷毒)한 징벌(懲罰)로 다스려 보았지만 죄악에 감염된 사람의 연약함의 문제는 스스로 극복(克服)되지 못하고 여전히 불순종과 교만의 죄악에서 떠나지 않음으로써 하나님 자신(自身)도 원치 않는 죄악(善惡)에 대한 공의적(公義的) 잣대의 심판적 징벌이 계속될 수밖에 없는 구제 불능(不能)의 사람으로 투명(透明)하게 확인된 것이다. 그러므로 인류의 완전한 구원을 위하여 창세전에 이미 하나님의 경륜(經綸)에 의하여 예정(豫定)된 그 뜻대로 사람의 선행(善行)적 조건의 구원이 아닌 오로지 은혜를 통한 구원의 대역사(大役事) 시대(時代)를 여신 것이다(엡1:3-6).

이는 지난 글에서도 언급한 바 있는 구원의 복음(福音) 곧 구원의 복된 소식으로서 하나님이 자신의 독생자(獨生子)를 죄악의 인간 세상에 구원자로 보내어 인류(人類)를 멸망케 하는 모든 죄(罪)의 삯을 십자가 대속(代贖)의 죽음으로 해결되게 함으로써 말미암아 누구든지 그 십자가 대속의 예수 그리스도를 값없이 믿기만 하면 속죄(贖罪)의 은혜를 입게 되는 것이다(엡2:16 ; 빌3:9 ; 히9:11-12).

이러한 복음의 은혜로 말미암아 율법(律法)시대에 있었던 일 곧 구약시대(舊約時代)에 이스라엘 족속 중 한 사람이 안식일(安息日)에 땔감 나무를 하러 갔다가 어떤 사람에게 발각, 고발되어 안식일을 범(犯)한 죄(罪)로 여호와의 명(命)에 의해 돌로 쳐 죽임을 당한 일이나(민16:32-36) 고라와 다단과 온이 여호와로부터 직접 받은 모세의 권위에 반역(叛逆)한 죄악(罪惡)으로 말미암아 고라에게 속한 사람 250명이 땅의 삼킴을 받아 죽었을 뿐만 아니라 그와 연관된 일로 백성들의 모세와 아론을 친 죄악으로 또다시 주변의 1만 4천7백 명의 회중이 염병(染病)의 심판(審判)적 징벌로 희생(犧牲)되어야 했던 사건(事件, 민16:1-49) 같은 것들도 복음(福音) 안에서는 다시는 있을 수가 없으며 또한 이스라엘 백성 중에서 싯딤에서의 모압 여자들과 음행과 더불어 그들의 신(神)을 섬기는 우상숭배(偶像崇拜)의 죄악(罪惡) 심판에 대한 두 사람의 비참한 죽음과 그 일과 연관된 심판의 징벌로서 2만 4천 명의 염병(染病)으로 인하여 죽은 사건과(민25:1-9) 연약한 믿음의 사람으로서 부득이(不得已) 지은 죄(罪)나 부지중(不知中)에 지은 죄(罪)까지에 있어서도 즉석 징벌(懲罰)의 심판(審判)이 따르지 않게 되었으니 이는 복음의 은혜 안에는 무조건(無條件)적 심판(審判)의 징벌(懲罰)이 먼저가 아니라 예수 그리스도를 통한 은혜의 일환(一環)으로서 다시금 돌아오기를 끝까지 기다리시는 하나님의 긍휼(矜恤) 안에서 예수 그 이름을 의지한 진정한 회개(悔改)로 다 해결되기 때문인 것이다(요일1:9).

또한 섬김의 일에 있어서도 피조물(被造物)인 사람이 그 창조주 곧 거룩하신 의(義)의 하나님께 나아갈 때마다 자신의 죄의 문제를 해결하기 위하여 그렇게 절차가 복잡하고 까다로운 율법(律法)의 규례(規例)를 따라 자신의 죽음 대신 짐승을 안수(按手)한 후 피 흘려 잡아(곡식 가루의 제물 포함) 제사장(祭司長)을 통한 속죄(贖罪)의 제사 및 여러 섬김의 제사를 드려야 하는 의무적 제물의 비용과 번거로운 일들(레1:1-10:20 ; 민15:1-28)이 해결되었을 뿐만 아니라 아론 제사장마저도 섬김의 성소(聖所)에 들어갈 때마다의 두려움 곧 죽음의 위험과(출28:35) 레위 지파의 섬기는 일에 속하는 고핫 자손도 성전에서의 섬김에 있어서 지성물(至聖物)에 함부로 손을 대거나 성소(聖所)를 보게 되면 생명의 위험에 처하게 되는 일들이(민4:18-20) 다 해결된 것이다.

이는 친히 영원한 대제사장(大祭司長)이 되시는 예수 그리스도의 십자가 보혈(寶血)의 공로로 단번(單番)에 해결됨으로써(히6:20, 7:20-28, 9:12) 예수님의 그 이름 안에서의 회개(悔改)만으로, 예배(禮拜)만으로 공식(公式) 섬김이 해결되며 사람이 하나님의 은혜의 보좌(寶座) 앞까지도 예수 그 이름으로 담대(膽大)하게 나아가게 되는 것이다(히4:16).

이렇게 예수 그리스도로 말미암아 하나님과 사람 사이의 선악 간(善惡間)의 원수(怨讐)가 십자가로 화목(和睦)하게 됨으로써 말미암아(롬5:10 ; 엡2:16) 마귀(魔鬼)에게 속해 있던 멸망의 사람이 예수 그리스도를 믿는 믿음으로 말미암은 하나님의 사랑받는 권세(權勢)의 양자(養子)가 됨으로써 다시금 하나님을 아빠, 아버지라 부르게 되는 자녀(子女)로서의 친근(親近)한 공경(恭敬)의 사이로 회복(回復)된 것이다(요1:12 ; 롬8:5 ; 갈4:6).

이는 하나님의 본심(本心)은 인간이 하나님을 경외하여 복을 받아 살기를 바라시기 때문에(신5:29) 모든 사람이 구원을 받으며 진리(眞理)를 아는 데 이르기를 원(願)하심으로써(딤전2:4) 인간이 악(惡)을 따르지 않고 복음시대의 이방(異邦)인 곧 하나님을 불신(不信)하는 사람들에게까지도 심판의 징벌이 먼저가 아니라 마치 아버지 은혜의 품속을 스스로 떠나 돼지처럼 먹으며 고생 가운데 있는 탕자(蕩子)가 다시 돌아오기를 끝까지 참고 기다리시는 사랑의 아버지와 같이(눅15:11-32) 심판의 그 뜻을 돌이키면서까지도 마지막 세상종말(世上終末)의 재림(再臨)의 날을 연기(延期)해 가면서까지도 죄악(罪惡)으로 타락(墮落)한 멸망 가운데의 모든 인류(人類)가 하나님 아버지께 다시 돌아오는 회개(悔改)를 통하여 영원한 생명에 들어가기를 끝까지 기다리시는 긍휼(矜恤)과 사랑과 친근(親近)의 하나님이 되시기 때문이다(벧후3:9).

그래서 복음은 곧 "하나님이 세상을 이처럼 사랑하사 독생자(獨生子)를 주셨으니 이는 그를(예수님을) 믿는다마다 영생(永生)을 얻게 하려 하심이니라(요3:16)."라는 말씀 약속(約束)의 실행(實行)인 것이다. 이 약속 안에는 인간이 반드시 영원한 죽음으로 치러야 할 죄(罪)값의 문제를 하나님이 아낌없이 세상에 보낸 독생자 예수 그리스도께서 친히 십자가에서 대신(代身) 죽으심으로 말미암은 그 대속(代贖)으로 인하여 하나님도 무조건(無條件) 해결할 수 없었던 죄악(罪惡)의 문제가 단번에 해결되었기 때문이다.

이렇게 복음시대(福音時代)의 하나님만 사랑의 하나님이 아니라 앞에서의 언급과 같이 율법시대(律法時代)의 하나님이나 복음시대(福音時代)의 하나님은 같은 한 하나님으로서 시대적 경륜(經綸)에 의한 통치로 말미암아 사람들에게는 견해차(見解差)적인 하나님으로 보이기도 했을 뿐 하나님의 근본 속성(屬性)을 한마디로 말한다면 사랑이시며(요일4:16) 단 복음시대를 통해서 인간의 죄악을 위하여 독생자 예수 그리스도까지 십자가 죽음에 내어 주신 사랑의 하나님으로 더욱 명확(明確)히 확인되었다는 사실이다.

✝

하나님의 업적

　하나님의 업적(業績)을 낱낱이 다 말한다면 헤아릴 수가 없다 그래서 넓은 의미에서는 두 가지 정도로 말할 수 있는데 천지만물(天地萬物)의 창조(創造)와 그 섭리(攝理) 그리고 창세전(創世前)의 예정(豫定)으로 죄악의 영원한 멸망 가운데 있는 인간을 예수 그리스도를 통한 십자가 대속(代贖)의 구원(救援)인 것이다.

　먼저 천지만물(天地萬物)의 창조(創造)는 사람들의 그 어떤 신(神)이라고, 능력자(能力者)라고 믿고 따르는 신(神)들도 감히 할 수 없었기에 그 모든 신(神)은 거짓 신(神)이 될 수밖에 없으며 하나님의 천지창조야말로 하나님의 참신이 되심과 전지전능(全知全能)하심과 그 위대(偉大)하심을 증명(證明)해 주는 업적으로 위대한 생명 예술(藝術) 곧 신(神)의 작품(作品)이 되는 것이다(창1:1-31 ; 사40:26, 45:18 ; 엡3:9). 그래서 사람들이 그 무엇을 아무리 잘 만든다고 해도 하나님으로부터 창조된 그 어떤 물질로만 다른 그 무엇을 만들 수가 있지만 하나님의 창조는 그 무엇이 전혀 없는 가운데서 그 무엇을 있게 하는 곧 무(無)에서 유(有)의 근본창조(根本創造)로, 이 창조의 생명 예술의 작품이야말로 전능(全能)하신 하나님의 능력 안에서 감추어져 있던 생명이 나타나고 보이지 않았던 심히도 아름다움이 실상(實狀)으로 나타난 것이다.

다음 또 하나의 업적(業績)은 앞의 글에서도 그토록 언급한 예수 그리스도를 통한 구원(救援)의 성취(成就)로(롬3:25, 롬5:15 ; 딤후1:10 ; 엡1:5) 이 구원이야말로 천지와 그 가운데 있는 모든 만물과도 바꿀 수 없는 독생자 예수 그리스도의 한없이 값비싼 생명으로 무한한 대가를 치러 이룩한 무너진 생명 세계의 새로운 재창조(再創造)인 것이다. 즉, 하나님의 영광을 시기(猜忌)한 마귀가 하나님의 업적(業績)을 무참(無慘)하게 황폐화(荒廢化)시켜 놓았지만 한없는 하나님의 전지전능(全知全能)의 위대하심은 **예수 그리스도를 통한 십자가 대속의 예정(豫定)된 경륜(經綸)의 실행으로 손상(損傷)된 창조의 생명 세계를 은혜(恩惠)의 더 완전함으로 더 새롭게 복구(復舊)시킨 것으로 그 '어떤 것과도 비교될 수 없는 업적(業績)'이 되는 것이다.**

다시 말하면 이 업적이야말로 당장의 죽음 앞에서도 단 몇 분의 시간만이라도 더 살기를 바라는 생명(生命)에 대한 본능(本能)적 애착(愛着)의 사람, 아니 100년의 세상만 살아도 한없이 만족하겠다는 평소 사람들의 공통(共通)된 바람이고 보면 예수 그리스도를 구원의 주로 믿는 믿음만으로 **영원(永遠)한 생명(生命)을 얻게 된 사람의 입장**에서는 예수 그리스도를 통하여 사람의 구원을 성취(成就)하신 하나님의 그 구원의 업적(業績)이야말로 천상천하(天上天下)의 그 무엇과도 바꿀 수 없는, 사람의 어떤 말로도 표현(表現)될 수 없는 업적 중 업적(業績)인 것이다.

✝

성삼위로 계시는 삼위일체 하나님

━━━━━━━━━━

지금까지 하나님에 대한 사실을 개념(槪念)적 입장에서 살펴보았다. 그런데 더욱 놀라운 사실은 그렇게 절대적이신 한 분 하나님은 삼위(三位)로 계시는 삼위일체(三位一體) 하나님이라는 사실이다. 그래서 이에 대한 성경 기록의 근거를 따라 하나님에 관한 사실을 좀 더 구체적으로 알아보고자 한다.

"그룹 사이에 계신 이스라엘 하나님 만군(萬軍)의 여호와여, 주는 천하만국(天下萬國)에 유일(唯一)하신 하나님이시라 주께서 천지(天地)를 만드셨나이다(사37:16).", "너희 하나님 여호와는 신(神) 가운데 신(神)이시며 주(主) 가운데 주(主)시요, 크고 능(能)하시며 두려우신 하나님이시라(신 10:17上).", "이스라엘아 들으라. 우리 하나님 여호와는 오직 유일한 여호와이시니(신6:4), "기한(期限)이 이르면 하나님이 그의 나타나심을 보이리니 하나님은 복(福)되시고 유일(唯一)하신 주권자(主權者)이시며 만왕(萬王)의 왕(王)이시며 만주(萬主)의 주(主)시요, 오직 그에게만 죽지 아니함이 있고 가까이 가지 못할 빛에 거(居)하시고 어떤 사람도 보지 못하였고 또 볼 수도 없는 이시니 그에게 존귀(尊貴)와 영원(永遠)한 권능(權能)을 돌릴지어다. 아멘(딤전6:15-16)."

이렇게 영원토록 살아 계셔서 역사(役事)하시는 하나님은 유일신(唯一神)

으로서 하나이시기에 한 분 하나님으로 존재(存在)하신다는 사실을 성경 기록의 직접적인 근거(根據)에 의하여 확인되고 있는 것이다.

여기서 잠깐 '유일신(唯一神)'이라는 그 자체와의 종교적(宗敎的) 관련(關聯)에 대해서 간단히 언급(言及)해 보게 되면 지구상에 절대적 유일신을 믿는 종교는 기독교 외에 다른 두 종교가 더 있는데 유대교가 있고 이슬람교도 있다. 먼저 이 유대교는 구약성경(舊約聖經)에 기록된 여호와에 대한 액면적(額面的) 견해(見解)에만 치우친 나머지 삼위일체(三位一體) 하나님이 빠진 여호와만을 단일(單一)의 유일신으로 강조를 하며 여호와 유일신의 백성마저도 이스라엘의 민족만이 하나님의 영원한 성민(聖民)이라는 구약성경의 의미만을 주장하는 종교가 된다.

그러므로 일부 유대인은 구약성경에 그토록 예언된 메시아 예수님을 하나님의 아들로, 메시아 곧 그리스도로 인정(認定)하지 않았을 뿐만 아니라 오히려 예수 그리스도를 하나님을 모독(冒瀆)하는 자, 억지로 이단자(異端者)로 몰아 십자가에 죽이기까지 했으니 당연히 신약성경(新約聖經)을 하나님의 말씀으로 인정하지 않음으로써 삼위일체의 하나님이라는 사실을 절대적으로 부인(否認)하는 일부 유대인 중심(中心)의 종교라고 할 수가 있는 것이다.

다음은 성경과는 거리가 먼 경전(經典), 곧 코란에 근거한 이슬람교가 있는데 이슬람의 코란은 유일신 히브리 말의 알라(알라를 우리말로 번역하면 '하나님'이라고 함)만을 단일의 유일신으로 강조하고 믿는 반면에 신성(神性)과 인성(人性)을 겸비(兼備)한 예수님을 가리켜서는 동정녀(童貞女)의 탄생은 말하면서도 시대의 한 선지자나 예언자라는 신성부인(神性否認)의 인성(人性)적 예수님으로만 인정(認定)하는 것이다.

그런데 유독(唯獨) 우리 기독교만은 하나님을 유일(唯一)한 참신(神)으로 인정(認定)하되 구약 39권과 신약 27권, 도합 66권의 신구약성경(新舊約聖經)을 무흠(無欠)한 하나님의 말씀으로 믿고 인정하는 신앙이기 때문에 이

신구약 66권에 계시(啓示)되어 있는 삼위일체의 하나님을 절대적 유일신(唯一神), 곧 참하나님으로 믿게 되는 것이다. 그래서 기독교는 삼위일체(三位一體)로 계시는 하나님을 한 분 하나님으로 인정하게 되는 신론(神論) 교리(敎理)의 절대적 신앙(信仰)이기에 삼위일체 하나님을 인정하지 않으면 기독교의 참신앙은 될 수가 없을 뿐만 아니라 도리어 이단신앙(異端信仰)이 되는 것이다.

다시 삼위일체 하나님이라는 사살의 본론(本論)으로 돌아와서 성경(聖經)의 액면적(額面的) 부분으로 볼 때는 앞에서 인용(認容)된 '신명기 10장 17절과 디모데전서 6장 15-16절의 말씀'과 같이 하나님은 유일신(唯一神)이심을 분명하게 말씀하고 있으므로 기독교(基督敎)는 **유일신(唯一神) 참하나님을 믿는 절대적 신앙**인 것이다. 그럼에도 불구하고 기독신앙(基督信仰)이 삼위일체 하나님이라는 사실 또한 절대적 신론신앙(神論信仰)이 되는 것은 *신구약 66권 성경 전체에 있어서는 한 분 하나님은 삼위(三位)로 계시는 한 하나님 곧 삼위일체(三位一體) 하나님으로 계시(啓示)되고 있기 때문인 것이다.*

그러므로 유일신(唯一神)이라는 그 자체(自體)만 말한다면 단일(單一)의 하나로서 삼위일체 하나님이 아니라는 의미(意味)로만 오해(誤解)될 수도 있지만 성경 전체를 연관(聯關)시킨 포괄(包括)적 기록의 의미로 볼 때는 유일신(唯一神)은 곧 신(神)들에 대한 거짓이 난무(亂舞)한 가운데서의 둘도 없는 하나의 참신(神)이라는 뜻도 포함되어 있으므로(렘10:10 ; 요17:3) 그 하나님이야말로 **같은 본질(本質)의 삼위(三位)로 계시는 한 분 참하나님**이시기 때문에 유일신(唯一神)이신 그 여호와가 삼위일체(三位一體) 하나님이 되시는 사실(事實)에 있어서의 의심의 여지(餘地)가 있을 수 없는 것으로 받아들이게 된다.

그러므로 **정통 기독교의 신론(神論)에 있어서는 한 분 하나님은 삼위(三位)로 계신다는 확고부동(確固不動)한 교리(敎理)로 정의(定義), 정립(定立)**

되어 있는 것이다. 그래서 기독교 신론(神論) 교리의 삼위일체(Trinity)에 있어서의 삼위(三位)에 대한 우리말의 이해(理解)에 있어서는 三位(삼위)란 석 삼(三), 자리 위(位), 즉 한문(漢文)의 뜻과 연관된 우리말의 표현으로 삼(三) 곧 셋의 위치적 자리를 말하는데 이를 좀 더 구체적으로 말하게 되면 성부(聖父, 아버지 하나님), 성자(聖子, 아들 예수 그리스도), 성령(聖靈, 아버지와 아들의 영)이라는 삼위(三位), 즉 신(神)적 존재 위치(位置)가 되는 것이다.

그러므로 기독교 신론에서의 삼위는 문자 그 자체의 뜻만 말하는 것이 아니라 신성(神性)의 삼위(三位)에 대한 존재성(存在性)을 인정함에 있어서 삼위의 용어(用語)에 사람의 인격(人格)에서 사용되는 그 인격의 뒷글자인 격(格)을 붙이게 됨으로써 인격성의 부여(附與)로도 볼 수 있는 삼위격(三位格)으로도 말하게 되며 그 삼위격은 아버지의 위치, 아들의 위치, 그 영(靈)의 위치 곧 거룩한 세 인격(人格)적 위치로 성삼위(聖三位)라고 하게 된다.

이렇게 삼위는 **아버지, 아들, 그 영(靈)**이 됨으로써 비록 신(神)적 계통(系統) 안의 직계(直系)적 위계질서(位階秩序)의 개체(個體) **차별(差別)의 삼위격(三位格)으로 보이기도** 하지만 앞에서의 언급과 같이 성경적 그 뜻에 의한 기독교 교리(敎理)의 삼위일체(三位一體) 정의(定義)에 있어서는 **"하나님은 삼위로 계신다."**로 되어 있기 때문에 그 **본질(本質)에 있어서는 동질(同質) 동등(同等)**의 신성(神性)이 되신다는 사실이 되기 때문에 하나님의 구체적 표현(表現)의 입장에서 말하게 된다면 삼위일체(三位一體) 하나님이 된다.

그러므로 이를 앞글에서의 언급을 다시 정립을 하게 되면 삼위일체 곧 우리가 말하는 삼위일체(三位一體) 그 자체의 뜻은 한자(漢字)와 연관된 우리말의 번역으로 곧 三→석 삼, 位→자리 위, 一→한 일, 體→몸 체로, 즉 성부, 성자, 성령 삼위(三位)의 근본은 하나님의 본체(本體) 곧 같은 본질(本質)의 하나로 이를 체질(體質)로 표현(表現)하면 하나의 몸이라는 뜻이 되는 것이다[이는 양태론(樣態論)적 단일(單一)의 몸을 말하는 것이 아니라 위(位)의 구별(區別)된 본질(本質)의 하나를 말함].

제2장

삼위일체 안의 삼위(三位)의 **기원(起源)**과

사역(使役)에 대한 **성경적 근거(根據)**

삼위일체 안의 삼위의 기원과 사역의 근거

그러므로 이 서술(敍述)부터는 앞에서 개념적(槪念的)으로 소개된 한 분 하나님은 삼위(三位)로 계신다는 삼위일체(三位一體) 하나님의 성경적 존재 근거를 신구약(新舊約) 성경의 기록과 그 의미(意味)를 통하여 좀 더 구체적(具體的)으로 알아보고자 한다. 성경에 삼위(三位)라는 액면(額面)의 직접적인 단어는 없으나 그 삼위에 대한 '의미적(意味的) 표현(表現)의 근거'는 성경 여러 곳의 기록을 통하여 분명(分明)하게 나타내어 주고 있다.

그래서 하나님의 사역에 있어서 한 분 하나님이 말씀하심에도 불구하고 복수(複數) 인격적 곧 **우리**라는 표현은 창세기 1장 26절의 창조에 관한 기록에서 처음으로 볼 수가 있는데 **"하나님이 이르시되 '우리의' 형상(形象)을 따라 '우리의' 모양대로 '우리가' 사람을 만들고 바다의 물고기와 하늘의 새와 가축과 온 땅에 기는 모든 것을 다스리게 하자 하시고"** 라고 하심으로써 창조주 하나님의 복수(複數)적 표현(表現)이 한 구절 안에 세 번이나 지칭(指稱)되어 있으며, 또한 아담이 선악과를 먹은 '중대 범죄' 때도 **"여호와 하나님이 이르시되 보라. 이 사람이 선악(善惡)을 아는 일에 '우리 중(中) 하나같이 되었으니 그가 그의 손을 들어 생명나무 열매도 따 먹고 영생(永生)할까 하노라(창3:22)."** 하셨고 창조 이후 수많은 세월이 흐른 후의 신날 평지의 바벨탑 사건 때도 **"자 '우리가' 내려가서 거기**

서 그들의 언어를 혼란케 하여(창11:7)" 하시고 또한 이사야 6장 8절에서도 **우리라는 하나님 신변(身邊)의 복수적(複數的) 표현** 곧 창세기와 연관(聯關)될 수 있는 지칭(指稱)이 있었던 것이다. 그러므로 하나님 신변(身邊)의 이 우리라는 그 복수지칭(複數指稱)의 대상이 몇 명의 누구라는 구체적 명시(明示)는 되지 않았으나 하나님의 동등의 복수(複數)적 위(位)가 존재(存在)했다는 사실은 분명해 보인다.

그래서 한 번 더 자세히 살펴보게 되면 앞에서 언급된 우리라는 복수지칭(複數指稱)의 표현 중에서 창세기 1장 26절의 "사람을 지을 때 사람의 형상을 우리의 형상을 따라 우리의 모양대로"라고 표현된 것을 보면 **우리의 형상이란 그 어떤 다른 형상이 포함되지 않은 하나님의 같은 형상을 뜻하는 것**으로 보이며 또한 창세기 3장 22절에 "하나님께서 범죄한 아담을 가리켜 **선악을 아는 일에 우리 중 하나와 같이**"라고 표현한 것은 하나님만의 절대적인 몫에 속하는 선악(善惡)을 아는 일에 권위적 권세의 '**우리 중 하나같이**'라고가 되므로 천사가 아무리 대단해도 선악을 알고 다스리는 일에 하나님의 절대적 권위(權威)와는 동등(同等)될 수가 없는 것이 분명하므로 하나님의 같은 사역적 우리라는 복수 표현 중에는 하나님이 부리시는 종(從) 천사는 아니었음이 확실해 보인다. 그렇다면 하나님 신변(身邊)의 동등적 복수지칭(複數指稱)의 대상이 누구인지를 정확히 알 수가 없는 것은 사실이나 **그 우리는 하나님과의 동등(同等)한 위(位)로서 함께하는 사역(使役)이었다는 사실은 분명한 것이다.**

그런데 구약의 말씀 곧 하나님 신변(身邊)의 우리라는 복수지칭(複數指稱)의 의문(疑問)을 풀어 주는 신약성경의 기록 곧 요한복음 17장의 예수님의 주의 자녀들을 위한 중보(中保) 기도 중에서는 구약의 사람이 알 수 없었던 암시(暗示)적 우리가 곧 성삼위(聖三位)의 관계였다는 사실로 보이는 것이다. 즉, "**아버지여 '창세전에 내가 아버지와 함께 가졌던 영화'로써 지금도 아버지와 함께 나를 영화롭게 하옵소서(요17:5).**" 또한 이 말씀과 연관된 우리라는 복수지칭(複數指稱) 곧 **우리와 같이 그들도 하나되게**(11절) 또 **우리 안에 있게 하사**(21절) **우리가 하나된 것같이**(22절)로 구약의 하나님 주변의 우리라는 복수적(複數的) 암시 지칭의 대상이 성삼위 곧 아버지 하나님, 예수 그리스도, 주의 성령이었다는 사실을 나타내고 있는 것으로 보이는 것이다. 그래서 하나님 주변의 복수적(複數的) 표현에 있어서 신약의 기록에서부터 구약의 기록으로 거슬러 올라가 보게 되면 이미 천지 창조에서도 하나님의 동등(同等)적 위(位)가 암시(暗示)되었음을 알 수 있다.

  그래서 창1:1-3에서는 "**태초에 '하나님이 천지를 창조'하시니라. 땅이 혼돈**(混沌)**하고 공허**(空虛)**하며 흑암이 깊음 위에 있고 '하나님의 영**(靈)**'은 '수면**(水面) **위에 운행**(運行)**'하시니라.**" 하고 이는 하나님의 천지 창조 역사 가운데 수면(水面) 위의 성령(聖靈, 하나님의 영)의 역할(役割)적 운행(運行)도 있었음을 말해 주고 있으며, 또한 예수님께서도 세상에 오시기 전 천지 창조에 함께하셨다는 신약의 성취(成就)적 기록 곧 "**태초**(太初)**에 말씀이 계시니라. 이 말씀이 하나님과 함께 계셨으니 이 말씀은 곧 하나님이시니라. 그가**(예수님) **태초에 하나님과 함께 계셨고 '만물이 그로 말미암아 지은 바 되었으니 지은 것이 하나도 그가 없이는 된 것이' 없느니라** (요1:1-3).**"** 또한 골1:16에도 "**만물이 그에게서**(예수님에게서) **창조되어 하늘과 땅에서 보이는 것들과 보이지 않는 것들과 혹은 왕권들이나 주권들이나 통치자들이나 권세들이나 만물이 다 그로 말미암고 그를 위하여 창조되었고**"라고 했으니 천지 창조 때의 **우리**라는 복수(複數)적 표현 속에는 이미 **성부, 성자, 성령의 삼위의 존재성이 표현되었다는 결론**을 얻을 수가 있는 것이다.

  성경의 기록에서 나타난 삼위일체의 기원(起源)을 다시 정리를 해 보게 되면 이미 구약성경 창세기에서 분명히 유일(唯一)하신 여호와 하나님이 말씀하시는데도 우리라는 동등의 복수(複數)적 인칭(人稱)으로 기록되었고, 선지자 예언을 통하여 장차 오실 메시아의 예언(豫言)이 있었지만 구약시대의 대다수의 일반 사람은 그 말이 무슨 뜻인지를 알지 못했던 것이 사실이다. 그 후 많은 세월이 흘러 **신약시대에 와서야 사도(使徒)들의 기록을 통하여 구약성경(舊約聖經)의 하나님의 우리라는 복수적 인칭과 선지자(先知者)들의 예언의 성취(成就)를 이해(理解)하게 됨으로써 삼위일체 하나님 곧 하나님은 삼위로 계심이 확인된 것이다.**

특히 신약성경 기록 중에서도 앞에서의 몇 구절을 언급한 적 있는 요한복음의 기록에서는 삼위일체 하나님이라는 사실로 더욱 명확하게 드러나 있는 것이다. 그래서 요한복음 1장과 14-17장까지는 삼위일체적 성 삼위의 사역(使役)에 대한 내용이 집중되어 있음을 참고해 볼 수가 있는 것이다. 그러므로 이제부터는 신구약(新舊約) 성경 기록의 대조(對照)를 통해서 삼위일체(三位一體)에 관한 성삼위(聖三位)의 존재(存在)적 근거를 구체적으로 확인해 보고자 한다.

삼위의 첫째 위격인 성부의 성경적 근거

1. 성부(聖父)의 기원(起源)과 사역(使役)

성부는 곧 거룩한 아버지 하나님으로서 일반적으로 하나님이라는 그 칭호(稱號)의 대명사(代名詞)라고도 할 수 있다. 그래서 하나님은 천지를 창조하신 분으로서 만유의 아버지시요(창1:1 ; 엡4:6), 예수 그리스도의 친아버지시며(요5:18하 ; 롬15:6) 예수 그리스도 안에서 구원받은 주의 자녀들의 아버지가 되신다(갈4:4-7 ; 마6:1,9 ; 엡5:20). 이러한 천지의 아버지 곧 성부 하나님은 그 누구에게도 지음을 받지 않으시고 나지 않으신 스스로 계시는 분이시기에(출3:14) 그 존재하심의 기원(起源)은 이미 영원(永遠) 전(前)부터 스스로 계시는 분이 되신다(시90:2 ; 느9:5 ; 출3:14-15).

그러므로 **천지창조(天地創造)로부터 그 섭리(攝理)와 인류의 구속사(救贖史)까지 모든 일을 주관하시는 천지의 주재(主宰)이시요, 예정(豫定)과 성취(成就)의 주관자(主管者)**가 되시기에 삼위의 직무(職務)적 사역으로 보이는 역할(役割)에 있어서도 우리라는 복수적 인칭을 친히 사용하셨으며(창1:26, 3:22, 11:7) 또한 인류(人類)의 구원을 위해서 성부(聖父)로서의 아들 곧 성자 예수 그리스도를 세상에 보내시고(요일4:9) 예수 그리스도 구속 사역 성취(成就)의 연계(連繫, 聯繫)로서의 성령(보혜사)도 보내셔서(요14:26, 15:26) 복음 구원의 큰 뜻을 세상 끝날까지 이루어 가시는 것이다.

2. 성부(아버지)에 대한 구약성경의 근거

구약시대의 하나님은 온통 **유일하신 여호와 하나님으로만 알려져** 있었지만 한편 신약시대에 와서 보게 되면 구약성경의 기록에 이미 성부는 예수 그리스도의 아버지 곧 성부(聖父)가 되신다는 사실이다(시2:7). 이는 일찍이 시편 기자를 통한 성부 성자(聖子)의 관계가 **장차(將次) 나타날 것에 대한 표상(表象)**이라 할 수도 있는 것이다. 그러나 그 시대의 일반 사람들은 다윗 왕가의 육신(肉身)적 일로만 받아들일 수밖에 없었지만(대상22:9-10) 훗날의 사도(使徒)들을 통해서 아버지 하나님과 그 아들 예수 그리스도의 관계적 표상의 기록이었음을 알 수 있게 된 것이다. 그래서 아버지 하나님은 구약시대에 이미 성삼위의 첫째 위격의 성부로 표현되었으며 단 일반 사람들에게는 암시(暗示)적 성부로 예언(豫言)이 된 것이다.

3. 성부(아버지)에 대한 신약성경의 근거

앞에서 말한 시편 2편 7절의 **"내가 여호와의 명령을 전하노라. 여호와께서 내게 이르시되 너는 내 아들이라. 오늘 내가 너를 낳았도다."** 하는 이 구약의 말씀이 신약시대에 와서 실제로 확인되었으므로 신약성경의 기록에서도 그대로 인용(引用)이 되었다(히1:5 ; 행13:33). 이는 아들에게 그 초점(焦點)이 맞추어져 있지만 한편으로 그 아들의 아버지는 성부 하나님이라는 사실 곧 성부의 위가 확인되었다는 증거(證據)도 되는 것이다.

그래서 아버지 하나님은 예수 그리스도와의 관계(關係)에서 아버지(聖父)가 되신다는 사실은 신약성경의 여러 곳에서도 확인할 수 있으며(롬15:6 ;

엡1:3 ; 계1:6), 그것도 **예수 그리스도의 친아버지(성부)가 되시기 때문에(요 5:18下) 삼위에서의 성부(聖父)는 아버지의 위격이 되시는 것이다.** 그러므로 성부는 이 서술 서두(書頭) 부분의 하나님에 대한 글에서와 같이 그 누구로부터도 지음을 받지 않은 **스스로 계시는 하나님이 되시는 것이다**(출 3:14-15).

삼위의 둘째 위격인 성자의 성경적 근거

1. 성자(聖子, 아들 예수 그리스도)의 기원(起源)과 그 사역(使役)

성자란 **거룩한 아들**이라는 뜻으로 곧 하나님의 친아들 예수 그리스도를 말하는 것이다(막1:1 ; 마16:16 ; 히5:5 ; 요5:18). 성삼위 중 둘째 위(位)인 성자 예수 그리스도는 **삼위 중의 유일한 신성(神性)과 인성(人性)을 함께 지니신 인격체(人格體)**로서 지금부터 2천여 년 전에 동정녀(童貞女) 마리아에게 성령으로 잉태되어 육체(肉體)를 입고 세상에 탄생하셨다(마1:18-21). 그러나 예수 그리스도의 신성(神性)적 **근본기원(根本起源)**은 마리아로부터 세상에 탄생하신 기원(起源)이 아니라 마리아를 통하여 세상에 나시기 이전인 상고(上古), 곧 영원 전이 된다는 사실이다(미5:2).

즉, 마태복음 1장의 기록에 의한 육신의 계보로 계산한다면 아브라함의 42대손(孫)이나 되는 예수님이 되심에도 불구하고 친히 **아브라함이 나기 전(前)부터 내가 있었다고 직접 말씀하셨으며**(요8:58), 뿐만 아니라 더 나아가 성경적 신성(神性)의 예수님 기원(起源)을 말한다면 인류의 조상 아담보다도 더 이전인 상고(上古)의 예수님으로서 그 존재(存在)하심의 기원(起源)은 곧 세상 역사(歷史)가 초월(超越)되어 있는 **영원(永遠)한 영계(靈界)의 기원(起源)**이 되는 것이다.

그러므로 예수님께서 아버지께 드린 기도에서도 보면 요한복음 17장 5절에 "아버지여 창세전(創世前)에 내가 아버지와 함께 가졌던 영화로써 지금도 아버지와 함께 나를 영화롭게 하옵소서."라고 기록되어 있으니 **예수님께서는 이미 영원부터 계시는 아버지 하나님과 함께 존재하셨음이 확인**이 되고 있으며 그 외에도 **태초(太初)에 하나님과 예수님이 함께 계셨으므로** 천지의 만물이 그로(예수님으로) 말미암아 지은 바 되고 그가 없이는 하나도 된 것이 없다고 했으며(요1:13) 또한 **말씀이 육신이 된 예수 그리스도**시요(요1:14), **아버지 품속의 독생(獨生)하신 하나님**이시기에(요1:18) **영원 전(永遠前)부터 표면상 독립적(獨立的) 인격**이 되는 것이다.

그래서 바울 사도도 **예수님을 가리켜 나타났다고** 했으니(딤후1:9-10) 나타났다고 한 것은 이미 존재(存在)하고 있는 가운데서 보이지 않았으나 어느 때에 그 모습을 드러내는 것을 말하는 것이 되므로 성자의 근본 기원은 예수님께서 세상에 탄생하심으로 말미암은 시작이 아니라 이미 **영원(永遠)부터 한 위(位)로서의 존재(人格的 存在)**이시며 단 성부처럼 스스로 계심이 아니라 성부 곧 아버지 하나님에게서 나오셨기에(요8:42下, 16:28, 17:8) 그분의 아들로 존재하셨던 분(요10:36 ; 시2:7 ; 행13:33 ; 요일4:14) 곧 **보좌 우편에 앉으신 성자**(하나님의 아들 예수 그리스도)이신 것이다(히8:1-3).

2. 성자(아들 예수 그리스도)에 대한 구약성경의 예언적 근거

삼위(三位) 중 둘째 위(位)인 성자의 구약의 근거 또한 먼저 언급한 시편 2장 7절의 성부의 표상과 같은 맥락(脈絡)이 된다. 그래서 그 하나님 여호와의 아들이란 곧 장차 나타나실 예수 그리스도의 표상(表象)으로서 성부, 즉 아버지 하나님의 아들 성자 곧 예수 그리스도가 되시는 것이다.

또한 다윗의 시편에서도 예수 그리스도가 인간 세상의 주(主)나 사람의 계통(系統)적 제사장이 아니라 이미 하나님과 함께 하늘에 계셨던 주(主)로서 하늘의 제사장이라 할 수 있는 멜기세덱의 서열을 따른 영원한 제사장으로서 하나님으로부터 보내심을 받을 인격체로 암시되어 있음을 볼 수가 있다(시110:1-7). 그래서 구약시대 선지자들의 왕성한 활동 시대에 와서는 성삼위와 관계되는 기록이 암시적(暗示的)으로만이 아닌 어느 정도의 윤곽(輪廓)으로도 드러나게 되는데 곧 '메시아'의 오실 것에 대한 예언(豫言)의 기록인 것이다(사7:14 ; 미5:2).

몇몇 선지자의 예언이 있지만 편의상(便宜上) 그중에서 이사야의 몇 기록 중 그 한 곳만 우선 보게 되면 이사야 9장 1-7의 6절 "**한 아기가 우리에게 났고 한 아들을 우리에게 주신 바가 되었는데 그의 어깨에는 정사(政事)를 메었고 그의 이름은 기묘자(奇妙者)라, 모사(謀士)라, '전능(全能)하신 하나님이라,' '영존(永存)하시는 아버지라,' 평강(平康)의 왕이라 할 것임이라.**" 했으니 이는 예수 그리스도가 육체를 입고 세상에 오실 예언의 말씀으로 **구약에 나타난 그리스도의 영원한 신성의 기원(起源)이 되신다.**

이 신성의 기원이야말로 하나님으로부터 나신 단순한 아들 신분(身分)만의 신성(神性)이 아니라 지나가는 말처럼 보이기도 하지만 앞의 말씀과 같이 **전능하신 하나님, 곧 영원히 살아 계시는 하나님의 근본본체(根本本體)이심도 나타나 있는 것이다.**

3. 성자(아들 예수 그리스도)의 신약성경의 근거와 인격적 사역(使役)

앞에서 서술한 대로 구약시대에 여호와 하나님으로부터 나신 그 아들은 (시2:7) 곧 독생자(獨生子) 예수 그리스도로서 인간의 세상에 육체를 입으시고 구약의 오실 표상(表象)의 아들이었으나 훗날의 실상(實狀)이 되었는데(행13:33 ; 히1:5 ; 롬1:4), 이는 예수 그리스도가 동정녀 마리아에게 성령으로 잉태되어 유대 땅 베들레헴에서 한 아기로 탄생하심으로 말미암아 그리스도 곧 메시아가 오실 것에 대한 선지자들의 예언이 성취되었으며(마 1:18-2:12 ; 요4:25, 1:41) 또한 예수 그리스도께서 세례 요한으로부터 요단강에서 세례를 받으실 때 **"하늘로부터 소리가 있어 말씀하시되 이는 '내 사랑하는 아들이요' 내 기뻐하는 자라 하시니라(마3:17)."**라는 아버지 하나님의 직접적인 음성이 있었으니 예수 그리스도야말로 명실공히(名實共히) 하나님의 인격적 아들 곧 성자(聖子)라는 사실이 분명하게 확인된 것이다.

그러므로 예수님께서도 친히 하나님과 예수님의 관계에 대해서 아버지 외에는 아들을 아는 자가 없다고 했으니(마11:27上) 이는 아들을 아는 액면(額面)의 실상을 말하는 것이다. 그래서 제자 베드로는 믿음 안에서 **"주는 그리스도시요, 살아 계신 하나님의 아들이시니이다(마16:16)."**로 믿음의 고백을 한 것이다.

그런데 여기서 필히 한 번 더 짚고 넘어갈 것은 성부 하나님께로부터 나신 하나님의 아들로서의 예수 그리스도는 영원 전부터 계신 하나님의 아들로서 구속함을 받은 하나님의 양자(養子)가 된 자녀들과는 달리 아버지 하나님으로부터 실제(實際)로 나신 하나님의 친(親)아들로서 아버지께 대한 전적인 순종(順從)의 예수 그리스도가 되시는 것이다(행1:33 ; 요5:18下 ; 롬 15:6). 그러므로 아버지 하나님으로부터 세상에 보내심을 받은 신성(神性)의 예수 그리스도는 아버지 하나님의 예정에 따라 동정녀 마리아에게 성령으로 잉태되어 육신을 입고 인간 세상에 오신 하나님의 아들이신 것이다(눅1:30-35).

그러나 예수 그리스도의 근본이 성부 하나님으로부터 나신 하나님의 아들이라고 해서 창조와 관련된 피조물에 속하는 인격은 결코 아닌 것이다. 앞에서 언급한 대로 이미 그 무엇도 지은 바 된 것이 없는 태초(太初)의 창조 전에, 하나님과 함께 계셨을 뿐만 아니라 또한 영원히 계시는 예수 그리스도가 되시는 것이다(히7:24). 또한 낳았다고 해서 창조자가 되고 낳음을 입었다고 해서 피조물이 되는 것은 아니다. 즉, 사람의 일에 있어서도 부모가 자녀를 낳았다 해서 부모(父母)가 창조자가 되고 자식은 부모의 피조물(被造物)이라 하지 않는다면 하물며 예수 그리스도가 아버지 하나님으로부터 났다고 해서 하나님이 만드신 창조(創造)의 피조물(被造物)이 될 수가 있겠는가 하는 것이다.

만일 예수 그리스도가 성부 하나님으로부터 났다는 사실로 인하여 지음을 받은 창조의 피조물이 된다면 삼위일체라는 그 자체가 있을 수가 없는 것이다. 그러므로 아버지 하나님으로부터 나셔서(히1:5, 5:5) **영원부터 계셨던 예수 그리스도는 삼위 안에서의 천지창조에 참여하셨으며(요1:1-3:14, 8:58, 17:5) 이미 창세전에 예정(豫定)된 하나님의 구속사의 경륜(經綸)에 따라 육체로 세상에 오신 하나님의 아들로서의 신성(神性)과 인성(人性)이 되시며 더 나아가 앞에서 인용(引用)한 구약성경 이사야의 예언처럼 그 본질에 있어서는 전능의 하나님, 영존하시는 아버지가 되신다는 사실인 것이다. 그래서 신약시대의 사도들은 예수 그리스도를 구약의 예언을 따라 하나님으로 인정(認定), 고백(告白, 롬9:5 ; 요1:18 ; 요일5:20 ; 빌2:6上 ; 요20:28 ; 히1:3)한 것으로 보인다.**

더 나아가 요한 1서 5장 20절 곧 "또 아는 것은 하나님의 아들이 이르러 우리에게 지각(知覺)을 주사 우리로 참된 자를 알게 하신 것과 또한 우리가 참된 자 곧 그의 아들 예수 그리스도 안에 있는 것이니 그는 **참 하나님이요, 영생이라.**" 했으니 예수님이 하나님이라는 것만으로도 모자라 '**참 하나님', 즉 '참'이라는 단어가 수식되어 있는 것이다. 그러므로 예수 그리스도야말로 '근본(根本) 하나님의 본체(본체)' 곧 본질상(本質上) 하나님이 되시는 것이다(빌2:5-7).**

이러한 예수님에 관한 신약성경 골로새서 1장 15절부터 20절까지의 직접적인 기록을 보게 되면 "**그는(예수 그리스도) 보이지 아니하는 하나님의 형상(形象)이요, 모든 피조물(被造物)보다 먼저 나신 이시니 만물(萬物)이**

그에게서 창조(創造)되되 하늘과 땅에서 보이는 것들과 보이지 않는 것들과 혹은 왕권(王權)들이나 주권(主權)들이나 통치자(統治者)들이나 권세(權勢)들이나 만물이 다 그로 말미암고 그를 위하여 창조되었고 또한 그가 만물보다 먼저 계시고 만물이 그 안에 함께 섰느니라. 그는 몸인 교회(敎會)의 머리시라 근본(根本)이시요, 죽은 자들 가운데서 먼저 나신이시니 이는 친히 만물의 으뜸이 되려 하심이요, 아버지께서는 모든 충만(充滿)으로 예수 안에 거(居)하게 하시고 그의 십자가(十字架)의 피로 화평(和平)을 이루사 만물 곧 땅에 있는 것들이나 하늘에 있는 것들이 그로 말미암아 자기와 화목(和睦)하게 되기를 기뻐하심이라."라고 되어 있다.

그러나 아버지 하나님으로부터 보내심을 받은 성자 예수 그리스도는 성부의 예정에 따른 경륜적 구속사의 성취를 위하여 하나님과의 동등(同等)됨을 취할 것으로 여기지 않고 오히려 스스로 자신을 낮추어 종(從)의 형체(形體)를 가지사 사람같이 되셨고 십자가에 죽기까지 성부의 뜻에 복종(服從)함으로써(빌2:5-8) 하나님과 사람 간 유일한 중보자(딤전2:5)로서 인류 구원의 대역사를 이룩한 것이다.

삼위의 셋째 위격인 성령의 성경적 근거와 사역

1. 성령[聖靈, 보혜사(保惠師)]의 기원(起源)과 사역

삼위의 제3위격인 성령(보혜사)은 **하나님의 영(靈)인 동시에 예수 그리스도의 영(靈)으로서**(행16:6-10 ; 롬8:9-11 ; 엡4:30 ; 빌1:19) 전적인 영(靈)으로 존재(存在)하신다. 즉, 성령은 아버지 하나님께로부터 나셔서 육체를 입고 세상에 보내심을 받은 신성(神性)과 인성(人性)의 독생자(獨生子) 예수 그리스도와 달리 아버지(성부)와 아들(성자)로부터 발출(發出)된 거룩한 영(靈)으로서 역사하시는 분이시다(요15:26 ; 갈4:6). 그러므로 **성령의 기원(起源) 역시 성자와 같이 이미 영원의 기원**이 됨으로써 하나님 주변의 우리라는 복수(複數)에 포함되는 성삼위의 셋째 위(位)로서의 성령이라고 하게 되나 구세주 예수 그리스도의 승천 후 구속사 직무(職務) 사역의 연계(聯繫)선상에서의 특별한 공식(公式) 보내심을 받을 때는 **보혜사(保惠師)라는 이름의 칭호(稱號)가 되기도 한다.**

보혜사와 관계된 구체적 언급은 뒤이어 별도로 생각해 보기로 하며 먼저 삼위의 제삼위격(三位格)인 성령의 사역(使役)적 근거를 성경에서 찾아보게 되면 사람의 심령 가운데서 감동감화(感動感化)의 역사(役事)만 하시는 것이 아니라 예수님처럼 인격의 한 분으로서(엡4:4) 주의 교회와 주의 자녀들을 위해서 탄식(嘆息)으로 간구(懇求)하시며 가르치고 보호하시고 지키시며 인도하시며 필요에 따라서는 여러 일을 직접 말씀하시는(요 14:26 ; 16:8-13 ; 롬8:26 ; 행16:6, 21:11 ; 계2:11, 14:13) 삼위의 세 번째 위격으로서 역사(役事)의 분명한 한 위(位)가 되는 것이다. 그러므로 세례(洗禮)에 있어서도 예수님께서 직접 아버지(성부)와 아들(예수 그리스도)과 **성령의 이름으로 세례를 주라**고 하셨으며(마28:19) 바울 사도의 축도에 있어서도 주 예수 그리스도의 은혜와 하나님의 사랑과 **성령의 교통(交通)하심**이 너희 무리와 함께 있을 지어다(고후13:13) 하고 기록되어 있다.

그리고 또한 성령은 하나님의 성령이 되심으로써(엡4:30 ; 고전3:16 ; 고전 2:10) **성령도 하나님이 되신다.** 즉, "하나님은 영(靈)이시다(요4:24)."라는 말과 한 맥을 이루고 있는 것이다. 또한 성령은 곧 하나님과 근본 하나님의 본체가 되시는 예수 그리스도의 영(靈, 롬8:9-11)이 되시기 때문에 성령을 속이는 것은 곧 하나님께 거짓말하는 것이 된다(행5:3-4).

그러나 한편 성령은 하나님으로부터 나왔을 뿐만 아니라 사역적(使役的) 직무수행(職務遂行)에 있어서의 때로는 독립적 위격으로도 역사하심으로 말미암아 삼위에 있어서는 표현의 순서상 셋째 위(位)로서 앞에서의 언급과 같이 인격적으로 높이는 표현 곧 '분'으로 지칭(指稱, 엡4:4)하게 된다. 그래서 이제부터는 신·구약성경의 근거에 의한 성령 자체에 대해서 구체적으로 생각해 보고자 한다.

2. 성령(성신)에 대한 구약성경의 근거와 사역

성삼위 중 셋째 위의 성령도 아버지와 아들의 영원(永遠)함과 같이 영원하신 영(靈)으로서(히9:14) 이미 태초의 천지창조 때에 수면(水面)을 운행(運行)함으로써(창1:2) 하나님의 천지창조역사(天地創造役事)에 있어서 영(靈)으로서의 역할(役割)을 한 것으로 볼 수가 있다. 그 후의 구약시대에도 성령의 역사는 계속되었으며(마22:43 ; 왕하2:15) 또한 요엘 선지자를 통하여 장래에 만민의 각층, 각 사람에게 성령을 흡족(洽足)하게 부어 주실 것으로 예언(豫言)되기도 하였으니 곧 "그 후에 내가 내 영(靈)을 만민(萬民)에게 부어 주리니 너희 자녀들이 장래 일을 말할 것이며 너희 늙은이는 꿈을 꾸며 너희 젊은이는 이상을 볼 것이며 그때에 내가 또 '내 영을 남종과 여종에게 부어 줄 것'이며(욜2:28-29)"라고 말씀하신 것이다.

그러나 구약시대 성령 역사의 표면적 활동(活動)은 주로 대중(大衆)의 공개적(公開的) 역사보다는 **특별(特別)히 필요에 따른 임재(臨在)의 역사였던 것이 사실이다.** 그래서 구약시대에 있어서의 유대인들에게는 여호와 그 이름만이 절대적 하나님이요, 절대적 구원자였기 때문에(신4:35 ; 사43:10-12, 44:6, 45:5) 시대의 환경상(環境上) 선지자(先知者) 또는 특정인 외의 일반인의 신앙생활에 있어서는 주로 극소수(極少數)인에게만 역사하셨던 것이 사실이다. 그러나 구약시대에도 성령의 역사는 끊임없이 계속되었다.

3. 성령[聖靈, 보혜사(保惠師)]에 대한 신약성경의 근거와 사역

신약성경에서는 삼위격의 셋째 위를 주로 **성령으로 호칭하게 되나 또 하나의 특별한 호칭으로 보혜사(요15:26)라 하기도 한다.** 그러므로 성령이나 보혜사는 같은 한 영(靈)으로서의 삼위의 셋째 위격이 되므로 구체적 표현상에 있어서는 **성령의 이름이라고도** 할 수가 있어 보이는 것이다. 즉, 성부(聖父)의 이름은 여호와(스스로 있는 자)이시며 성자(聖子)의 이름은 예수(구원자)님이 되시는 것과 같이 보혜사(대언자, 중보자 등의 뜻) 역시 의미상(意味上) 인격적(人格的) 이름으로도 이해(理解)될 수가 있기 때문인 것이다. 그래서 보혜사(保惠師)는 성령(聖靈)이며 성령은 곧 보혜사인 것이다.

① 보혜사(保惠師)의 구체적 의미(意味)와 그 역할(役割)

그러므로 예수님께서 말씀하신 그 보혜사의 구체적 뜻을 먼저 알아보겠는데 한문의 뜻으로 변역(飜譯)된 개역(改譯) 한글, 또는 개역개정(改譯改定) 성경의 보혜사 자체의 문자적 뜻과 성령의 포괄(包括)적 역할(役割)을 살펴보면 보혜사(保惠師)란 保=**보호할 보**로 중보자(中保者)의 보(保)와 같이 쓰고 있으며 惠=**은혜 혜**, 師=**스승 사**가 되므로 이는 값없는 은혜 안에서 함께 계셔서 지켜 보호하시고 진리를 가르쳐 알게 하시고 생각나도록 깨닫게 하시며, 대언(代言)과 증언(證言)의 중보(仲保)적 역할의 뜻이 담겨 있는 영적(靈的)인 사역자(使役者)로 나타나 있는 것이다.

또한 여러 신학자의 대중적 해석에 의하면 보혜사(Paracletos, 파라클레토스)라는 단어는 파라(~곁에)와 칼레오(부르다)가 합쳐진 파라칼레오(곁으로 부르다)에서 파생된 단어로 곧 대변자(代辯者), 중보자(中保者), 변호사(辯護士), 법률자문가(法律諮問家) 등의 의미이며 성경적으로는 대언자, 돕는 자, 위로자 등 하나님과 사람 간의 중보(中保)의 역할자(役割者)라고 하는 것이다. 그래서 보혜사란 처음부터 계시는 같은 성령이로되 사역의 시대(時代)적 공식(公式) 직무수행(職務遂行)의 의미(意味)에 있어서는 특별히 하나님으로부터 예수님의 이름으로 보내심을 받아 예수님의 사역(使役)을 연계(連繫)하여 교회(敎會)를 중심으로 한 대중적(大衆的) 역사(役事)를 시작하신 오순절 강림의 성령을 말하는 것이다(욜2:28-29 ; 요14:26 ; 16:13 ; 행2:1-21).

그러므로 신약시대의 보혜사 곧 성령은 예수님의 구속사역(救贖使役)의 연계(連繫, 聯繫) 안에서 지켜 보호하시고 가르치시고 성화(聖化)로 완성(살후2:13 ; 딛3:5)하시는 공식사역(公式使役)적 의미가 포함되어 있는 **그 이름 보혜사(保惠師)**라고 할 수가 있는 것이다. 그래서 친히 보혜사의 직무도 감당하신 예수님이 인간 세상을 떠나가셨는데도 불구하고 구원받은 하나님의 자녀들이 버림받은 고아(孤兒)가 되지 않는 것은 곧 예수님의 이름으로 오는 다른 보혜사가 한시적이 아닌 영원토록 예수 그리스도의 이름으로 성도의 마음에 계셔서 예수님의 구속사역을 이어받아 관리하시되 가르치시고 생각 나게 하시고 증거하시기 때문이다(요14:16, 26).

② 다른 보혜사(保惠師)란

"내가 아버지께 구하겠으니 그가 또 *'다른 보혜사'를 너희에게 주사* 영원토록 너희 와 함께 있게 하리니(요14:16)."

성령의 이름인 보혜사 앞에 '다른'이라는 형용사를 붙인 **다른 보혜사**로 표현(表現)이 되었는데 그것도 예수님께서 직접 하신 말씀인 것이다. 그렇 다면 보혜사는 처음부터 계신 기존(旣存)의 성령이 아닌 다른 성령으로 받 아들일 수도 있어 보이는 것은 사실이나 그러나 그것은 결코 아닌 것이 다. **이는 성령도 한 분이시기 때문이다**(엡4:3).

그렇다면 예수님께서 말씀하신 **다른 보혜사란 무슨 뜻**이 되는 것일까? 알아보지 않을 수가 없는 것이다. 결론부터 말하면 예수님께서 친히 **다른 보혜사**라고 표현(表現)한 것은 인격(人格)적 구별된 삼위 안에서의 **예수님 자신이 아닌 성령의 이름**이라고 할 수 있는 보혜사를 말씀하신 것으로도 볼 수가 있다. 즉, 보혜사라는 그 자체의 뜻 안에서는 예수님께서도 직무 상(職務上) 보혜사가 되시기 때문에 예수님께서 세상에 계실 때의 구속사 역(救贖使役)이 곧 **보혜사로서의 사역**(使役)이 되었다는 사실이다. 그래서 예수님께서도 한편 보혜사가 되시기 때문에 세상에서의 구속사역을 마 치고 부활(復活) 후 승천(昇天)하시면 구속받은 하나님의 모든 자녀(子女)는 고아(孤兒)가 될 수밖에 없는 것이다(요14:18-19).

그러므로 요한1서 2장 1절에서도 인간을 구원하시려는 하나님 아버지의 계획 안에서 죄악 세상으로 보내심을 받은 하나님의 아들 예수 그리스도 는 하나님과 사람 간 구원의 중보자로서 **죄의 문제에 대하여는 대언자**(代

言者)가 되시는 것이다. 그래서 이 구속사역(救贖使役)의 **대언자(代言者)를 다른 말로 하면 보혜사가** 된다는 사실을 인용, 성경 본 쪽 난외(欄外)에서도 표기해 놓았는데(요한 1서 2장 쪽 하단 3) 대언자 3) 또는 보혜사), 즉 대언자와 보혜사 원어(原語)의 뜻은 동일(同一)하다는 말이 되므로 대언자 예수 그리스도는 중보의 의미상(意味上) 곧 보혜사 직무(職務)도 감당하시는 것으로 이해(理解)될 수가 있다.

다시 말하면 예수님께서 아버지께 구하여 그가 보낼 **다른 보혜사란**(요 14:16) 이미 역사하고 계시는 성령과의 본질이 다른 성령이 아니라 좀 어려운 말이 될 수도 있겠지만 **친히 대언(代言)과 중보자(仲保者)가 되시는 육체(肉體)를 입은 보혜사(保惠師) 곧 예수님 자신이 아닌 자신의 이름으로 보낼 영체(靈體)의 보혜사, 인격(人格)적 삼위의 구별(區別)된 셋째 위격의 성령 곧 그 이름의 보혜사**(요14:26), 그래서 예수님이 반드시 떠나셔야만 오실 보혜사(요16:7)로서, 다시 말하면 세상에서의 보혜사 예수님의 구속사역을 연계(聯繫)받은 **대중적(大衆的) 임재(臨在)의 역사로서 예수님의 보혜사적 구속사역(救贖使役)을 이어 가실 오순절 공식(公式) 강림(降臨)의 성령** 곧 육체를 입지 않은 **전적(全的)인 영체(靈體)의 보혜사로서 사람의 마음속에 계셔서 인격적(人格的) 이해(理解) 안에서 역사하시는 주(主)의 성령(聖靈)으로 생각되는 것이다.**

그리고 또 한 가지 중요한 사실은 예수님께서 공식(公式) 임재(臨齋)가 전제(前提)된 성령을 다른 보혜사(保惠師)라는 이름으로 말씀해 주신 이상, 예수님께서 가셔야만 오실 공식임재(公式臨齋)의 성령(聖靈) 보혜사(保惠師)야말로 삼위(三位) 중 한 위(位)가 되심이 확실하게 확인된 셈도 되는 것이다. 이는 곧 성령은 아버지와 아들의 영(靈)이 되시기 때문에 어떤 면에서는 표면(表面)적 이해상(理解上) 독립적 인격이라는 비중보다는 혹 아버지와 아들의 인격(人格)에 국한(局限)되어 있는 듯한 오해(誤解)가 될 수도 있지만 **다른 보혜사**라는 이름과 세상에서의 예수님의 직무(職務)를 이어 가는 연계사역(聯繫使役)이 확인됨으로써 아버지와 아들의 두 위(位)와 함께 삼위(三位) 중의 한 위(位)로서의 **명백(明白)한 증명(證明)**이 되었다.

성삼위격의 독립적 위격의 사역

　지금까지 성부, 성자, 성령, 곧 삼위격(三位格)의 성경적 근거에 대해서 구체적으로 살펴보았다. 삼위 곧 아버지 하나님, 아들 예수 그리스도, 성령 곧 보혜사는 영원부터 영원까지 독립적(獨立的) 위격(位格)으로 나타나 있으며 포괄(包括)의 창조(創造)와 섭리(攝理) 그리고 구속사(救贖史) 등 주요(主要) 사역(使役)은 동일한 목적하에 공동체(共同體)적 하나의 사역이 되고 있는 것은 사실이나 구체적 사역(使役)에 있어서는 위격(位格)의 독립적 역할(役割)사역이 되고 있는 것이다.

　그리고 삼위의 존재(存在)와 위격적 사역은 주로 신약성경의 기록을 통하여 확인되었지만 구약성경에서도 삼위의 존재하심이 암시(暗示)적일 뿐만 아니라 실제(實際)적 역사(役事)로도 나타나 있는 것이다. 그래서 지난 서술 삼위의 기원(起源)에서도 언급한 것처럼 구약성경 몇 곳의 기록에서 하나님 신변(身邊)의 우리라는 복수적(複數的) 지칭(人稱)은 주로 어떤 일의 실행(實行) 앞에서 사용되었으며(창1:26, 3:22, 11:7 ; 사6:8) 포괄적(包括的)인 입장에서의 복수지칭(複數指稱) 표현의 삼위는 사역적(使役的) 공동(共同)의 함께하는 우리의 하나(요17:5, 11, 22)로 표현되었기 때문에 공동체적 **사역(使役)에 있어서도 필요에 따라서는 독립적(獨立的) 위격(位格)의 사역으로 나타나는 것**이다.

그래서 지난 글에서도 인용(引用)한 바와 같이 사람의 육체(肉體)를 입고 세상에 오신 예수님께서 구속사역(救贖使役)의 공생애(共生涯)에 들어가기 전 요단강에서 세례(洗禮) 요한으로부터 세례(洗禮)를 받으시고 물에서 올라오실 그때에 하늘이 열리고 성령이 비둘기같이 내려 그 위에 임(臨)하였으며, 하늘로부터 이는 내 사랑하는 아들이요, 내 기뻐하는 자라는 아버지 하나님의 음성이 있었으니(마3:16-17) 이 또한 성삼위야말로 구체적 활동(活動)에 있어서는 '동시(同時)의 독립적 사역(獨立使役)의 존재(存在)'임을 알 수가 있으며, 예수님의 자신을 위한 기도뿐만 아니라 자신이 떠나가도 세상에 남아 있을 주의 자녀들을 위한 기도(요17:1-26)와 십자가 지심을 앞에 두고 땀이 땅에 떨어져 핏방울같이 되기까지 성부 하나님께 그토록 간절히 애써 드렸던 감람산에서의 기도(눅22:41-44)와 전(前)에도 지금(只今)도 후(後)에도 통치(統治)의 보좌(寶座)에서 일하시는 성부 하나님(시11:4-7 ; 계7:10, 19:4) 그 보좌우편(寶座右便)에서 우리를 위하여 간구하며 끊임없이 일하시는 성자 예수 그리스도(히12:2 ; 롬8:34 ; 행7:55-60) 그리고 또 한편 삼위 중 셋째 위(位)가 되시는 성령의 역사(役事) 또한 세상을 살아가는 거룩한 주의 백성들의 삶 속에서 주의 성령 곧 보혜사(保惠師)의 가르치심과 지켜 보호하시고 인도하심과 성도를 위한 간구(懇求)도 계속되고 있음을 볼 수가 있는 것이다(요14:26, 16:8-13 ; 계2:17, 14:13 ; 롬8:26-27).

그러므로 성부 하나님, 성자 예수님, 주의 성령 곧 보혜사(保惠師)는 **성삼위의 독립적 위격으로 동시적(同時的) 존재(存在)하심 안에서 서로의 일도 감당하고 계심으로 나타나고 있는 것이다.** 그래서 앞에서 언급한 **구약성경에 기록된 하나님 주변(周邊)에 알 수 없는 우리라는 복수지칭(複數指稱)의 표현(表現)**이 신약시대 예수님의 받으신 세례를 통하여 신약성경의 기록과 같이 삼위의 현실적 공식좌정(公式坐定)의 위치와 그 역사(役事)로 말미암아 **성부, 성자, 성령 삼위의 독립적(獨立的) 위격체(位格體)라는 사실을 알 수가 있는 것**이다.

더 나아가 **예수 그리스도가 십자가에서 죽으시고 무덤에 장사(葬事)되었으나 스스로 산 것이 아니라 아버지 하나님이 삼 일 만에 살리심으로써**(고전15:15 ; 행2:32) **죽은 자가 있고 살리는 자가 있었으니 이 또한 삼위의 독립적 사역의 위격(位格)이 분명(分明)하게 나타남으로써 성삼위의 독립적 영(靈)의 사역(使役)은 부인(否認)될 수가 없는 것이다.** 그러므로 성삼위는 목적을 이루기 위한 한시(一時)의 독립적(獨立的) 위격체(位格體)가 아니라 영원부터 영원토록 독립적 위격체(位格體)가 되는 것이다.

이는 곧 삼위 중 1위격의 성부는 영원 전부터 영원토록 스스로 계셔서 일하시는 분이시며 제2위격인 성자는 이미 영원 전에 성부로부터 나셔서 영원히 계시며 일하시는 분이시며 제3위격의 성령 또한 영원 전부터 성부와 성자로부터 나왔으나 종속이 아닌 사역(使役)의 **한 분**(一位) 곧 독립적 사역의 영(靈)으로서(엡4:4) 영원토록 역사(役事)하시는 것이다. 그러므로 성부, 성자, 성령의 직무(職務)적 수행(修行)에 있어서도 그 사역(使役)으로 말미암은 독립적 위격의 역사가 확실하게 나타나고 있으며 그 독립적 위격의 연합(聯合)적 사역(使役)을 통하여서도 구속사(救贖使)의 큰 뜻을 공동(共同)적으로 이루어 내는 것이다.

제3장

성삼위(聖三位) 일체(一體)와

그 **동등성(同等性)**의 **성경적 근거(根據)**

바로 앞 서술에서 성삼위(聖三位)의 성경적 존재근거(存在根據)를 구체적으로 알아보았는데 성부(聖父, 아버지 하나님), 성자(聖子, 아들 예수 그리스도), 성령(聖靈, 보혜사)은 세 인격(人格) 곧 세 분의 독립적(獨立的) 삼위(三位)로 역사(役事)하신다는 사실을 확인할 수 있었다. 그럼에도 불구하고 성경의 또 한편에서는 그 삼위가 근본(根本) 일체(一體)의 하나가 된다는 사실의 뜻을 명백(明白)하게 나타내고 있는 것이다.

삼위일체(三位一體)라는 말은 정통 기독교 신론 교리(敎理)의 한 용어(用語)로, 그 뜻은 곧 성부, 성자, 성령의 삼위는 근본(根本) 본체(本體)의 하나라는 사실로, 이를 다른 말로 하면 본질(本質)의 하나라는 말이 되는 것이다. **삼위일체(三位一體)라는 용어자체(用語自體)는 성경에 직접적으로 기록되어 있는 단어는 아니다. 성경이 나타낸 뜻에 의한 삼위(三位)와 일체(一體)라는 두 단어의 합성어로 곧 삼위일체(三位一體)라는 하나의 의미(意味)를 부여(附與)시켜 나타내는 교리의 한 신학 용어가 되는 것이다.**

이미 옛날부터 알려진 삼위일체 교리와 관련된 공통의 참고 자료들에 의하면 삼위일체라는 신학 용어를 제일 먼저 사용한 사람은 서기 155년~230년경의 사람으로서 당시 기독교 교부 중 한 사람인 터툴리안(Tertullian)이라고 한다. 터툴리안 교부가 말한 삼위일체란 하나님은 한 본체의 삼위격(三位格)으로 계신다는 이론이 되는 것이다.

터툴리안 교부가 말한 삼위일체가 기독교의 신론(神論)적 한 교리로 최초 공인(公認)된 것은 서기 325년 니케아(터키의 한 고대 도시) 공의회(公議會) 때 아타나시우스(Athanasius)의 성부와 예수 그리스도의 일체 곧 본질이 동일한 한 하나님이라는 이론(理論)에 따라 결정되었으며 4세기 말경(서기 381년경) 콘스탄티노플(당시 그리스의 식민 지역, 로마제국 제2의 수도) 제1회 공의회(公儀會)에서 그동안 논의의 대상이었던 성령(聖靈)도 삼위의 한 위(位)로 추인공포(追認公布)됨으로써 명실공히(名實共히) 성부, 성자, 성령의 본질이 같은 동등적 일체의 한 하나님이라는, 오늘날에 이른 삼위일체(三位一體)

교리(敎理)로 정의(定義)된 것이다.

그래서 성삼위의 본질(本質)이 과연 성경적 근거에 의한 진정한 일체가 되는지를 성경적으로 확인해 보고자 한다.

성삼위 구약과 신약의 연관된 일체의 근거

　삼위일체(三位一體)라는 그 자체(自體)의 뜻은 앞에서 말한 성부(아버지 하나님), 성자(아들 예수 그리스도), 성령[아버지 하나님과 아들 예수 그리스도의 영(靈)인 보혜사] 곧 세 위격(位格)의 근본은 한 본체(本體) 곧 같은 본질(本質)의 한 하나님이 되신다는 뜻이 되는 것이다.

　이를 위격적 그 자체에서만 본다면 서로 다른 독자적(獨自的) 세 분이 모여서 하나를 이루는 것으로 보이기도 하지만 실상(實狀)은 삼위일체의 순서상(順序上) 표현(表現)을 한다면 성삼위 자체가 먼저가 아니라 처음부터 스스로 계시는 그 한 분 아버지 하나님으로부터 영원 전(永遠 前)에 성자가 나시고 역시 영원 전에 아버지 하나님과 그 아들로부터 성령이 나오시게 되었으니 이로 말미암은 성삼위로의 존재이시다.

　그러므로 성삼위의 근본(根本)은 한 본체 곧 같은 본질(本質)의 한 하나님이라는 사실이 된다. 그래서 기독교 정통교단(正統敎團)들이 함께 받아들이는 웨스트민스터 신앙고백(信仰告白)의 삼위일체에 대한 정의(定義)의 시작은 하나님은 성부, 성자, 성령의 삼위로 계신다는 정의(定義)로 정립(定立)되어 있는 것이다. 그래서 앞에서 말한 성삼위의 같은 본질의 하나라는 사실에 대한 신·구약성경적 근거를 통해서 더 자세히 알아보고자 한다.

1. 예수 그리스도는 하나님의 근본(根本) 본체로서의 일체(一體)

삼위일체에 있어서 사람들은 하나님과 성령의 하나라는 사실에 있어서는 대체(大體)로 수긍(首肯)하게 되는 편이다. 성령(聖靈)은 곧 영(靈)이신(요 4:24) 하나님의 성령(聖靈, 고전3:16 ; 엡4:30) 이기 때문에 자연스레 같은 하나로 받아들이게 되는 것이 사실이다. 그러나 아버지 하나님과 아들 예수 그리스도가 **본질(本質, 같은 본질)**이 같고 권능(權能)과 영광(榮光)이 동등(同等)한 **근본(根本) 본체(本體)**로서 하나라는 사실에 있어서는 삼위일체를 인정(認定)하면서도 자신도 모르게 거부반응(拒否反應)을 보일 때도 있는 것이 사실이다. 그러므로 아버지 하나님과 예수 그리스도의 하나라는 관계는 삼위의 직무수행상(職務遂行上) 연합(聯合)의 관계는 물론이며 더 나아가 본질(本質) 그 자체에 있어서는 실체적(實體的) 하나 곧 근본(根本), 실제(實際)의 하나를 말하는 것이다.

즉, 성경의 삼위일체에 있어서도 삼위의 표면적(表面的) 직무사역의 수행(遂行)과 구속사 안에서 볼 때는 공동(共同)의 하나로 보기도 하고 구별되게 말하기도 하지만 신론(神論)의 근본(根本) 안에서는 같은 본체(本體) 곧 본질(本質)의 실제적(實際的) 하나가 된다는 사실이다. 그러므로 삼위일체 그 자체의 하나 곧 한 하나님이라고 할 때는 공동체적인 포괄(包括)의 하나만을 말하는 것이 아니라 같은 본질의 실제(實際) 곧 근본(根本) 본체(本體)의 하나라는 사실이 된다.

이는 곧 바울 사도가 기록한 말씀에 의한 것으로 빌립보서 2장 5절부터 6절에 보면 "너희 안에 이 마음을 품으라. 곧 그리스도 예수의 마음이니 그는 '근본(根本) 하나님의 본체(本體)'이시나 하나님과 '동등(同等)'됨을 취할 것으로 여기지 아니하시고"라고 함으로써 예수 그리스도는 하나님과의 근본(根本)적 본질(本質)의 하나, 즉 근본 그 자체는 **체질(體質)적 하나**가 되심을 너무나 분명하게 알려 주고 있는 것이다.

본체(本體)라는 단어는 헬라어 원어(모르페, morfhv)로 본질적으로 불변하는 형태나 요소를 뜻하는 말로 본질(本質)을 의미한다고 한다. 그러므로 예수 그리스도는 하나님의 **근본t(根本) 본체(本體)**로서 한문의 뜻으로는 하나님과 예수님은 한 뿌리의 같은 본질(本質)이 된다는 뜻이 되는 것이다. 그래서 하나님(성부)과 예수님(성자)의 하나라는 것은 의미적으로 끝나는 하나가 아니며 상징적인 하나도 아니며 사역의 연합적인 하나만이 아니라 **실제(實際)적 근본본체(根本本體) 곧 본질의 하나라는 사실이다.**

2. 예수 그리스도는 하나님 본체의 한 형상(形像)

예수 그리스도는 하나님의 형상(形狀)이시기 때문에 예수님께서 친히 나를 본 자는(예수님 자신을 본 사람) 아버지를 본 자가 된다고 말씀하신 것이다 (요14:8-9, 요12:45). 그러므로 히브리서 1장 3절에서는 **"이는(아들) 하나님의 영광의 광채시요, 그 '본체(本體)'의 형상(形狀)이시라."**라고 했으니 이 말씀에서도 예수 그리스도가 하나님을 닮은 형상이 아니라 하나님 본체의 직접적인 형상이라는 구체적 표현으로 하나님과 예수님은 하나의 근본(根本) 곧 같은 본질(本質)이요, 동등(同等)이 되심으로써 예수님의 근본은 곧 하나님이라는 명백한 증거(證據)가 되는 것이다. 그래서 히브리서 1장 3절에 대한 주석에 있어서도(뉴톰슨 주석 성경 353p), 또한 신학자들의 해석에 있어서도 '예수 그리스도가 하나님의 본체의 형상'이라는 말은 '헬라어 휘포스타시스(Confidence Essence, Nature, Person)'에 대한 번역으로 휘포스타시스는 곧 '근본, 본성, 본질, 본체 실체 등의 뜻'이 된다고 하는 것이다.

그리고 사람 창조 때의 기록을 보면 하나님이 이르시되 우리(성삼위적 우리)의 형상(形像)을 따라 우리의 모양(貌樣)대로 우리가 사람을 만들고(창 1:26, 5:1下), 즉 사람의 형상은 하나님의 닮은 형상이 되나 예수 그리스도의 형상은 우리의 형상(성삼위의 복수적 형상) 곧 보이지 아니하는 하나님의 본질의 형상(골1:15), 즉 **본체(本體)의 형상(形象)**이 되는 것이다. 그래서 본체의 형상이란 보이는 육체(肉體) 그 자체의 형상만으로 하나님을 대신하는 형상이 아니라 하나님의 실제(實際)적 영(靈)적인 본체(本體)의 존재(存在)적 형상이 된다는 뜻으로 볼 수가 있는 것이다. 그러므로 **형상에 있어서도 아버지 하나님과 예수님의 형상은 하나됨의 동일한 형상으로 분명한 일체(一體)라는 사실로 증명(證明)**되는 것이다. 그래서 예수님을 보는 것은 곧 영적인 존재의 보이지 않는 아버지 하나님을 보게 되는 것이다.

3. 알파와 오메가(처음과 나중)로서의 본질(本質)의 동일성(同一性)

알파와 오메가란 용어는 성경의 몇 곳에서 확인이 되고 있는데 알파와 오메가는 곧 헬라어 알파벳에서 각각 첫 글자(A)와 끝 글자(Ω)라고 한다. 그래서 알파는 처음, 오메가는 나중, 성경에서 말하는 알파와 오메가와 처음과 나중은 동일한 말이 되는 것이다(계22:13).

성경에 기록된 알파와 오메가 곧 처음과 나중이라는 그 자체의 의미(意味)는 시간의 시작과 끝이나 어떤 근원으로부터의 시작과 마침은 전적인 하나님의 주관하(主管下)에 있다는 의미로 볼 수가 있는데 이를 좀 더 구체적으로 말하게 되면 영원 전(永遠 前)부터 영원무궁토록 스스로 존재(存在)하시는 하나님의 영원한 유일성(唯一性)과 그에 따른 태초(太初)의 천지창조부터 그 섭리(攝理), 인류의 모든 역사(歷史)를 주관하시되 구속사(救贖史) 및 세상 종말의 심판에 이르기까지, 더 나아가 영원토록 하나님의 직접적인 절대적 통치(統治)로 이끌어 가신다는 그 뜻 안에서의 처음과 나중인 것이다.

그러나 성경의 몇몇 곳에 표현된 **하나님의 처음과 나중 곧 알파와 오메가라는 유일성(唯一性)적 과정을 종합해 보면 여호와 하나님과 예수님의 관계로 이어진 삼위일체(三位一體)의 증거로도 나타나 있다는 사실인 것**

이다. 즉, 처음과 나중은 구약의 이사야 성경과 신약의 요한계시록 성경에서만 서너 번씩 기록되어 있는데 특히 눈여겨볼 것은 이사야 성경은 구약의 예언서 중 한 예언서로 예수님과 관계된 예언의 말씀들은 신약성경 4복음서에도 많이 인용되어 있는 것이다. 그래서 삼위의 일체에 있어서도 **이사야의 처음과 나중** 그리고 **요한계시록의 알파와 오메가** 곧 처음과 나중으로 이어진 연관성으로 알아볼 필요가 있어 보인다.

그래서 하나님의 처음과 나중의 강조가 제일 먼저 기록된 이사야 41장 4절을 보게 되면 곧 "**이 일을 누가 행하였느냐. 누가 이루었느냐. 누가 처음부터 만대를 불러내었느냐. 처음에도 나요, '나중에 있을 자'에게도 내가 곧 '그'니라.**" 여기서 특별히 염두에 두어야 할 부분은 "**나중에 있을 자에게도 내가 '그'니라.**" 하는 말씀인 것이다. 여기서 말씀하신 이 구절 자체의 직접적인 의미에 있어서는 당시의 현실적 배경과 그 상황 안에서의 직접적인 해석과 뜻이 따로 있겠지만 인류를 향한 **하나님의 구속사(救贖史) 안에서 볼 때는 한편의 또 다른 영적인 의미가 부여(附與)되어 있다**고도 볼 수가 있는 것이다.

그런 면에서 이사야 41장 4절의 내용을 다시 보면 그 역사(役事)에 있어서의 처음은 말하는 일인칭 입장의 하나님 자신으로 분명하게 표현하였으나 한편 **나중에 있을 자**에 대해서는 또 다른 **인격(人格)의 표현인 삼인칭(三人稱)의 호칭(그)**을 썼을 뿐 그에 대한 더 구체적인 설명이 없었으므로 이는 장차 처음과 나중으로 전개(展開)될 역사(役事)에 있어서 일인칭의 자신과 같으면서도 삼인칭적인 인격체가 올 것에 대한 상징(象徵)적 예표(豫表) 또는 암시(暗示)적 예고(豫告)라고도 볼 수가 있는 것이다. 즉, 나중에 나타날 인격체(人格體)는 삼인칭(三人稱)이기는 하나 **그도 실상은 처음의 하나님 자신(自身)이라는 사실 곧 본질(本質)의 하나됨을 분명하게 말씀**해 주신 것이다(일인칭과 삼인칭으로 나타난 이 구절의 처음과 나중의 의미(意味)와 요한계시록에 기록된 예수 그리스도의 알파와 오메가와의 관계는 끝부분에서 연관될 것임).

그래서 여기서도 이해관계상 필히 짚고 넘어갈 것은 물론 성경에도 제3자를 가리켜 3인칭의 말인 그라는 말을 많이 쓰고 있지만 특히 구약성경의 장차 오실 메시아 곧 예수 그리스도를 가리켜서는 철저하게 <u>그</u>라는 말로 표기되어 있으며(사7:14, 9:6-7, 11:1-7, 53:1-12) 신약성경에서는 이미 구원의 그 이름으로 오신 성취(成就)의 예수 그리스도를 가리켜서도 필요 이상이 될 정도로 <u>그</u>라는 말로 여러 곳에 기록되어 있는 것이다(요1:2-3; 행13:24 외 25개 전후 정도의 성경 구절에 표기되어 있음). 그렇다면 나중에 있을 자 <u>그</u>가 과연 누구이겠는가에 대해서는 이미 확인된 사실로 당연히 예수 그리스도가 되시는 것이다.

이렇게 이사야서를 통해서 "처음에도 나요, 나중에 있을 자에게도 **내가** 곧 **그니라.**" 하신 여호와 하나님의 말씀(사41:4下) 이전에 이미 이사야 9장 6절에서 나중에 올 자는 예수 그리스도가 되실 것에 대한 예언의 말씀이 있었으니 곧 **"이는 한 아기가 우리에게 났고 한 아들을 우리에게 주신 바 되었는데 '그의' 어깨에는 정사(政事)를 메었고 '그의' 이름은 기묘(奇妙者)라, 모사(謀士)라, '전능하신 하나님이라', '영존(永存)하시는 아버지라', 평강의 왕이라 할 것 임이라."** 하심으로써 하나님은 오직 여호와 한 분이 되시는 절대적 사실 가운데서 장차 **예수 그리스도가 표면적으로는 제3자적인 인격체로 오시나 실상은 전능하신 하나님으로, 영존하시는 아버지로 오신다는 말**이 됨으로써 그 한 구절 안에서 그는 곧 제3자적 인격체인 예수님이시지만, 실상은 같은 본질(本質)의 한 하나님이 되신다는 증거(證據)가 되는 것이고, **하나님은 결코 두 분이 될 수가 없으므로, 예수 그리스도야말로 나중에 올 자에 해당되는** 그분으로서 이는 근본 하나님의 본체(本體)로서 양태(樣態)적 표현같이 보일 수 있으나, 실상은 그라는 제3자적 인격으로 표현되어 있으므로 양태적(樣態的) 논리가 아니면서도 **같은 본질(本質)의 한 분 하나님**이 된다는 사실이다.

즉, 나는 처음과 나중이라고 분명하게 하면서도 **"내가 곧 그니라."** 하는 삼인칭(三人稱)적 지칭(指稱)을 말씀하셨으니 이는 삼위일체에 있어서 일체(一體)라는 그 앞에는 삼위의 독립(獨立)적 인격(人格)이 전제(前提)되어 있는 것이 되므로 장차 올 자가 자신과의 근본(根本) 본체(本體)이나(같은 본질) 양태(樣態)적 인격체(人格體)로 나타나는 것이 아니라 독립적 인격체로 온다는 사실의 증명이 되기도 하는 것이다. 그러므로 삼위는 근본 본체(같은 본질)가 되는 것은 분명하나 독립적 인격 또한 명백하다는 표현으로도 받아들일 수가 있는 것이다.

그리고 지난 성령에 관한 서술에서와 같이 예수님께서도 삼위일체 안에서는 자신과 본질(本質)이 같은 성령 곧 보혜사(保惠師)를 삼인칭(三人稱)으로 지칭(指稱)한 사실을 볼 수가 있는데, 이를 성경적으로 보면 삼위의 셋째 위(位)가 되는 성령은 성부와 성자에게서 나온 영(靈)으로서(엡4:30 ; 빌1:19 ; 롬8:9-11) 아버지 하나님과는 물론 예수 그리스도와도 그야말로 본질(本質)이 같은 분이시다. 그럼에도 예수님께서 승천하신 후 영(靈)으로 임하실 보혜사(保惠師) 곧 성령을 가리켜 다른 보혜사 또는 그라는 삼인칭을 쓴 것이다.

즉, "내가 아버지께 구하겠으니 '그'가(아버지 하나님) 또 '다른 보혜사'를 너희에게 주사 영원토록 너희와 함께 있게 하리니 '그는(성령)' 진리(眞理)의 영이라. 세상은 능히 '그를(성령)' 받지 못하나니 이는 '그를(성령)' 보지도 못하고 알지도 못함이라. 그러나 너희는 '그를(성령)' 아나니 '그는(성령)' 너희와 함께 거하심이요, 또 너희 속에 계시겠음이라(요14:16-17)." 했으니 이와 같이 **성령이야말로 예수님과의 같은 본질(本質)이라고 하는 것에는 그 어떤 이유라도 있을 수 없는데도 불구하고 삼인칭을 쓴 것은 역시 삼위(三位)가 같은 본질(本質)이 되는 것은 분명하나 양태적(樣態的) 하나가 아니라 영원부터 영원까지 독립적(獨立的) 위격(位格)으로 역사(役事)하신다는 사실을 나타낸 것으로도 볼 수가 있는 것이다.**

그러므로 앞에서도 서술한 대로 예수님이 하나님의 근본 본체라는 사실은 막연하게 끼워 맞추는 식의 추측(推測)이 아니라 신성(神性)으로서 육체를 입으신 예수 그리스도가 세상에 오시기 수백 년 전의 예언으로부터 실제(實際)로의 성취(成就)가 되었으니(마1:22-23, 참고 마1:18-23) 예수 그리스도야말로 하나님의 복음(福音)의 비밀(秘密)로서(골2:2) 이방인에게까지 비밀의 영광이요, 소망이 되신다는 구속사(救贖史)적 사실이다(골1:26-27 ; 엡1:4-10). 또한 하나님은 한 분이신데 하나님과의 다른 인격체가 되어 보는데도 불구하고 하나님이 되시니(롬9:5 ; 요20:28 ; 요일5:20) 그가 바로 같은 본질(本質)의 예수 그리스도로서 **나중에 있을 자**가 되시는 것이다.

이러한 사실에 대한 확인은 하나님의 처음과 나중의 일체됨이 이사야의 처음과 나중, 요한계시록의 알파와 오메가로 연계(連繫, 聯繫)되면서 더욱 확실하게 알려 주었으므로 지금부터는 이사야 성경의 처음과 나중으로부터 요한계시록의 알파와 오메가로 이어진 연계(連繫, 聯繫)를 좀 더 구체적으로 재확인(再確認)해 보고자 한다.

하나님께서 이사야 41장 4절의 처음과 나중이 되심을 처음으로 직접 말씀하신 이후에도 또다시 "나는 처음이요, 또 마지막이라." 특히 이사야 44장 6절에서는 "나는 처음이요, 또 나는 마지막이라. **나 외에 다른 신이 없느니라.**" 하셨다. 또한 여기서도 눈여겨보아야 할 것은 나 외에 다른 신(神)이 없다는 단언(斷言)이다. 이는 단순히 신(神)은 유일신으로서 여호와 한 분뿐이라는 강조만이 아니라 구원자로서의 그 역사 또한 처음과 마지막 역시 여호와 한 분뿐이시라는 절대적 강조도 되는 것이다.

그 후에 이사야 48장 12절에서도 구약성경의 세 번째 "나는 처음이요, 또 나는 마지막이라." 하고 하나님께서 직접 말씀하신 것이다. 이러한 하나님의 처음과 나중이 되심의 강조는 구약에서 끝난 것이 아니라 바로 앞에서도 언급한 바와 같이 신약성경의 대표적 예언의 말씀인 요한계시록의 처음과 나중이라는 사실로 연계(連繫, 聯繫)가 되는데 요한계시록 1장 4절 이하에 보면 사도 요한이 아시아에 있는 일곱 교회에 보내는 편지의 서두에서 먼저 하나님을 가리켜 "**이제도 있고 전에도 있었고 장차**(將次) **오실 이와**"라고 했는데 이는 영원한 하나님의 존재성(存在性)을 말하는 것이 되지만 한편으로 이사야 성경에서 하나님이 직접 말씀한 처음과 나중이 되시는 의미도 담고 있는 것으로 보인다.

특히 **장차**(張次) **오실 이**라고 했으니 이 장차 오실 이야말로 예수 그리스도의 재림(再臨)에 해당되는 말로도 볼 수가 있는데[곁들여 보혜사의 강림도 부여(附與)시켜 볼 수도] 이 장차 오실 이가 앞에서 서술한 대로 예수 그리스도를 말하는 것이 된다면 이는 분명 예수 그리스도와 하나님을 동일(同一)한 일체(一體)로 말하고 있다는 뜻이 되는 것이다.

더 나아가 이러한 의미적 표현이 사도 요한만의 말이 아니라 이사야를 통하여 그토록 처음과 나중을 강조하셨던 하나님께서 또다시 신약시대의 요한계시록을 통하여 직접 하신 말씀 곧 "*주 하나님이 이르시되 나는 알파와 오메가*(처음과 나중)*라. 이제도 있고 전에도 있었고 장차 올 자요, 전능한 자라 하시더라*(계1:8)."라고 하셨으니 이는 사도 요한의 편지 서두의 처음과 나중의 뜻이 담긴 것과 동일한 말로, 자신을 가리켜 장차 올 자라는 말까지 같은 말로, 사도 요한의 말을 직접 확인해 주는 문구가 될 뿐만 아니라 구약성경 이사야서에서 처음과 나중을 직접 말씀한 여호와의 그 절대적 처음과 나중의 성취적 재확인(再確認)이 되며 또한 앞에서의 사도 요한의 장차 오실 분이 예수 그리스도로 표현되고 있는데 이번에는 하나님이 직접 "나는 알파와 오메가라(처음과 나중). 이제도 있고 전에도 있었고 장차 올 자요."라고 했으니 이는 자신을 가리켜 장차 올 자라고 함으로써 자신이 예수님과의 본질(本質)이 같은 일체(一體)가 된다는 사실을 직접 확인해 준 격이 되는 것이다.

그래서 표면적으로는 각각의 위격(位格)으로 보이는 아버지 하나님과 아들 예수 그리스도가 근본(根本) 본체(本體)의 하나가 됨을 알려 주고 있는 것이다. 그러므로 이미 서두 쪽에서 서술한 이사야 41장 4절의 삼인칭(三

人稱)으로 표현된 **나중에 있을 자 그는** 곧 예수 그리스도라는 사실이 여기서도 재확인(再確認)이 되고 있는 것이다.

이 또한 여기에서 끝난 것이 아니라 요한계시록 1장 17-18절에 가서 이번에는 예수님이 직접 사도 요한에게 말씀하시기를 "나는 처음이요, 마지막이니(나는 알파와 오메가)" 또한 요한계시록의 마지막 장인 22장 13절에도 예수님께서 직접 보다 더 분명하게 **"보라. 내가 속히 오리니 나는 알파와 오메가요, 처음과 마지막이요, 시작과 마침이라." 한 것과 또한** 이사야 44장 6절의 여호와가 **나는 처음과 마지막이라는 절대적 유일신(唯一神)의 입장에서 말씀한 것**에 있어서, *예수 그리스도는 하나님의 근본본체(根本本體) 곧 같은 본질(헬라어 모르페)이라는 바울 사도의 기록한 말씀과 같이 하나님과 예수 그리스도가 근본 일체(一體)의 하나가 아니고서는 있을 수가 없는 표현인 것이다.*

이해를 돕기 위하여 다시 한번 역(逆)으로 확인(確認)해 본다면 만일 예수님이 하나님의 근본본체가 아니면서도 나는 처음과 나중 곧 알파와 오메가라는 동일(同一)한 주장을 했다면 이는 아버지 하나님의 직접적인 주장 곧 나는 처음과 나중으로 나 외에 다른 신이 없다는 아버지 하나님의 절대적 권위(權威)에 반역(叛逆)되는 패륜(悖倫)이 될 것이다. 그러나 구약의 여호와 하나님의 처음과 나중, 신약의 예수 그리스도의 알파와 오메가는 삼위일체(三位一體)의 하나를 증명해 주는 조화(調和)로운 연계(連繫, 聯繫)가 되는 것이다.

4. 서로의 안에 거(居)하심과 계심의 하나

요한복음 14:8-11절의 아버지 하나님과 예수님이 서로의 안에 거(居)하시고 계시어 하나가 된다는 사실이다. 이는 아버지를 보여 달라는 빌립에게 아버지 하나님과 예수님 자신이 독립적(獨立的) 인격(人格)으로 분명하게 나타나 있는 가운데서 친히 하나를 강조(强調)하셨기 때문에 실상은 내면적(內面的) 하나의 강조가 되는 것이다.

그래서 예수님께서 **이미 유대인들에게도 나와 아버지는 하나라고 강조하셨던**(요10:30) **그 하나가 바로 아버지**(성부 하나님)**와 아들**(성자 예수 그리스도)**이 서로의 안에 거**(居)**하고 계시는 내면적 그 하나**(요10:38)**가 되는 것**이다. 그러므로 요한복음 1장 18절의 아버지 품속의 독생(獨生)하신 하나님(예수 그리스도)이라는 그 내면(內面)은 성부 안의 성자만이 아니라 성자 안의 성부도 함께 계시는 하나, 즉 서로가 서로의 안에 거(居)하고, 계시는 본질(本質)의 하나가 된다는 사실로, 표면적(表面的)으로는 분명한 독립적(獨立的) 인격(人格)으로 계시며 역사(役事)하시나 영적(靈的)인 내면(內面)에서는 서로가 그의 안에 거(居)하고, 계시는 근본(根本) 본체(本體)의 하나가 된다는 강조의 뜻이 되는 것이다.

그러므로 서로의 안에 거(居)하고 계시어 하나라는 사실은 의미(意味)적 하나를 말하는 것도 아니고 상징적(象徵的)인 하나를 말하는 것도 아니며 공동체적 사역(使役)만을 말하는 것이 아니라 그 핵심(核心)은 삼위의 실제(實際)적 근본본체(根本本體) 곧 같은 본질(本質)의 일체(一體)를 말하는 것이다. 이는 지난 서술에서도 인용한 바와 같이 빌립보서 2장 5-6절의 예수님은 하나님의 근본본체(根本本體)라는 사실과 요한복음의 서두에 기록된 한 하나님이 되신다는(요1:1, 14) 것과 일체적 근거의 맥(脈)을 이루고 있다.

이렇게 서로 간에 거(居)하시고 계시어 하나라는 강조의 말씀이 있게 된 동기(動機)는 빌립이 예수님에게 아버지를 보여 달라고 했기 때문이며 그 요청에 대한 답변의 말씀이 곧 아버지와 나는 하나이기 때문에 나를 본 자는 아버지를 본 것이라는 증거가 깃든 설명을 해 주신 것이다. 그래서 만일 아버지 하나님과 예수님이 실제(實際)적 일체(一體, 같은 본질)가 아니면 실제의 하나를 강조하는 것이 아니라 내가 아버지를 많이 닮았기 때문에 보이지 않는 아버지를 억지로 보려고 하지 말고 나를 보고 아버지를 상상(想像)해 보라고 했을 것이다.

그러므로 예수님께서 말씀하신 그 핵심의 목적은 어쩌면 사람들의 이해에 있어서 너무나 애매(曖昧)해 보이는 듯한 존재 형에만 국한(局限)된 것이라기보다는 앞에서 언급한 것처럼 빌립이 아버지를 보여 달라는 데 대한 직접적인 답변이며 예수님 자신을 보는 것은 곧 아버지를 보는 것이라는 본질상(本質上) 아버지와 자신이 하나가 되는 그 자체의 강조에 있는 것으로 보인다.

5. 말씀으로서의 한 하나님

말씀이 육신(肉身)이 되어 오신 분이 곧 예수 그리스도이시다(요1:14). 그런데 이 말씀은 곧 하나님이라고 했다(요1:1下). 말씀이 하나님이시라면 아버지 하나님이 바로 말씀이시다. 하나님은 하나이시며 둘이 될 수가 없으니 아버지도, 예수님도 말씀 안의 한 하나님이 되신다. 하나님이 되시는 말씀 부분에서도 예수님은 근본(根本) 하나님의 본체(本體)이심이 증명(證明)되고 있는 것이다.

6. 같은 영(靈) 곧 한 성령(聖靈)으로서의 같은 본체(本體)

지난 삼위에 속하는 성령에 관한 글에서도 성령과 그 이름 보혜사에 대한 글이 구체적으로 서술된 바 있어 중복성의 글로 보이기는 하나 여기서의 성령에 관한 글은 본질의 하나라는 사실의 입장에서 생각해 보고자 하는 글이 된다.

로마서 8장 9-11절의 말씀에서도 성부, 성자, 성령의 하나가 되심을 말해주시고 있는데, 즉 사람의 마음속에 하나님의 영(靈)이 계시면 이는 곧 예수 그리스도의 영(靈)이 계시는 것이며 사람의 마음속에 예수님의 영이 계시면 이 또한 하나님의 영이 계시는 것으로 받아들이게 된다. 또한 **성령은 곧 하나님의 영과 예수 그리스도의 영**이 되는 것이다(요15:26 ; 행16:6-7 ; 롬8:9-11 ; 엡4:30 ; 빌1:19). 그러나 성령은 두 분이 아니라 한 분인 것이다(엡4:4). 그러므로 하나님의 영과 예수 그리스도의 영도 본질이 같은 동일한 하나의 성령이 된다는 뜻으로 **성부, 성자의 영은 한 성령, 즉 영(靈)으로 하나가 되심**을 분명하게 알 수가 있는 것이다. 그리고 같은 영(靈)으로서의 또 하나가 된 증거(證據)는 지난 서술 삼위의 성령에 대한 부분에서 언급한 바와 같이 예수 그리스도는 대언자(代言者)로서의 보혜사(保惠師)가 되신다(참고 82-85p).

그런데 예수님의 이름으로 오실 다른 보혜사가 계시니 곧 오순절의 대중적(大衆的) 공식임재(公式臨齋)의 성령이시다. 그러므로 예수님도 보혜사 오순절 임재의 성령도 보혜사이시니 앞에서 언급한 바와 같이 성령도 한 분이시니 이 또한 **성삼위는 보혜사(성령)로서의 하나가 된 일체(一體)의 증거(證據)**가 되는 것이다. 그러므로 하나님과 예수 그리스도는 성령 안에서도 동일(同一)한 본질이 되는 것이다.

7. 천지창조(天地創造)의 사역(使役)에서도 같은 한 창조주(創造主)

창세기 1장 1절에서 "태초에 하나님이 천지를 창조하시니라."라고 하신 말씀대로라면 천지의 창조자는 하나님 한 분이 되신다는 사실이 분명하며 천지창조에 관한 성경의 또 다른 기록에서도 하나님 곧 유일신이신 여호와 한 분 하나님께서 천지를 창조하신 것으로 되어 있다(왕하19:15 ; 느9:6 ; 사45:18).

그런데도 불구하고 **예수 그리스도께서도 천지를 창조하셨는데 그것도 그냥 창조가 아니라 만물의 창조가 그로(예수로) 말미암고 지은 것이 하나도 그가(예수) 없이는 된 것이 없으며** 창조의 목적도 그를(예수를) 위함이라고 했으므로(골1:6 ; 요1:3) 예수 그리스도야말로 창조의 근본이 되시는 것이다(계3:14). 더 나아가 천지의 창조주(創造主)는 하나님 한 분인데도 불구하고 고린도전서 8장 6절에서도 보면 "**그러나 우리에게는 한 하나님 곧 아버지가 계시니 만물이 그에게서 났고 우리도 그를 위하여 있고 또 한 한 주 예수 그리스도께서 계시니 만물이 그로 말미암고 우리도 그로 말미암아 있느니라.**"라고 했으니 하나님의 창조와 예수 그리스도의 창조를 함께 말하는 가운데서도 한 하나님 아버지, 한 주(主)를 말하고 있다.

또한 천지창조의 과정 중에도 하나님의 영(靈, 성령)은 수면 위에 운행했다고 했으니(창1:2) 삼위에 있어서는 셋째 위가 되시는 성령도 천지창조에 참여한 바가 되는 것이다. 그렇다면 천지의 창조자가 여호와 하나님 외의 또 다른 창조자가 있을 수밖에 없는 것이 되므로 **여호와 하나님과 예수 그리스도와 성령이 근본 같은 본질의 하나가 되지 못하면 창조자 하나님이 셋이 되는 문제가 발생**되는 것이다. 또한 하나님의 천지만물의 창조 가운데 사람의 창조에 관한 기록에서도 보면 삼위의 근거가 암시적(우리)으로 나타나고 있으나(창1:26) 결국은 복수적 그 삼위가 일인칭(자기)으로 확인되고 있는 것이다(창1:26-27).

즉, 26절은 **삼위로 암시되는 우리의 형상(形像)이라는 복수(複數)로 언급**되었는데 바로 이어지는 27절에 가서는 26절의 복수적 표현이 아니라 하나님이 일인칭인 "**자기 형상 곧 하나님의 형상대로 사람을 창조**하시되"로 **우리의 형상이라는 복수가 자기의 형상이라는 일인칭적 단수로 바뀌**

<u>어 표현</u>된 것이다. 그러므로 한 분이 되시는 하나님이라고 할 때는 이미 성삼위가 전제(前提)되어 있는 것이며 창조 과정의 기록을 보더라도 삼위는 완전한 분리의 위(位)가 아니라 일체의 하나님이 되시는 것이다.

8. 천지(天地)의 같은 주재(主宰)로서의 동등성(同等性)

성경적 천지(天地)의 주재(主宰)란 하늘과 땅과 그 가운데 모든 일 곧 섭리(攝理)의 중심이 되어 책임지고 주관하는 하나의 절대적 권세(權勢)를 말하는 것이다. 그러므로 천지의 주재는 한 분으로서 아버지 하나님만이 천지의 주재자가 되신다(창14:1 ; 마11:25 ; 행17:24). 그럼에도 한 분의 주재자(主宰者)가 더 계시니 곧 우리 주(主) 예수 그리스도가 되신다. 이렇게 예수 그리스도도 "홀로 하나이신 주재(主宰)"라 했으니(유1:4) 이 역시 아버지 하나님과 예수 그리스도가 같은 본질의 하나가 아니고서는 있을 수가 없는 일인 것이다. 그러므로 아버지 하나님과 예수 그리스도의 동등(同等)이라는 사실은 여기서도 증명(證明)이 되고 있는 것이다.

9. 같은 구원자(救援者)로서의 동일성(同一性)

그러므로 구원의 이름도 한번 살펴보게 되면 여호와는 하나님의 이름이시다(출6:2 ; 사42:8). 그 이름의 뜻은 스스로 있는 자라는 고유의 이름이시다(출3:13-15). **그 여호와는 곧 유일한 구원자로서 여호와 외에 다른 구원자는 있을 수가 없다**(사43:11 ; 호13:4). 그래서 여호와의 이름을 부르는 자는 구원을 얻으리라고 한 것이다(욜2:32).

그렇다면 여호와 그 이름의 유일한 구원자 외에 또 다른 구원의 이름은 결코 있을 수가 없는 것이다. 그럼에도 불구하고 또 다른 구원의 이름이 나타났으니 곧 예수 그 이름이다. 예수 그 이름의 뜻 또한 구원이라는 뜻이다(마1:21 ; 눅1:31). 그러므로 **"다른 이로써는 구원을 받을 수 없나니 천하 사람 중에 구원받을 만한 다른 이름(예수 이름 외의 다른 이름)을 우리에게 주신 일이 없음이라 하였더라(행4:12)."** 한 것이다.

　그렇다면 여호와 외에 다른 구원자가 없다는 말이 잘못된 것인가? 결코 아니다. 이는 인류 구원의 주로 오신 예수 그리스도가 근본 여호와(하나님)의 본체(빌2:6)일 뿐만 아니라 아버지(여호와 하나님)의 이름(여호와)으로 오신 예수 그리스도가 되시기에(요5:43) 전혀 문제가 없는 것이다. 그래서 **요엘 성경 2장 32절의 "누구든지 여호와의 이름을 부르는 자가 구원을 얻으리니."**라는 구원의 말씀이 로마서 10장 13절에 또한 사도행전 2장 21절에 인용될 때는 절대적 구원의 이름인 여호와 이름이 아니라 **"누구든지('여호와의 이름을'이 아닌) 주(主)의 이름(예수 그 이름)을 부르는 자는 구원을 받으리라."**로 인용(引用)적 표현(表現)이 된 것이다.

　그렇다면 주(主)는 누구인가? 뒤이은 글에서 주(主)에 대한 구체적 언급이 있겠지만 율법 안에서는 여호와만이 주(主)가 되심에도 불구하고 복음 안의 구원의 주(主)는 주로 예수 그리스도께 그 초점이 맞추어져 있는 것이다(고후4:5 ; 롬10:9 ; 빌2:8-11 ; 마16:16). 이는 예수 그리스도가 하나님과의 동일한 본질이 아니고서는 결코 있을 수가 없는 문제인 것이다. 그래서 구원의 이름에 있어서도 여호와의 이름과 예수 그 이름의 관계는 **삼위의 일체**라는 그 하나 안에서만 받아들일 수 있는 또 하나의 분명한 증거가 되는 것이다.

　그러므로 예수님께서도 하나님만을 믿으라고 한 것이 아니라 "하나님을 믿으니 또 나를 믿으라."라고 친히 말씀하신 것이다(요14:1). 그래서 오늘날 전도의 구호 중에서도 하나님만을 믿으라고 하지 않고 예수님을 믿으라고 하게 되는 것이다. 하나님과 예수님은 근본 같은 본질의 구원자가 되시기 때문이다.

10. 만주(萬主)의 주(主)로서의 한 주(主)님

일반적인 입장에서의 주(主)는 임금이나 상전이나 주인이라는 뜻으로, 세상에는 많은 주가 있다. 그러나 하나님을 믿는 신앙 안에서의 영원한 섬김의 대상이 되시는 주(主)는 창조주(創造主)시요, 만주(萬主)가 되시는 한 분의 주(主)를 말하는 것이다.

그래서 오직 주는 여호와가 되시기에(느9:6) 여호와여 주는 만국에 유일하신 하나님이시나이다(사37:16 ; 왕하19:15). 또한 하나님은 유일하신 주권자 만주의 주시요(딤전6:15), 예수님께서도 직접 "이스라엘아 들으라. '주 곧 우리 하나님'은 '유일한 주'이시라(막12:29, 참고 사37:16)." 하시고 그래서 "**'주도 한 분**'이시요, 믿음도 하나요, 세례도 하나요."라고 하셨다(엡4:5). 그럼에도 또 한 분의 주(主)가 더 계시니 신약시대에 와서는 한 주(主) 곧 유일한 주(主)시요, 구원과 섬김 대상의 주를 예수 그리스도께 지칭, 호칭하게도 되는 것이다(고전8:6 ; 고후4:5 ; 롬10:9). 그래서 "**'만유의 주 되신 예수 그리스도**'로 말미암아 화평의 복음을 전하사(행10:36)"라고 했으며 뿐만 아니라 더 나아가 "어린양(예수님)은 만주의 주시요."라고 했을 뿐만 아니라(계17:14, 19:16) 예수님께서도 친히 자신을 다윗의 자손이라 칭하는 서기관들에게 다윗이 성령에 감동되어 장차 오실 주는 예수님 자신을 가리켜 말한 것이라고 일깨워 주기까지 한 것이다(마22:41-46).

또 한편 **주의 성령(聖靈)**이라고도 하게 됨으로써(시51:11 ; 눅4:18 ; 사63:10) 또 다른 주가 계시니 성령도 하나님의 성령, 예수님의 성령, 곧 구분된 두 분의 두 성령이 되어 버릴 것이다. 그렇다면 **여호와 우리 주(主)는 유일하신 하나님이라고 하신 말씀**은 어떻게 해석되어야 하는 것인가?

그러므로 주(主)라는 이 문제에 있어서도 예수 그리스도가 근본 주가 되신 하나님의 본체가 아니고서는, 성삼위의 일체가 아니고서는 해결될 수 없는 문제가 되며 여호와 하나님 우리 주와 주가 되신 예수 그리스도가 한 주가 아니라면 **주도 한 분**이라는 성경의 구절(엡4:5)은 해명될 수가 없을 것이다.

이는 천지만물의 주인은 둘이나 셋이 될 수 없고 오직 하나님 한 분만이 주인이 되기 때문이다. 그래서 **"영원부터 영원까지 주는 하나님"**이라 했다(시90:2). 그런데 영원토록 유일(唯一)한 주(主)가 되시는 하나님이 예수 그리스도를 지극히 높여 "하늘에 있는 자들과 땅에 있는 자들과 땅 아래 있는 자들로 모든 무릎을 예수의 이름에 꿇게 하시고 **모든 입으로 예수 그리스도를 주라 시인하여** 하나님께 영광을 돌리게 하셨느니라." 했으니(빌2:9-11) 그렇다면 하나님 한 분 외에 신앙 섬김의 주가 또다시 나타난 것인가? 결코 그럴 수가 없다. 앞에서 언급한 대로 섬김의 주는 천상천하(天上天下)에 하나님 한 분이시다. 그러므로 **여호와 우리 주(主)와 예수 우리 주(主), 주의 성령은 같은 주(主)로서의 한 하나님**이 되신다.

11. 만왕(萬王)의 왕으로서의 같은 왕(王)

만왕(萬王)의 왕이란 천상천하(天上天下) 가운데 최고의 한 권력(權力), 한 권세(權勢)자를 말한다. 즉, 만왕의 왕은 세상의 모든 왕 중의 왕이요, 우주의 왕이요, 천상천하의 한 임금인 것이다. 세상 각 나라에서도 왕은 백성들의 한 왕이요, 두 왕이 될 수가 없음같이 만왕의 왕은 오직 하나님 한 분이시다. 그런데 **하나님을 가리켜 "유일(唯一)한 만왕(萬王)의 왕(王)"**이라고 했는데도(딤6:15) 불구하고 **예수님도 만왕**이라 했으니(계17:14, 19:16) 그렇다면 만왕의 왕이 둘이 되어야 하는 것이다. 이는 있을 수가 없는 일이다. 더욱이 만왕의 왕 하나님은 하나님으로서의 섬김을 받을 찬송과 영광을 절대로 양보하지 않는 질투(嫉妬)의 하나님이 되시는 것이다(사42:8 ; 출20:5, 34:14).

그러므로 본질이 같은 삼위의 일체가 아니고서는 예수 그리스도가 절대적 만왕의 왕이신 하나님 앞에서 감히 만왕의 왕이 될 수가 없는 것이다. 그래서 하나님도 만왕의 왕이요, 예수 그리스도가 만왕의 왕이라는 것은 곧 예수 그리스도야말로 하나님의 근본 본체(本體)라는 사실의 증거가 되는 것이다.

12. 형용사(形容詞)적 별칭(別稱)으로서의 동일성

기묘(奇妙)란 하나님의 형용사적 별칭(別稱)으로서 비밀(秘密)스러운, 오묘(奧妙)한, 신비(神秘)롭다는 뜻이 된다. 그러므로 이 형용사적 이름대로라면 하나님은 너무 신비(神秘)로 와서 사람의 지혜로는 다 이해(理解)될 수가 없으며 논리적(論理的)으로도 다 표현(表現)될 수가 없다고 할 수가 있다. 이 형용사적 기묘(奇妙)라는 이름이 구약에서는 여호와 하나님의 형용사적 또 하나의 별칭으로 표현되었는데(삿13:18) 신약시대에 오실 메시아(예수님)의 형용사적 별칭(別稱)도 기묘자(奇妙者)라 예언된 것을 볼 수가 있다(사9:6). 이렇게 별칭이 기묘라는 것은 하나님의 모든 행사가 기묘함으로써 그 사역의 나타나는 일들과 표현들이 신기(神奇)하고 비밀스러운 데가 많이 있다는 예고로 볼 수도 있는 것이다.

또한 임마누엘이라는 형용사적인 별칭도 있다. 임마누엘이라는 뜻은 하나님이 우리와 함께 계시다는 뜻으로 하나님의 임마누엘인 것이다(사7:14, 8:8). 그런데 예수님께도 임마누엘이라는 동일한 별칭의 칭호(稱號)가 적용(適用)되어 있으니(마1:23) 이 또한 예수 그리스도도 육체를 입은 하나님의 임마누엘로서 인간 세상에 직접 오셔서 사람들과 함께 계신다는 사실이 된다. 하나님은 한 분이시다. 이렇게 두 분의 하나님이 될 수가 없기에 임마누엘 하나님과 임마누엘로 오신 예수 그리스도는 같은 본질(本質)의 하나라는 동일성(同一性)을 말해 주고 있는 것이다.

또 한 가지 여호와와 예수 그리스도는 같은 기묘(奇妙), 같은 임마누엘이라는 형용사(形容詞)적 이름까지도 동일(同一)한 별칭을 갖고 계실 뿐만 아니라 사람과 함께 계셨던 예수님이 승천(昇天)하심으로써 같은 임마누엘의 아버지 하나님과 예수 그리스도의 영(靈)이 되시는 성령 곧 보혜사(保惠師)가 오셔서 예수 그리스도께서 사람들과 함께 계셨던 사역을 연계(連繫, 聯繫)하여 사람들과 함께하시니(롬8:9-11 ; 요14:16, 26 ; 16:7) 기묘, 임마누엘 그 별칭 또한 성삼위는 일체(一體)가 된다는 또 하나의 증거(證據)가 되는 것이다.

13. 성삼위(聖三位)의 권능(權能)과 영광(榮光)의 동등(同等)성

인간 세상의 권력(權力)은 환경적 편의(便宜)에 따라 나눌 수는 있다. 그러나 그것마저도 쉽지 않은 것이 사실이다. 서로의 다른 인격이 하나의 권력을 나눈다는 것은 권력의 생리상(生理上) 맞지 않기 때문이다. 이는 권력의 특성상(特性上) 상대(相對)의 권력이 상대의 권력에 수용(受容)되지 않기 때문이다. 그래서 아무리 완벽한 합의에 의한 나눔이라도 차등(次等) 없는 권력의 나눔에 있어서는 그 부작용이 바로 나타나게 되는 것이다. 하물며 천상천하(天上天下)의 권능과 영광이 나누어질 수가 있겠는가 하는 것이다. 천상천하의 권력은 나눌 수가 없는 한 분 하나님만의 소유(所有)가 되기 때문이다. 그러므로 아버지 하나님과 아들 예수 그리스도의 권능과 영광이 동등으로 나타나 있으니 이 두 위(位)의 하나가 아니고서는 있을 수가 없는 일이 되는 것이다. 그러므로 아버지와 예수 그리스도의 **동등(同等)의 근거(根據)**를 성경에서 직접 찾아보고자 한다.

신약성경 빌립보서 2장 6절 말씀이다. "그는(예수 그리스도) 하나님의 본체(本體)시나 **'하나님과의 동등'됨을 취(取)할 것으로 여기지 아니하시고 오**

히려 자기를 비워 종의 형체를 가지사 사람들과 같이 되셨고 사람의 모양으로 나타나사 자기를 낮추시고 죽기까지 복종하셨으니 곧 십자가에 죽으심이라." 이 구절의 동등(同等)됨을 취할 것으로 여기지 않았다는 그 의미(意味)의 실상(實狀)은 예수님이 하나님과 동등(같은 본질의 권능과 영광의 동등)하시지만 하나님의 예정(豫定)된 구속사의 완성을 위해서 스스로 자기 권리를 포기하고 오히려 종의 신분을 자원(自願)했다는 뜻이 되는 것이다. 즉, 동등됨을 취할 것으로 여기지 않았다는 기록을 역(逆)으로 다시 말하면 **아버지 하나님과 예수 그리스도의 근본은 권능과 영광의 동등(同等)됨이 전제(前提)되어 있음이 되는 것이다.** 그러므로 **아버지 하나님과 예수 그리스도의 권능과 영광의 동등됨으로 인하여 예수 그리스도는 하나님(성부)의 근본 본체라는 사실이 더욱 확실하게 증명(證明)**되는 것이다.

그래서 예수 그리스도는 하나님의 본체라는 것과 권능과 영광이 동등하다는 사실은 삼위일체에 대한 성경 기록의 대표적(代表的) 근거라 해도 손색(遜色)이 없을 정도가 되는 것이다. 그러나 표면적(表面的)으로 볼 때는 삼위 곧 성부, 성자, 성령의 **동등(同等)성**을 찾아보기가 어려운 것이 사실이다. 오히려 차등(差等)으로 보이게 된다. 예수님의 세상에 오심부터도 아들로서의 아버지의 보내심을 받아 오셨기에 사람들의 견해(見解)적 입장에 있어서도 아버지와 아들이라는 인륜적(人倫的) 가계질서(家系秩序)의 관계와 같은 선입견(先入見)이 전제(前提)되고 있으며 또한 구속사 직무사역(職務使役)에 있어서도 모든 일이 전적인 아버지의 뜻 안에서 진행되었을 뿐만 아니라 예수님 스스로도 아버지의 뜻대로 되기를 기도하며 순종(順從)했기 때문인 것이다.

이렇게 구속사역(救贖使役)에서 나타나 있는 성삼위의 인격적 독립성과 성삼위의 근본된 본질(本質)의 동등성 그 자체에 있어서는 계속될 서술 부분에서 그 관계상 구분(區分)된 입장에서의 구별적(區別的)으로 생각해 보고자 함이며 앞에서 아버지 하나님으로부터 세상에 보내심을 받아 구속사역(救贖使役)을 감당하시는 독립적 인격의 예수 그리스도로서, 또한 위계질서(位階秩序)를 염두(念頭)에 둔 아버지는 나보다 크시다는 말씀까지 하셨을지라도(요14:28下) 하나님의 근본 본체로서의 그 동등됨을 **스스로 자원(自願)하여 동등(同等)으로 여기지 않았다는 사실**을 보면(빌2:5-8) 성삼위 그 본질에 있어서의 동등의 하나라는 사실은 너무나 분명한 것이다.

아버지 하나님, 예수 그리스도, 성령 보혜사는 명백한 일체의 하나

일체의 명백한 사실의 강조를 위해서 바로 앞의 서술에서 삼위가 일체가 되는 성경의 분명한 근거에 대한 제목만 다시 나열해 보았다.

❶ 예수 그리스도는 하나님의 근본(根本) 본체(本體, 같은 본질)로서의 일체(一體)

❷ 예수 그리스도는 하나님 본체의 한 형상(形像)

❸ 알파와 오메가(처음과 나중)로서의 본질(本質)의 동일성(同一性)

❹ 서로의 안에 거(居)하심과 계심의 하나

❺ 말씀으로서의 한 하나님

❻ 같은 영(靈) 곧 한 성령(聖靈)으로서의 같은 본체(本體)

❼ 천지창조(天地創造)의 사역(使役)에서도 같은 한 창조주(創造主)

❽ 천지(天地)의 같은 주재(主宰)로서의 동등성(同等性)

❾ 같은 구원자(救援者)로서의 동일성(同一性)

❿ 만주(萬主)의 주(主)로서의 한 주(主)님

⓫ 만왕(萬王)의 왕으로서의 같은 왕(王)

⓬ 형용사(形容詞)적 별칭(別稱)으로서의 동일성

⓭ 성삼위(聖三位)의 권능(權能)과 영광(榮光)의 동등(同等)성

이와 같이 삼위일체 곧 삼위의 같은 본질의 하나를 나타내는 성경적 의미의 13개 서술 항목을 이해의 편의상 다시 한번 더 나열해 보았다.

이렇게 하나님은 성부, 성자, 성령의 삼위로 계신다는 사실은 성경 기록의 여러 부분에서 너무나 명백한 증거(證據)로 나타나 있기 때문에 그 어떤 논리를 내세운다 해도 삼위(三位)가 근본본체(根本本體) 곧 같은 본질(本質)의 일체라는 사실은 부인(否認)하려야 부인할 수가 없는 것이다. 그러므로 이제부터는 삼위의 영원한 독립성적 사실과 그 삼위의 일체적 관계에 대해서 좀 더 구체적 이론으로 서술해 보고자 한다.

성삼위 표면의 영원한 독립적 위격과
영원한 내면적 일체의 하나님

지금까지 성경에 의한 **성삼위(聖三位)의 근거(根據)와 또한 그 일체(一體)의 성경적 여러 근거**에 대해서 구체적으로 알아보았다. **성부, 성자, 성령의 삼위야말로 일시적(一時的) 독립(獨立)의 존재(存在)가 아닌 영원 전부터 영원까지 독립적(獨立的) 위격(位格)으로 존재하신다는 사실**이 확인되었다.

또 한편에 있어서는 그 성삼위 중 제2위격인 독립적 위(位)의 성자 곧 **예수 그리스도가 하나님의 근본(根本) 본체(根本本體)로서 성부 하나님과 같은 본질(本質)로서의 하나라는 성경적 근거에 의한 확인과 제3위격인 성령(보혜사) 또한 위격의 한 분이 되시나 아버지와 아들의 영이 되심으로 말미암은 삼위로 계시는 한 하나님 곧 삼위일체의 하나님이 되신다는 사실로 명백(明白)하게 확인됨으로 말미암아** 성삼위의 영원한 독립적 인격도, 삼위일체의 한 분 하나님이라는 사실도 모두가 정확무오(正確無誤)한 성경의 근거에 의한 부인(否認)될 수 없는 사실로 확인된 것이다.

그러나 이에 대한 직접적인 인정(認定)에 있어서는 이해관계상(理解關係上) 상대적(相對的) 비합리(非合理)의 이론으로 보이게 됨으로써 그 누구나 당황(唐慌)스럽지 않을 수가 없는 것 또한 사실이다. 더 나아가 사람들의 선입견(先入見)에 있어서도 삼위는 독립적 인격(人格)일 뿐만 아니라 성부도 하나님, 성자도 하나님, 성령도 하나님이라는 또 다른 시각(視覺)의 사실로도 인정하게 되다 보니 자연스레 세 분의 하나님이라는 삼신적(三神的) 논리로 쉽게 이해(理解)하게 되는 반면에 그 삼위(三位)의 본질(本質)에 있어서의 한 하나님으로 계신다는 사실에는 선뜻 동의(同意)가 되지 않는 것이 사실이다.

이유는 성삼위의 독립적(獨立的) 존재하심은 사역(使役)의 표면(表面)적 형태의 역사(役事)로 나타나고 있으나 삼위의 일체라는 그 자체는 성경 기록의 뜻으로만 알 수 있는 내면적(內面的) 형태(形態)로 표면적으로는 보이지 않을 뿐만 아니라 삼위의 독립(獨立)적 인격(人格)의 입장에 있어서는 비합리적(非合理的) 논리로 보이기 때문이다. 그래서 기독교 교부시대(敎父時代)로부터 오늘날까지 하나님의 신론(神論)에 대한 논쟁(論爭)과 그 부작용(副作用)에 따른 혼란은 계속됐으며 앞으로도 계속될 것으로 보인다.

그러다 보니 **사람들은 삼위의 독립적 인격의 주장에 치우치지 아니하면 삼위일체의 그 하나에만 치우치게 되는 경우가 많으므로 삼위의 독립성에 대한 논리(論理)를 주장하게 되면 삼위일체의 하나가 되는 문제가 남게 되며 반면 삼위일체의 하나에 대한 논리를 주장하게 되면 삼위의 영원한 독립적 인격의 문제가 남게 되므로 문제의 해결은 쉽게 될 수가 없는 것이다. 그러므로 하나님은 삼위로 계신다는 성경적 정의(定義, 웨스트민스터 신앙고백)의 액면을 그대로 인정(認定)하지 않는 이상 삼위일체 하나님의 신론(神論)에 대한 사람들의 논쟁(論爭)은 끝없이 계속될 수밖에 없으니 곧 삼위일체에 대한 다양한 주장의 논리는 마치 다람쥐 쳇바퀴 돌듯이 결국은 그 자리로 돌아오는 반복(反復)의 논리로 이어지게 된 것이다.**

이는 앞에서도 언급한 대로 성삼위는 영원한 독립적 인격이 되는데도 불구하고 일체의 하나라는 것은 사람들의 이성적(理性的) 사고(思考)나 지식적 이해(理解) 안에서 볼 때는 비합리적(非合理的)으로 받아들여지기 때문에 먼저는 삼위의 독립성에만 치우치게 되며 다음으로는 일체의 하나라는 것 또한 성경적이기에 삼위일체의 독립성을 무시하고 일체의 하나만을 주장하게 되면 이 또한 치우친 논리에 속하는 것이다. 그러므로 하나님 신론의 삼위일체는 사람들의 합리적 논리로는 풀어낼 수가 없기 때문에 하나님의 신론에 진지하게 접근하기 위해서는 먼저 성경에 나타난 성삼위의 독립성과 성삼위의 일체라는 양면적(兩面的) 인정(認定)의 전제(前提)하에서의 시작이 되어야 하며 또한 그에 따른 부분적 이론(理論)으로부터 전체적 이론으로 전개(展開)되어야 하는 것이다.

  만일 성삼위의 독립적 인정과 그 일체의 인정이 함께 전제(前提)되지 않으면 결국은 앞에서의 지적과 같이 또다시 어느 한쪽에만 치우친 주장(主張)의 논리가 되풀이될 수밖에 없다. 삼위(三位)의 독립성(獨立性)과 삼위의 일체성(一體性)이 전제(前提)되지 않은 어느 한쪽에만 치우친 극치(極致)의 잘못된 실례(實例)를 보게 되면 이단(異端)의 신론(神論)으로 규정된 삼신론(三神論)이 있다. 이 삼신론이야말로 성부, 성자, 성령에 대하여 종속(從屬)적 위격의 분리(分離)로, 본질(本質)의 하나됨을 완전히 배제(排除)한 반면에 삼위에 대한 분리 독립의 세 분의 신(神)이라는 극도(極度)로 치우친 논리가 된다.

  즉, 성부, 성자, 성령의 삼위 모두가 신(神)이로되 본질과 품격(品格)이 다른 세 분의 분리적 신(神)으로 인정하는 일명(一名) 다신론(多神論)이 되는 것이다. 이는 아리우스(Arius, Areios)와 그 일파의 주장이라고 하는데 종속(從屬)설이 포함되어 있으므로 성부, 성자, 성령 삼위의 제2위격인 성자는 신(神)적인 속성(屬性)을 가지기는 했지만 하나님 자신이 될 수가 없으며 또한 천지창조 직전에 창조된 피조물에 속하므로 영원한 존재의 제1위격의 성부와는 품격(品格)상 등급(等級)이 다른 성부에게 종속된 2등급(二等級)이 되며 성령은 곧 성부에게 종속(從屬)된 성자보다 열등(劣等)한 신이 되기 때문에 성부, 성자, 성령은 본질과 품격에 차이가 있는 세 종류의 신

(神) 곧 성부, 성자, 성령의 차등(差等)적 삼신(三神)이라는 주장이 된다. 이
는 곧 **삼위의 독립개체(獨立個體)로의 완전한 분리의 다신론(多神論)이 되
는 것이다.**

그런데 이 아리우스(Arius, Areios) 삼신론 주장의 논리는 당시의 한동안은 사
회의 다신론적 종교의 환경과 어우러져 상당히 좋은 반응을 받기도 했으나
325년 니케아(터키의 한 고대도시) 공의회에서 아리우스의 단죄와 함께 이단 교
리로 정죄되었으며 그 후 381년의 제1회 콘스탄티노플(당시 그리스 식민 지역, 로
마제국 제2의 수도) 공의회에서는 니케아 신경의 교리가 재확인되면서 아리우
스파와 그 주장의 논리는 완전히 몰락되었다고 한다. 이는 앞에서도 언급된
삼위일체의 한 하나님이 되신 상세한 성경의 근거로 볼 때, 여호와는 하나님
이시며 하나님 외에 다른 신(神)이 없음이 선포(宣布)된 말씀 안에서(신4:35) 삼
신(三神)은 있을 수가 없기 때문인 것이다.

그러나 오늘날에도 정통 기독 교단들로부터 인정받지 못한 어떤 교단에
서는 이와 유사한 종속(從屬)적 논리로 정통 기독 교리에 혼란을 주고 있
는가 하면 비록 이단(異端)은 아닐지라도 기독교 정통 신학자들 중에서도
아주 극소수(極少數)이기는 하지만 삼위일체의 논리에 있어서 비합리적
으로 보이는 일체보다는 독립적 삼위 쪽에 지나친 비중을 둔 나머지 말은
삼위일체라고 하면서도 차등(差等)적 품격(品格)의 삼신론적 논리와 상당
히 닮은 지나친 주장을 펴기도 하는 것이 사실이다.

앞에서의 언급과 같이 삼위의 일체적 실제(實際) 적용이 비합리적으로
보이는 반면에 삼위(三位) 그 자체에 대한 성경의 근거는 누구나 쉽게 이
해될 수 있을 정도의 합리성(合理性) 기록으로 보이기 때문이다. 그래서 일
반성도, 특히 신앙생활의 기간이 짧은 초(初)신자들 중에서는 삼위만을 말
할 때는 쉽게 받아들이게 되나 그 일체에 있어서는 이해관계상 거부반응
을 나타내기도 할 뿐만 아니라 오히려 이단의 삼신론적 논리에 귀를 기울
이기도 하는 것이다.

이는 믿기 이전의 세상 여러 종교가 주장했던 온갖 많은 신에 대한 이해의 폭에 관대하였던 반면에 하나님만이 참신으로서 절대적 한 분이라는 사실에 대한 믿음이 성숙되지 못한 가운데서 삼위라는 그 자체는 아버지와 아들 그리고 그의 영(靈)으로 나타나 있기 때문에 가계질서상(家系秩序上) 사람들의 차등(差等)적 기준으로 보기 때문이다. 또한 그 삼위의 일체라는 사실에 있어서는 신론의 보이지 않는 내면적(內面的) 문제로서 삼위격(三位格)처럼 직접적인 윤곽(輪廓)의 형태로는 드러나 있지 않으므로 초신자의 입장에서는 셋은 셋으로, 삼위일체의 하나라는 것에 있어서는 쉽게 거부반응(拒否反應)을 나타내게 되는 것이다.

그리고 성삼위에 대한 참고적 언급으로 **성삼위는 세 분이라는 독립적(獨立的) 세 인격(人格)을 말한다고 해서 무조건 삼신론(三神論)이 되는 것은 결코 아니다. 삼신론(三神論)이란 앞의 서술에서와 같이 단순히 성삼위의 독립적 인격으로 주장했기 때문만이 아니라 예수 그리스도는 하나님의 근본(根本) 본체(本體) 곧 같은 본질(本質)의 동등(同等)적 한 하나님이라는 사실을 부인하는 전제하(前提下)에서의 완전한 분리(分離) 독립(獨立)의 종속(從屬)적 세 분의 신(神)이라는 일방적 주장이 되기 때문인 것이다. 그러므로 같은 본질의 성삼위 한 하나님이라는 전제하(前提下)에서의 독립적 세 분 인격 사역의 주장은 삼신론이 아니라 성경적 근거에 의한 성삼위의 존재적 주장이 되는 것이다.**

다시 이 부분 글의 본론(本論)으로 돌아와서 보건대 삼신론(三神論)이 크게 잘못된 것은 여러 가지가 있지만 그중에서도 주된 원인(原因)의 먼저는 성부, 성자, 성령의 독립신격(獨立神格) 주장에만 극도(極度)로 치우친 나머지 성자 예수 그리스도가 하나님의 근본 본체 곧 같은 본질의 한 하나님이라는 사실의 배제(排除)인 것이다. 그렇다면 이해관계상 지난 서술의 성삼위 같은 본질의 한 하나님이라는 사실의 근거를 재확인(再確認)할 필요가 있어 보인다.

성경에서는 삼위의 독립성을 분명하게 나타내면서도 내용상 한 분 하나님은 삼위로 계신다는 실제적 일체(實際的 一體)라는 사실로 명백하게 강조되고 있는 것이다. 지난 서술에서와 같이 삼위의 일체라는 그 근거의 뜻은 성경의 여러 곳에서 확인되고 있는데 그중에서 대표적 하나의 근거라 할 수 있는 기록 곧 **예수 그리스도는 하나님의 근본본체(根本本體)요, 하나님의 형상(形象)이라는 사실의 기록이다**(빌2:5-6, 히1:2-3). **근본본체라는 이 본체(本體)는 한문(漢文)의 번역(飜譯)으로 본(本=근본 본), 체(體=몸체)가 되는데 이는 한문의 번역(飜譯)이라는 한계성이 있는 것은 사실이나 원어의 해석에서도 신학자들은 본체의 원문은 앞서 언급한 바와 같이 영원히 변치 않는 같은 본질**이라고 하고 있기 때문에 예수 그리스도는 본질상 하나님이라는 사실인 것이다. 이는 나무로 말하면 처음부터 같은 뿌리가 되는 것이며 몸체로 말하면 같은 몸이라는 뜻이 되는 것이다.

그럼에도 어떤 사람들은 삼위일체 이론의 적용에 있어서 헬라어 모르페의 같은 본질과 모르페로부터 번역된 근본본체(根本本體)의 의미(意味)를 동일하게 보지 않으려는 느낌을 주기도 하는 것을 볼 수도 있다. 물론 양태(樣態)적 오해를 피하기 위함인지는 몰라도 실상은 번역의 **근본본체**나 모르페에서 바로 이해되는 **같은 본질**의 뜻은 동일한 뜻이 되는 것으로 아주 적절한 번역(飜譯)이 아닌가 하는 생각해 보게 된다.

근본본체와 같은 본질에 대한 이해적 참고로 한 예(例)를 들어 본다면(직접적인 신론의 예가 아니라 본질 그 자체의 예가 됨) 감이라는 열매를 따기 위해서 감나무의 씨앗을 직접 심으면 감나무로 자라기는 하나 돌감나무로 자라서 품질(品質)이 나쁜 돌감이 열리기 때문에 좋은 품질의 감 열매를 따려면 감과에 속하는 고염나무(일명 곰나무, 꿰양나무)에 품질 좋은 감나무의 가지를 채취(採取)해서 접(接)을 붙이게 된다. 그렇게 되면 점점 자라서 하나의 감나무가 되어서 품질 좋은 감 열매를 수확(收穫)하게 되는데 그 감나무 전체의 근본(根本) 체질(體質)의 입장에서만 말하자면 같은 본질(本質)의 나무라고는 할 수가 없는 것이다.

겉으로 볼 때는 한 그루의 감나무로 보이지만 뿌리는 고염나무의 뿌리가 되며 윗부분 나무는 감나무의 성질(性質)이 되기 때문에 고염나무의 본질과 감나무의 체질로 서로 다른 본질이 되는 것이다. 그러므로 체질로 말하면 연합적 한 그루의 나무는 될 수가 있으나 같은 본질(本質)로서의 한 나무는 될 수가 없는 것이다.

반면에 어떤 감 씨앗을 직접 심어서 한 그루의 감나무로 자랐다면 비록 돌감나무가 되었을지라도 그 나무 자체의 근본(根本) 체질(體質)을 말한다면 그 뿌리와 나무는 본래(本來)부터 같은 본질의 한 나무가 되는 것이다. 그래서 근본본체와 같은 본질이라는 말은 동일(同一)한 뜻이 되는 것이다. 그러므로 예수 그리스도가 하나님의 근본본체 곧 같은 본질로서의 하나라는 말은 의미적(意味的) 하나가 아니며 상징적(象徵的) 하나도 아니며 직무 수행의 연합적 하나에만 있는 것도 아니라 본질에 있어서의 실제(實際)의 하나라는 말인 것이다. 그러므로 예수 그리스도는 하나님의 근본본체 곧 같은 본질이 되시기 때문에 비록 성삼위의 독립적 인격이 표면상(表面上) 분명하게 나타나 있다 하더라도 성삼위는 근본본체 곧 같은 본질의 하나님이 되시기 때문에 성삼위는 삼신론(三神論)적 논리와 같이 완전한 분리(分離)의 삼신이 될 수 없는 것이다.

뿐만 아니라 지난 언급의 또 하나 하나님과 예수님의 동일한 **알파와 오메가(α와 Ω, 처음과 나중)**로서 **"나중 있을 자에게도 내가 곧 그니라**(사41:4 ; 계 1:8, 22:13)"를 보면, 즉 성경의 포괄적 의미에서는 모든 시작과 마침 곧 이해의 표현상 영원 전의 처음과 영원무궁의 나중, 천지창조의 처음과 세상 심판의 나중, 율법의 처음과 복음의 나중, 처음의 구원자와 나중의 구원자, 모두가 근본은 하나님이라는 사실인 것이다.

이 또한 삼위가 아무리 독립적 인격으로 나타나 있다고 해도 그 일체를 배제(排除)한 삼위의 완전한 분리적 인격으로만 치우쳐서는 아니 되며 비록 보이지 않는 내면(內面)의 문제로서 쉽게 이해될 수 없는 비합리성의 일체라 할지라도 삼위의 일체라는 그 자체 또한 분명한 성경적 근거에 의한 사실이 되므로 본질이 같으며 능력과 영광이 동등(同等)한 삼위일체의 한 하나님이라는 사실은 결코 부인(否認)될 수가 없는 전제(前提)하에서의 독립적(獨立的) 성삼위(聖三位)로의 구별(區別)이 되는 것이다. 그래서 성부(아버지)도 하나님, 성자(아들 예수 그리스도)도 하나님, 성령(보혜사로서 아버지와 아들의 영)도 하나님이 되시지만 성경은 하나님을 일컬어 세 분의 하나님이라고 하지 않고 한 하나님이라고 하는 것이다(말2:10, 고전8:6, 마2:7). 이는 한 분 하나님은 삼위로 계시기 때문이다.

그리고 또 한편 삼신론의 반대적 논리로 성삼위의 독립적 위격을 완전히 배제(排除)한 성부, 성자, 성령의 일체의 하나라는 사실 자체에만 극도(極度)로 치우치게 되면 이 또한 비(非)성경적 단일신론(單一神論)적 논리에 빠지게 되는데, 이 논리가 겉으로만 볼 때는 마치 삼위일체의 한 하나님이라는 실제(實際)의 구체적 설명으로 보이지만 실상은 셋을 억지적 같은 한 분이 되게 하는 합리 논리로 정립(定立)되게 하고자 하는 논리이며 사람의 상상(想像)적 논리의 주장이다.

그 실례가 바로 양태론[樣態論, 일명(一名) 양식론(樣式論)]이라는 논리의 주장인 것이다. 이 양태라는 자체의 뜻은 양(樣)=**모양** 양, 태(態)=**태도** 태가 되므로 그 무엇의 나타내는 모양을 말하는 것이다. 그래서 양태론(Modalism)이란 삼신론과 상반적인 주장으로 **삼위의 동시적 세 인격의 독립적 존재를 부인**하는 반면에 단일(單一)의 하나님이 시대의 형편에 따라서 성부, 성자, 성령의 세 양태(樣態)적 모습으로 나타나 역사(役事)하신다는, 단일의 비성경적 하나라는 잘못된 극치(極致)의 주장인 것이다. 즉, 절대적 단 한 분이신 하나님이 시대를 통한 구속사(救贖事)의 역사(役事)를 이루어 가실 때 구약시대에는 성부 하나님의 모습으로 역사(役事)하시고 그다음 한때는 성부 하나님이 성자 예수 그리스도로 오셔서 십자가 대속의 역사(役事)를 이루어 복음 구원의 은혜시대를 여시고 또 그다음은 예수님의 승천 이후 성령으로 오셔서 역사(役事)하게 됨으로 말미암아 한 인격의 세 위격적 사역을 변신(變身)적 양태로 감당한다는 뜻의 주장인 것이다. 이러한 양태(양식)론적 논리를 적극적으로 주장한 사람은 217년경~220년경에 활동한 3세기 신학자 중 한 사람인 사벨리우스(Sabellius)다.

그러나 이 사벨리우스의 양식론(樣式論)은 교황 칼리스투스 1세에 의해 이단(異端)이라는 단죄(斷罪)와 더불어 파문당했다고 하지만 양태론(樣態論)이 주창(主唱)되었던 옛날부터 오늘날까지도 양태적 논리는 물론 그 양태론에 근거한 논리들이 완전히 끊어지지 않고 있는 것이 사실인데 이는 하나님은 절대적 한 분이라는 사실에 대한 합리적 논리로 보이기도 하기 때문이다. 그러므로 이 양태론(樣態論)의 논리에 귀를 기울이는 성도의 분류(分類)에 있어서는 신앙생활의 기간이 짧은 초신자(初信者)보다는 오히려 신앙의 연륜(年輪)이 깊고 성경을 더 많이 알고 신론에 관심이 있는 신앙인들이라고 할 수가 있는데 실상(實狀)은 한국 교회 안의 일부 삼위일체론의 이해(理解)에 있어서도 양태론적 논리가 범람하고 있다는 사실은 부인할 수 없는 현실인 것이다.

이는 하나님은 유일신(唯一神)으로서 한 분이라는 사실을 절대적 믿음으로 받아들이고 있는 것으로 끝나는 것이 아니라 이미 선입견(先入見)적 지식신앙(知識信仰)의 논리도 풍부하기 때문에 세 인격의 삼위가 절대적 한 분 하나님이 되실 수 있는 합리성에 있어서는 양태론(樣態論)과 같은 논리 외에는 더 이상의 적당한 해석이 있을 수가 없다는 실체(實體)적 합리화(合理化)를 우선시하기 때문이다.

그렇다면 이단의 논리인 양태론에 대한 이해를 돕기 위하여 양태론이 과연 어떤 논리의 주장이 되고 있는지를 좀 더 구체적으로 살펴보게 되면 하나의 둥근 태양(太陽)으로 말하면 그 태양으로부터 빛과 열이 발산(發散)이 되는데 그 둥근 태양 자체는 성부로, 태양이 비추는 광선은 성자로, 열은 성령으로 비유하여 결국은 태양 자체와 그 빛과 열은 곧 하나의 둥근 태양이라는 일체가 되는 것과 같이 성부, 성자, 성령은 하나의 일체라는 것이다.

또한 자연계의 물을 비유하여 말하기를 물이 있다면 그 물이 평상적 실온에는 액체(液體) 그대로 있으나 온도가 급상승할 경우 증발하여 기체(氣體) 곧 수증기가 되므로 물이라 하지 않고 수증기 또는 안개라 하게 되고 반면에 온도가 급강하할 경우는 고체(固體)가 되므로 얼음이라고 하게 되나 물이나 수증기나 얼음이나 그 근본은 곧 하나의 물이라는 사실과 같이 본래의 아버지 하나님 한 분이 인간의 구원을 위해서 육체를 입고 예수 그리스도로 오셨다가 예수 그리스도의 사역(使役)이 끝나게 되므로 부활 승천하신 후 다시 성령으로 오셨다는 주장으로, 이 또한 표면(表面)적 일체논리(一體論理)의 비합리(非合理)를 체계(體系)적 합리화(合理化)로 하나를 이끌어 내고자 하는 논리가 되는 것이다.

이외에도 오늘날까지 여러 사람의 다양한 양태(樣態)의 논리가 등장하고 있는데 하나의 나무가 있다면 성부는 뿌리, 성자는 나무, 성령은 열매, 즉 한 그루의 나무로 역할을 비유한 일체(一體)의 하나님이 된다는 것이며, 또한 하나의 꽃나무로 비유한다면 성부는 꽃나무, 성자는 꽃, 성령은 꽃향기로 하나의 꽃나무처럼 일체의 한 하나님이 되시며, 한 분의 목사님이 계시는데 교회에서는 목사님, 사모님에게는 남편이며 자녀들에게는 아버지가 되시지만 결국은 한 분이라는 비유로도 주장하게 되며(회사의 사장도 마찬가지), 또한 육체(肉體)와 영(靈)과 혼(魂)이 한 사람이 됨과 같이 일체의 하나님도 같은 맥락으로 말하기도 한다. 이외에도 여러 가지로 내세우는 예가 있다. 물론 하나님은 절대적 유일신이라는 입장에서 틀림없는 하나의 몸체 그 자체만 생각하게 된다면 양태 논리가 어떤 면에서는 너무나 그럴듯한 합리적인 논리가 되어 보이는 것이 사실이다. 그러나 성삼위 인격체로서의 구별된 역사(役事) 안에서 동시적(同時的) 존재성(存在性)에서 볼 때는 양태적 순환(循環)의 일체(一體)는 성경적 논리라고 할 수가 없다.

만일 한 하나님이 환경이나 필요에 따라서 세상에 오시기도 하며 가시기도 한다면 삼위의 동시(同時)적 존재(存在)와 그 역사(役事)가 없어야 하는데 앞부분 삼위의 독립적 서술에서 언급, 표기한 바와 같이 초림(初臨)의 예수님께서 세례를 받으실 때의 나타난 기록을 보면 세례를 받으시는 예수님은 땅에 계셨는데도 불구하고 하늘로부터 "이는 내 사랑하는 아들이요, 내 기뻐하는 자라."라는 아버지 하나님의 음성과 성령이 비둘기같이 내려 임(臨)하는 삼위의 동시적(同時的) 존재와 그 역사(役事)가 확인되었으며(마3:16-17) 또한 십자가의 죽음을 앞에 두고 땀방울이 변하여 핏방울같이 되기까지 아버지 하나님께 그 뜻을 묻던 성자(聖子) 예수님의 간절한 기도(눅22:41-44) 역시 삼위의 독립적 사실을 말해 주고 있으며 성자인 예수님께서 인류의 대속을 위하여 십자가에 못 박혀 돌아가신 후 삼 일 만에 다시 살아나심도 완전히 죽은 자 가운데 있는 예수님 스스로 사신 것이 아니라 아버지 하나님이 살리셨다는 사실(벧전1:3 ; 고전15:15 ; 행2:32) 또한 성삼위의 개별적 역사(役事)는 분명한 독립적 인격으로 나타나고 있는가 하면 세상에서 십자가 구속사역을 마치시고 부활 승천하신 예수님께서는 하나님의 보좌 우편에 앉으셨으며(막16:19 ; 히8:1, 12:2), 스데반 집사의 순교 시에 성령이 충만한 가운데 하늘을 향하여 하나님의 영광과 우편에 서서 계시는 예수님을 동시에 보게 된 것이다(행7:55-56).

이러한 사실들은 일시적(一時的)이 아니라 **"예수 그리스도는 어제나 오늘이나 '영원토록 동일(同一)'하시느니라(히13:8)."**라는 말씀의 그 동일성(同一性)의 영원(永遠)에 대입(代入)시켜 볼 수도 있는 것이다. 그러므로 **삼위의 독립적 위격으로 나타난 사실은 한시적이 아니라 영원 전부터 영원까지 변함없이 이어진다는 사실인 것이다.** 그러므로 성삼위와 관계된 한 분 하나님이라는 사실에 있어서 양태론의 논리처럼 한 분 하나님이 상황과 필요에 따라서 성부에서 성자로 성자에서 성령으로 직접 오시고 가시며 역사하셨다는 것은 성경적이지 못하다는 사실이 증명된 것이다. 그래서 성부, 성자, 성령의 일체의 하나를 말하되 양태론(樣態論)의 논리처럼 성삼위의 독립적 인격이 배제(排除)된 극단(極端)의 치우친 논리는 잘못된 비성경적 논리가 되는 것이다.

그리고 참고적 언급으로 여기서도 필히 짚고 넘어갈 것은 삼위의 일체(一體)라는 그 자체(自體) 안에서의 단순(單純)한 표현상(表現上) 성삼위의 독립적 인격의 역사를 부인하지 않는 이상 같은 본질(本質)의 하나라는 의미(意味)에서 그분, 즉 성삼위는 근본(根本) 본체(本體)의 하나라는 같은 한 분을 말했다고 해서 무조건 양태론(樣態論)의 논리로 비판(批判)할 수는 없는 것이다. 일체라는 그 자체 안의 표현으로는 실상(實相)적 표현이 되기 때문인 것이다.

이는 예수 그리스도가 근본 하나님의 본체(本體)라는 것은 곧 근본 같은 본질(本質)의 하나로서 그 자체는 그분이 그분이 된다는 말과 다를 바가 없기 때문이다. 만일 이러한 표현 때문에 양태론자가 된다면 예수님은 하나님의 근본본체(根本本體→뿌리부터 한 몸), 즉 같은 본질로 기록한 바울 사도의 표현부터 양태론이 될 것이며, 이사야서의 처음과 나중(그가 곧 나니라)을 신약의 알파와 오메가의 기록으로 연관시킨 사도 요한은 양태론의 빌미를 제공한 격이 되며 성자반열(聖者班列)에까지 존경을 받던 고대교회, 중세교회의 교부(教父)들이나 현실의 정통 몇몇 신학자(神學者)까지도 양태론자가 되어 버릴 것이다. 그래서 일체의 하나를 주장하되 성삼위의 독립적 인격의 역사(役事)에 대한 인정적 가부(可否)의 참고도 있어야 하는 것이다.

그러므로 앞에서 거론한 양태론이 잘못된 것은 삼위의 같은 한 분이라고만 해서가 아니라 삼위의 구별된 독립적 위격과 동시(同時) 존재(存在)적 사역을 부인(否認)하는 전제하(前提下)에서의 한 분을 말하기 때문이다. 또한 만일 삼위격의 구별된 독립적 인정하에서의 일체적 자체의 같은 한 분이라는 표현도 양태론(樣態論)이 된다면 이미 삼위일체 그 자체가 양태론이며 삼위일체 하나님이라는 사실도 말하지 말아야 한다. 그러므로 하나님의 신론(神論)에 있어서 삼위의 독립적 인격(獨立的人格)의 주장도 성삼위의 하나가 되는 일체(一體)의 주장도 모두가 성경적 근거에 의한 주장이 되므로 어느 한쪽의 극단적(極端的) 치우침의 주장이 아니라 동시적(同時的) 인정하(認定下)의 논의적(論議的) 주장(主張)이 되어야 하는 것이다. 그래서 성경에 의한 기록과 의미를 따라 지금까지의 독립적 성삼위와 한 분 하나님은 삼위로 계심에 대한 삼위일체 하나님의 이해(理解)를 위해서 아래와 같이 도표(圖表)로 표현(表現)을 해 보았다.

이는 성삼위 내면(內面)의 본질(本質)적 하나를 말하되 표면에 나타난 성삼위의 독립적(獨立的) 동시(同時) 인격의 존재(存在)적 표현의 인정(認定)인 것이다.

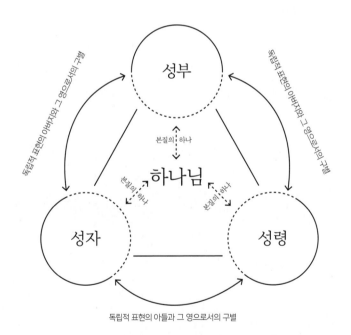

성경의 그 뜻을 인용한 삼위일체 하나님에 대한 표현도

위의 도표와 같이 성삼위(聖三位)는 분명한 질서의 동시존재(同時存在)적 위격(位格)으로서의 표면(表面的)의 독립적 존재이시나 삼신론(三神論)적 세 분의 하나님이 결코 아닌 것은 그 내면(內面)에 있어서의 근본본체(根本本體) 곧 같은 본질(本質)의 한 하나님이 되시기 때문에 **완전한 분리독립(分離獨立)의 성삼위(聖三位)는 될 수가 없음이며** 또한 성삼위는 같은 본질(本質)의 하나 곧 한 분 하나님이 확실(確實)하나 양태론(樣態論)의 순환(循環)적 변신(變身)의 한 하나님이 결코 아닌 것은 성삼위는 표면의 **독립적(獨立的) 동시존재(同時存在)의 삼위격(三位格)이 되기 때문**이다.

그러므로 삼위의 독립적 세 인격을 배제(排除)한 하나라는 극단적(極端的)인 치우침은 없어야 하며 반면에 근본 같은 본질의 하나를 배제(排除)한 세 분의 인격(人格)에만 극단적(極端的)으로 치우쳐서도 성경적이 아니므로 삼위일체(三位一體) 하나님 곧 **삼위로 계시면서도 본질(本質)로부터의 한 하나님이 되신다는 사실**인 것이다.

그리고 삼위일체(三位一體)의 하나된 형태(形態)와 관련된 한 가지 권장사항(勸奬事項)은 뒷부분 제5장 2. 성삼위 본질의 하나된 알 수 없는 존재 방식의 서술 삼위일체 그 하나의 논리적 예(例)로 인용(引用), 분석해 본 페리코레시스(Perichoresis) 논리 주장과 관련된 부연(敷衍)적 이해의 참고를 위해서 성경적 삼위일체를 표현(表現)해 본 이 도표(圖表)의 예(例)로 미리 권장하는 바이다.

성삼위 일체는 혼합의 일체가 아닌 본질의 일체

한 하나님은 삼위(三位)로 계심에 있어서 서로 혼돈(混沌)되거나 혼합(混合)할 수 없다고 대한 예수교 장로회 신앙고백서에도 이미 정립(定立)이 되어 있다(예장통합 헌법144p 제2장 하나님 2). 앞에서의 서술과 도표의 표현대로 삼위일체(三位一體)에 있어서 삼위로서의 그 사역에서 나타난 표면상(表面上) 독립적 인격(獨立的 人格)의 사실과 또한 삼위가 일체의 같은 본질의 하나가 된다는 사실은 모두가 신·구약성경의 명백한 근거에 의한 것이다. 그래서 성부, 성자, 성령이 일체가 된다고 해서 삼위(三位)가 이리저리 뒤섞여 있는 무질서의 혼돈스러운 혼합(混合)의 하나는 결코 아닌 것이다.

그러므로 삼위의 위격적 구별의 질서 유지 가운데서의 일체라는 사실, 즉 삼위의 영원한 독립적 위격(位格) 가운데서의 그 본질의 일체가 된다는 사실인 것이다. 그래서 한 분 하나님은 삼위로 계신다는 정립은 곧 성삼위 자체의 독립적 인격의 구별(區別)과 근본 본질의 하나됨의 일체성으로 함께 받아들여지는 것이다.

물론 삼위일체에 있어서 삼위는 세 인격적 위격의 구별이 되는데도 불구하고 한 분 하나님은 삼위로 계신다는 이론(理論)이 되기 때문에 비합리(非合理)적으로 보이게 됨으로써 혼란스러워 보이기도 하나 성경적으로 볼 때는 앞부분의 삼위일체에 대한 도표(圖表)의 표현과 같이 혼합(混合)의 일체가 아니라 성삼위의 근본 본질(本質)에 있어서의 그 일체(一體)는 분명할 뿐만 아니라 삼위의 표면상(表面上) 독립적 인격(獨立的人格) 또한 분명하게 영원하다는 사실인 것이다. 그러므로 예수 그리스도는 아버지 하나님의 근본본체 곧 같은 본질의 하나가 되시되(빌2:6) 그 하나님 품속의 독생(獨生)하신 하나님으로서의 하나가 되시는 것이다(요1:18). 그래서 삼위의 하나되는 그 일체 안에서 삼위의 인격 또한 영원한 각각 동시(同時)적 존재(存在)가 된다는 사실이다.

또한 예수님께서 아버지 안에 거(居)하시고 아버지께서 예수님 안에 계시는 서로의 안에 계시는 그 자체(요14:10-11) 또한 혼합(混合)의 하나가 아닌 서로 간 독립적 내재로서 질서적 하나로 이미 증명(證明)이 되어 있는 것이다. 그래서 삼위일체에 있어서도 삼위 그 자체의 세 인격은 영원히 혼합될 수가 없는 전제하(前提下)에서의 근본 본질의 하나가 되는 것이다. 다시 말하면 삼위가 영원한 세 인격이 된다고 해서 완전한 분리(分離)의 입장에서 혼합(混合)을 통한 하나의 일체를 이룬다는 것이 아니라 구별된 세 인격의 삼위로 계시되 본질적인 한 분 하나님이 되신다는 사실이다.

그래서 이에 대한 성경적 사실을 한 번 더 살펴보게 되면 지난 서술의 알파와 오메가의 하나라는 서술 부분의 언급에서와 같이 처음과 나중이 되시는 여호와께서 직접 **"나중에 있을 자에게도 내가 곧 '그'니라(사41:4下)."** 라고 하셨으니, 같은 한 분임을 나타내면서도 '그'라는 삼인칭의 인격으로 표현했으며 또한 예수님께서도 성령 곧 오실 보혜사(保惠師)가 성부와 성자 곧 자신으로부터 나온 영(靈)이 되심에도 불구하고 그라는 삼인칭(三人稱)을 사용했으니 "**그는** 진리의 영이라. 세상은 능히 **그를** 받지 못하나니 이는 **그를** 보지도 못하고 알지도 못함이라. 그러나 너희는 **그를** 아나니 **그는** 너희와 함께 거하실 것이요(요14:17)."라는 철저한 삼인칭으로 지칭되고 있는 것이다.

그러므로 성경적으로 볼 때의 삼위는 삼위의 근본에서 언급한 것처럼 성부는 스스로 계시고 성자는 성부로부터 나왔으며 성령은 성부와 성자의 영(靈)이 분명하나 언제 나와서 언제까지라는 한시적 존재의 삼위가 아니라 영원 전부터 영원까지 존재하시는 삼위가 되시기에 그 **삼위가 하나가 된다는 이론(理論)에 있어서는 좀 어려운 논리가 될 수도 있겠지만 성삼위가 혼합의 일체가 아니라는 것은 셋을 합하여 혼합(混合)의 뒤섞인 물리(物理)적 개념(概念)의 하나라는 삼위일체가 아니라 성부, 성자, 성령의 독립적 인격의 삼위(三位)가 영원히 부인(否認)되지 않은 전제하(前提下)에서의 근본본체, 본체의 형상(빌2:6 ; 히1:3) 곧 같은 본질의 하나가 된다는 개념인 것이다. 성삼위의 독립적 인격의 위격적(位格的) 구별(區別)이 수식(修飾)된 근본본체의 하나 곧 같은 본질로서의 질서적 일체를 뜻하는 것이다.**

그러므로 이제부터는 삼위의 독립적 인격 인정이냐, 삼위의 같은 본질의 하나됨의 인정이냐 하는 어느 한쪽으로도 치우침이 없는 성경적 의미와 접목(接木)된 삼위일체에 대하여 정통 교리를 통한 동시적(同時的) 수용(受容)의 이론으로 전개(展開)해 보고자 한다.

제4장

삼위일체 안의 **인격적 구별**과 그 **수용**

삼위일체 하나님에 대한 인격적 이해

　이미 삼위일체에 관한 지난 글에서도 인격이라는 단어를 여러 번 적용했었다. 인격(人格)이란 사람의 품격(品格)을 뜻하는 말로, 어떤 사람의 인격을 말한다면 이는 곧 어떤 한 사람이라는 사실이 전제(前提)되어 있는 것이다. 물론 어떤 사람을 가리켜 이중인격자(二重人格者)라고 하게도 되나 이는 정상적인 사람의 인격을 말하는 것이 아니라 겉과 속이 다른 올바르지 못한 사람의 인격을 말하는 것이기 때문에 정상적인 사람의 한 인격의 표현 안에는 곧 한 사람이라는 의미가 내포(內包)되어 있는 것이다.

　그래서 인격(人格)이라고 하면 사람에게 해당되는 단어(單語)가 되기 때문에 신(神)이 되시는 하나님과의 관계에 있어서는 적용상(適用上) 맞지 않는 것으로 볼 수가 있으며 오로지 신격(神格)으로만 고정(固定)되어야 할 것이다. 그러므로 성경에는 직접적(直接的)인 인격(人格)이라는 단어가 없는 것으로 보이기는 하나 성경에 나타난 하나님과 사람과의 관계에 있어서는 그 의미상(意味上) 인격적 하나님으로 나타나 있는 것이 사실이다. 이는 사람의 창조(創造)부터가 신(神)이신 하나님의 형상(形狀)대로 지음을 받았을 뿐만 아니라 지, 정, 의(知, 情, 意)를 겸비(兼備)하신 하나님의 생기(生氣)를 받은 생령(生靈)의 사람이 되었으므로(창1:26-28, 2:7) 신(神)이신 하나님이 되실지라도 사람에게 가까이 오실 때는 언제나 인격적 하나님으로 다가오신 것이다.

성경에 기록된 몇 곳의 사례(事例)를 보면 여호와가 아브라함을 만나러 오실 때 두 천사와 함께 사람으로 나타나셨을 뿐만 아니라 아브라함으로부터 발 씻음과 음식을 대접받아 사람과 같이 드셨으며 모든 대화(對話)에 있어서도 인격적 대화가 되었음을 볼 수가 있다(창18:1-33).

또한 성경은 아브라함은 순수(純粹)한 사람임에도 불구하고 믿음의 아브라함을 가리켜 신(神)이 되시는 하나님의 벗이라고도 했으며(사41:8 ; 약2:23) 여호와께서 모세를 만나 줄 때도 사람이 자기 친구를 대하는 것같이 모세를 대면하여 말씀하셨다고 성경에 직접 기록되어 있으며(출33:11) 바울 사도 역시 하나님을 일컬어 자신의 증인(證人)이라 했으니(빌1:8) 이 증인이라는 단어 그 자체는 사람의 인격과 같은 의미(意味)가 들어 있는 단어로 형편에 따라서는 하나님에게도 사람 입장의 이해(理解)관계상 인격적인 단어(單語)가 적용(適用)될 수 있음을 보여 주는 것이라고도 볼 수가 있는 것이다. 그래서 성삼위나 하나님에 대한 높이는 말의 지칭(指稱)에 있어서도 사람에게 높이는 말 곧 **분**(한 분, 두 분, 이분, 그분)이라고 하게 되는 것이다(엡4:4-6).

더 나아가 근본 하나님의 근본 본체(本體)이신 신성(神性)의 예수 그리스도께서는 죄악 세상의 인류(人類)를 구원하기 위하여 육체(肉體)를 입은 완전한 인격의 사람으로, 사람의 친구, 죄인의 친구로 세상에 오신 것이다(눅12:4 ; 요15:14-15). 이외에도 성경의 여러 곳에서 인격(人格)적 하나님으로 비치는 기록들을 여러 곳에서 볼 수가 있다. 그러므로 삼위일체 하나님에 관한 이 서술에서도 삼위일체 하나님에 대한 이해(理解)를 돕고자 성삼위에 대한 표현(表現)의 편의상(便宜上) 인격이라는 단어를 적용(適用)해 왔으며 이후부터도 좀 더 폭넓게 구체적(具體的)으로 적용해 보고자 한다.

지난 서술의 한 부분인 삼위일체의 구별에 대한 언급과 같이 하나님으로 계시는 성삼위는 곧 구별된 위격의 성부, 성자, 성령이신 것이다. 이를 인격(人格)의 단어 적용으로 이해(理解)해 보게 된다면 명백한 세 분의 인격이 되시는 것이다. 그래서 성부, 성자, 성령은 독립적(獨立的) 세 인격(人格)의 삼위가 되시는 것이다.

그러나 중요한 것은 삼위일체에 있어서 하나님은 성삼위 곧 세 분의 인격으로 계신다고 해서 세 분의 하나님이 되시는 것은 결코 아니다. 즉, 성삼위 세 인격의 근본(根本)은 같은 본질의 하나가 되기 때문에 하나님은 성삼위 세 인격(人格)으로 계실지라도 세 분의 하나님이 아닌 한 분 하나님, 곧 한 하나님이 되시는 것이다. 그래서 성경에는 하나님은 성삼위 곧 세 인격의 삼위로 계신다는 명백한 뜻을 나타내는 그 한편에 있어서는 하나님은 절대적 한 분 하나님이 되심을 말씀하고 있는 것이다(막12:29-32 ; 딤전1;17, 2:5). 그러므로 성삼위의 세 인격과 같은 본질의 한 분 하나님이라는 그 자체에 있어서는 구별(區分)적 이해(理解)가 있어야 하는 것이다.

한편 하나님은 성삼위 곧 세 인격의 삼위로 계심에도 불구하고 한 분의 하나님을 말한다고 해서 앞에서의 언급과 같이 이 또한 양태론(樣態論)이 되는 것은 결코 아닌 것이다. 한 하나님이라는 그 앞에는 이미 위격의 구별된 세 분의 삼위로 계심이 전제(前提)되어 있는 연관선상(聯關線上)에서의 그 본질의 하나에 의한 한 분 하나님 그 자체를 말하고 있기 때문이다. 만일 근본본체(根本本體)의 하나, 곧 같은 본질(本質)의 하나가 되는 한 분 하나님이라 말했다고 해서 양태론이 된다면, 반면적(反面的) 논리상 성삼위에 대한 세 인격(人格)이라는 독립적(獨立的) 표현 또한 삼신론(三神論)이라는 오해(誤解)에서 벗어날 수가 없을 것이다. 그러므로 성삼위 자체의 세 인격과 같은 본질 그 자체의 한 분 하나님으로 구분되게 말하는 것은 곧 삼위일체 하나님에 대한 바른 이해의 표현이 되는 것이다.

이 책 서두의 하나님에 대한 글에서도 언급(言及)한 바가 있지만 일반적으로 하나님 또는 아버지 하나님이라고 말할 때는 하늘에 계신 한 분 하나님을 뜻하는 것이다. 그러므로 한 분 하나님 곧 하나님, 하나님 아버지,

아버지 하나님은 만유의 한 아버지로서(엡4:6 ; 마23:9, 6:9 ; 고전8:6) 유일(唯一)하신 한 분 하나님을 뜻하게 되는 것이다. **이는 한마디로 하나님이라고 할 때는 하나님은 이미 삼위로 계심이 전제(前提)되어 있기 때문에 하나님을 말할 때마다 삼위의 성부, 성자, 성령이라는 세 분의 인격으로 구별(區別)해서 말하는 것이 아니라 하나님은 삼위일체의 그 자체(自體)로서 근본본체(根本本體) 곧 같은 본질(本質) 안에서는 성삼위의 하나, 곧 한 분 하나님으로 표현하게 되는 것이다.**

다시 한번 더 강조적 정리를 하게 되면 **성삼위 자체(自體)를 구체적으로 각각 말할 때는 성부, 성자, 성령이라는 위(位)의 구별이자 인격적(人格的) 세 분으로 표현하게 되나 그 본질에 있어서는 근본 한 본체(本體) 곧 같은 본질(本質)의 동등(同等)한 한 하나님이 되시기 때문에 본질 안에서의 한 하나님이라는 그 자체(自體)의 표현에 있어서는 구별된 세 분의 하나님이 아닌 구별 없는 유일(唯一)의 한 하나님으로 말하게 되므로 하나님은 절대적 한 분 하나님이 되시는 것이다.** 이러한 이론(理論)의 신론(神論)적 교리는 어느 종교에서도 찾아볼 수 없는 기독교만의 독특하고 고상(高尚)한 기묘(奇妙)의 거룩함이 되는 것이다.

그래서 삼위일체 신론의 그 오묘(奧妙)함을 구체적으로 나타내는 지칭(指稱)이나 호칭적(呼稱的) 찬송에 있어서는 '성부(아버지 하나님)께', '성자(예수 그리스도)께', '성령(보혜사)께'라는 성삼위 각각의 세 인격에 대한 구체적 구별의 표현(表現)으로 동일(同一)한 영광을 돌리기도 하게 되나, 또한 삼위일체 '하나님께'라는 포괄적(包括的) 표현으로도 영광 돌리기도 하게 되나 하나님이라는 그 하나의 자체적 표현에 있어서는 이미 같은 본질(本質)의 삼위일체(三位一體)로 계시는 한 하나님이 되시기 때문에 삼위격의 세 인격에 의한 세 분의 하나님이라는 표현이 아니라 한 분 하나님으로 표현(表現)하게 되는 것이다.

✝ 삼위일체 안의 구별

삼위일체(三位一體)의 이론(理論)에 있어서 사용되는 단어(單語) 중 구별(區別)이라는 단어가 있다. 그래서 이 서술의 지금까지도 여러 번 적용했었지만 여기서는 구체적 구별의 적용에 대해서 생각해 보고자 한다. 이 구별의 단어 역시 삼위일체에 대한 성경 기록 그 액면(額面)의 직접적인 인용 단어(引用單語)가 아니라 삼위일체(三位一體)에 관한 이해관계(理解關係)에 따른 적용(適用)의 단어(單語)가 되는 것이다.

신학자(神學者)들에 의하면 이 구별(區別)이라는 단어의 적용(適用)은 325년 니케아 공의회(公議會)에서 아버지 하나님과 아들 예수 그리스도는 같은 본질(本質) 동등(同等)의 하나라는 처음 교리화(敎理化)의 정의(定義) 결정(決定) 때부터 적용되었던 용어(用語)가 아니라 처음 교리화 결정 그 이후 성부와 성자의 같은 본질의 하나라는 데 대한 이해(理解)에 관한 논란(論難)이 계속되자 갑바도시안 교부(敎父)들로부터 구별이라는 단어 적용의 추가 논의가 되어 381년 콘스탄티노플 공의회에서 삼위일체에 대한 이해 관계에 따른 추가 용어로 결정되었다는 것이다.

그러므로 구별(區別)이라는 단어는 삼위일체에 대한 부연적(敷衍的) 용어(用語)로 받아들여질 수가 있지만 삼위일체의 이해(理解)에 있어서는 아주 중요한 역할(役割)의 용어(用語)로 자연스레 통용(通用)되고 있는 것이 사실이다. 그래서 이 부분의 서술 역시 바로 앞부분의 성삼위의 독립성과 그 삼위의 일체성(一體性)의 동시(同時) 인정의 이론에 이은 글이 되고 있는데 만일 삼위일체에 있어서 구별의 단어가 적용되지 않으면 성삼위의 독립성(獨立性)이나 일체성(一體性)의 어느 한쪽에 치우칠 가능성이 있으므로 삼신론(三神論)이나 양태론(樣態論)과 같은 오해적 논리로 보일 수도 있는 것이 사실이다.

그러므로 삼위일체 안의 구별에 대해서 좀 더 구체적으로 다양하게 생각해 보고자 한다. 삼위일체에 관한 구별의 이해관계를 위해서 먼저 구별이라는 그 자체의 국문학적(國文學的) 의미(意味)를 알아보도록 하겠다. 사전(辭典)에 의한 구별이라는 단어의 뜻을 보면 단순하게 나눈다는 것에 있어서는 구분(區分)이라는 단어와 비슷해 보이기도 한다. 그러나 좀 더 구체적으로 볼 때의 구분은 나누기는 하되 분리적(分理的)으로 떨어지게 갈라놓는다는 의미가 되며 구별(區別)이란 성질(性質)이나 종류(種類)에 따라서 나누는 것이라고도 하기 때문에 어떤 같은 목적의 의미(意味)가 전제(前提)된 나눔이라고도 볼 수가 있는 것이다.

그렇다면 다음으로는 구별에 대한 조건 적용에 따라서 나타나는 의미와 그 결과의 관계에 대해서 생각해 볼 수가 있는데 구별의 결론은 곧 주어(主語)에 대한 그 조건에 따른 나눔에 의해서 반대적 의미의 구별이나 효율성의 구별이 될 수도 있는 것이다. 예를 들면 선(善)과 악(惡)의 구별에 있어서는 도덕(道德)적 행위(行爲)에 의한 구별로서 상대적(相對的) 구별이 되는 것이다.

이러한 선악의 구별에 대한 목적은 결국 선(善)한 행위의 선택으로 가기 위함으로 만일 선악 간(善惡間)의 구별이 없으면 무엇이 선(善)인지 무엇이 악(惡)인지를 알 수가 없기 때문이다. 그리고 또 하나의 구별에 대한 목적은 효율(效率)성에 의한 관계(關係) 유지(維持)에 관한 구별로 예(例)를 들어 보고자 하는데 이는 삼위일체에 대한 직접적인 예(例)가 아니라 구별이라는 그 자체적 이해에 관한 간접적(間接的) 예가 된다.

즉, 사람이라는 한 원칙하에서의 남자와 여자로 구별될 수도 있는가 하면 또한 성경 기록의 이스라엘 자손은 열두 지파(支派)로 구별(區別)적 구분(區分)이 되는데 그 열두 지파 중에서 르우벤 지파를 비롯한 열한 지파와 레위 지파로의 직무적(職務的) 구별(區別)이 되기도 하는 것이다. 즉, 열한 지파는 일상적 생활과 젊은이들의 전쟁출전(戰爭出戰)의 의무를 감당하는 지파가 되는 것이며 레위 지파는 성막(聖幕)의 전적인 섬김과 관계된 임무(任務)를 수행하는 지파로 거룩하게 구별되어 있다(민1:45-54 ; 신10:8).

뿐만 아니라 더 나아가 성전의 일만을 감당하는 레위 지파 중에서도 제사장(祭司長)으로서 섬기는 직무 수행은 아론의 자손(子孫)만이 할 수 있는 것으로 구별이 되어 있기도 하는 것이다(민3:3-13 ; 삿17:12). 이렇게 이스라엘 자손들의 지파별(支派別) 구별과 그 일상의 생활과 섬기는 일들을 수행(隨行)함에 있어서의 구별은 분명하나 하나님의 택함을 받은 성민(聖民) 곧 이스라엘이라는 성민(聖民)의 계수(計數) 안에서는 같은 본질(本質)의 한 민족이 되는 것이다(신7:6-7 ; 민26:51).

이와 같이 삼위일체에 대한 삼위격(三位格)으로서의 관계 역시 아버지와 아들과 그 영(靈)으로서 독립적이기는 하나 상대적 완전한 분리(分離)가 아닌 같은 본질(本質)의 하나라는 전제하(前提下)의 독립적(獨立的) 위격(位格)으로서 관계(關係) 유지적(維持的) 구별의 의미로 볼 수가 있는 것이다. 그러므로 이러한 성삼위의 인격이 분명하게 독립적으로 보인다 해도 성삼위 그 본질의 하나라는 성경적 사실에 있어서는 변함이 없기 때문에 성삼위격으로의 구별의 적용(適用)이야말로 삼위일체를 이해하는 데 있어서 한 걸음 더 나아갈 수가 있는 것이다. 그래서 삼위일체에 있어서의 구별(區別)을 단순한 하나의 용어(用語)만으로 적용(適用)시킬 수도 있지만 이 서술에서는 성삼위격에 대한 이해(理解)적 관계의 편의(便宜)를 위하여 좀 더 구체적 구별로 생각해 보고자 한다.

1. 본질(本質)의 하나와 삼위(三位)의 구별(區別)

먼저 삼위일체에 있어서는 같은 본질의 하나와 현실적 개체(個體)인 성삼위 간(聖三位間)의 구별이 인정(認定)되어야 하는 것이다. 만일 이에 대한 구별의 인정(認定)이 되지 않으면 일체의 하나되심과 성삼위의 독립의 개체(個體)로 완전한 분리(分離)가 됨으로써 양면(兩面)의 함께 수용(受容)이 아닌 어느 한쪽에 치우친 삼신론과 같은 논리나 양태론과 같은 논리가 나타나므로 좀 혼란(昏亂)스러울 수밖에 없는 것이다.

그래서 삼위일체에 있어서 먼저 본질(本質)의 하나와 개체적(個體的) 삼위 간(間) 구별을 적용(適用)시킴으로써 내면적(內面的) 부분에 속하는 같은 본질(本質)의 하나와 표면(表面)에 드러난 성삼위에 대한 셋이라는 구분(區分)된 이해(理解)를 통하여 하나의 결론을 얻을 수 있는 이론적 환경(環境)의 조성(造成)을 이끌어 내야 하는 것이다.

이 같은 본질의 하나와 삼위의 개체적 존재 간(存在間)의 구별적 성격(性格)은 분리(分離)라는 목적의 조건에 의한 것이 아니라 질서적(秩序的) 이해 관계(理解關係)에 있는 것이다. 즉, **아버지로서의 구별, 아들로서의 구별, 그 영으로서의 구별**이라는 사실이다. 그래서 **성부, 성자, 성령의 거룩한 구별**이 되는 것이다. 그러므로 앞에서 서술된 **본질의 하나와 성삼위의 독립적(獨立的) 존재성(存在性)이 구별된 전제(前提)하의 동시(同時) 인정(認定)이 되어야만 삼위일체에 대한 이론(理論)이 계속될 수가 있는 것**이다.

2. 성삼위격의 자체 구별(區別)과 독립적 단어(접미사 단어) 적용

두 번째는 성삼위격(聖三位格)의 자체 구별에 대해서 생각해 보고자 한다. 이미 구별에 대한 이 부분은 글의 앞에서 언급한 바와 같이 성삼위(聖三位)는 독립적(獨立的) 인격(人格)으로서 아버지(聖父), 아들(聖子), 아버지와 아들의 영(聖靈)으로서의 세(三) 인격(人格)이 분명하지만 그렇다고 해서 본질(本質)의 완전한 분리(分離)의 독립(獨立)이 아니라 삼위격(三位格)으로의 구별(區別)이 되는 것이다. 그래서 삼위일체에 대한 구별이라는 부연적(敷衍的) 용어(用語)의 적용(適用)을 통하여 여기서도 좀 더 구체적으로 생각해 보고자 한다.

지금까지의 서술에서도 성삼위에 대한 여러 차례의 **독립적 인격**(獨立的人格)이라는 표현을 하게 되었는데 이는 성삼위의 그 표면상(表面上)으로는 개체적(個體的) 세 인격(人格)의 역사(役事)로 나타나 있기 때문이다. *그러나 한편 성경에 근거한 삼위일체 하나님으로 볼 때는 하나님은 성부, 성자, 성령의 삼위로 계시게 됨으로 말미암아 성삼위의 그 본질에 있어서는 같은 본질의 하나가 되는 것이다. 그러므로 성삼위의 그 위격에 있어서는 완전한 분리(分離)의 독립위격(獨立人格)이 될 수가 없으므로 표현상(表現上) 성삼위에 대한 완전한 분리 단정(斷定)으로 표현될 수 있는 직접적인 독립(獨立)의 단어로 말하지 않고 독립적(獨立的) 성삼위라는 접미사적(接尾辭的) 단어의 적용(適用)으로 표현(表現)하게 된 것이다.*

이는 성경에 성삼위는 일체가 아니라는 주장의 기록은 없는 반면(反面)에 성삼위를 한 하나님으로 인정할 수밖에 없는 근거(根據)적 의미(意味的)의 증거(證據)가 여러 곳에 있을 뿐만 아니라 예수 그리스도는 하나님의 근본본체라는 직접적인 기록까지도 분명하게 나타나 있기 때문이다(빌2:6-11). 그래서 성삼위의 독립단어(獨立單語)에 관한 접미사 적용 표현에 대하여 다시 한번 더 강조를 하게 되면 표면(表面)적 입장에서의 성삼위는 독립(獨立)의 세 인격(3人格)으로 보이는 것은 사실이나 성삼위(聖三位)는 근본(根本) 같은 본질(本質)의 하나라는 사실 곧 하나님은 삼위(三位)로 계시는 전제하(前提下)에서의 성삼위가 되시기 때문에 완전한 분리(分離)의 독립(獨立)이라는 단정(斷定)의 적용(適用)은 될 수가 없기에 독립(獨立)이라는 직접적인 단어와는 의미(意味)적 구분(區分)이 될 수 있는 독립적(獨立的)이라는 표면상(表面上) 표현(表現)으로서 접미사적 단어(接尾辭的 單語)를 적용하게 되는 것이다.

그래서 성삼위의 독립적 인격과 그 삼위의 근본은 같은 본질(本質)의 하나라는 사실을 동시적(同時的) 인정으로 함께 받아들이되 그 일체의 하나된 전제(前提)하 에서의 성삼위격(聖三位格)에 대한 접미사적 표현(表現)의 독립적(獨立的) 구별의 질서로 정립(定立)이 되는 것이다.

그러므로 같은 본질의 하나라는 사실과 구별된 성삼위격의 이 양면(兩面)이 동시(同時)에 표현(表現)되고 있는 이론(理論)은 곧 오늘날의 우리가 인정하고 있는 **웨스트민스터 하나님 신론의 삼위일체 교리**이다. 즉, **하나님은 삼위로 계시며 권능과 영광이 동등(同等)하다는 사실인 것이다.** 이는 곧 **삼위의 하나됨은 혼합(混合)의 하나가 아니라고 했으니 성삼위 그 자체는 본질(本質)의 하나됨과 독립적(獨立的) 동시 존재(同時存在)라는 사실이 되는 것이다. 그래서 지난 성삼위일체의 서술에서도 언급했듯이 성삼위는 그 본질에 있어서는 같은 본질 곧 예수 그리스도는 하나님의 근본본체(根本本體, 빌2:5-6)로서의 같은 본질(Essentia, 헬라어로는 모르페)이 되시기 때문에 성삼위는 독립적(獨立的) 인격(人格)으로 존재(存在)하시나 그 본질(本質)의 완전한 분리(分離)는 절대로 있을 수가 없는 것이다.**

그러므로 성삼위의 본질은 완전한 하나가 되며 성삼위의 존재적 표현에 있어서는 구별의 세 위격이신 것이다. 그래서 형편에 따라서는 세 분에 대한 각각의 성부 하나님, 성자 하나님, 성령 하나님으로 지칭적 고백(指稱的 告白)은 될 수도 있으나 유일신(唯一神)이 되시는 하나님이라는 정의(定義)에 있어서는 세 분의 하나님이 아닌 근본(根本) 본질(本質)에 근거(根據)한 한 분, 한 하나님으로 정립(定立)되는 것으로 이는 곧 삼위일체에 있어서의 하나님은 위격의 구별된 삼위로 계시기 때문이다. **그러므로 성삼위에 대하여 위격의 구별됨은 인정되나 분리적 삼신론의 인정은 될 수가 없으며 본질에 있어서 성삼위일체의 하나됨은 명백하되 위격의 구별이**

되므로 양태론적 하나는 결코 될 수가 없는 것이다.

삼위격의 구별 부분에 대한 결론(結論)으로 삼위일체라는 정의(定義) 이론(理論)의 그 자체 안에서 볼 때는 성삼위의 인격에 단순한 누구의 말 한마디만이 구별의 용어(用語)가 억지로 적용(適用)되는 것이 아니라 바로 앞에서도 언급한 바와 같이 삼위일체 안에서 본다면 **하나님의 본체는 하나이시나 삼위로 계신다는 사실은 성경에 나타난 너무나 확실한 뜻이 되기 때문에 성삼위가 아무리 독립적(獨立的) 세 인격으로 보여도 그 위격의 본질(本質)에 있어서는 완전한 분리(分離)가 아닌 것이다. 그러나 셋으로 계시는 위격(位格)의 존재적 표현에 있어서는 성부(아버지), 성자(아들), 성령(보혜사)의 인격으로 구별이 되는 것이다.**

그리고 참고적으로 삼위의 같은 본질에 대한 삼위격의 구별이라는 용어의 뜻을 부연(敷衍)시킨다고 해서, 또한 성삼위는 근본 같은 본질로서의 분리(分離)가 될 수 없다고 해서 삼위일체의 이론이 구체적으로 완성(完成)되는 것은 아니다. 삼위일체의 완전한 이해(理解)는 사람의 한계(限界) 밖의 하나님 영역(領域)에 속하는 신비(神秘)의 문제가 되기 때문에 성삼위의 같은 본질의 하나에 대하여 삼위격의 구별의 의미를 부연(敷衍)시킴으로써 삼위일체에 대한 이해(理解)의 폭이 더 넓어진다고 볼 수가 있는 것이되므로 이어지는 서술에서도 계속된 참고가 있기를 바라는 바이다.

3. 성삼위 직무(職務)의 구별

성삼위의 독립적 인격과 본질적 하나되심은 특히 직무수행(職務遂行)의 과정에서도 나타나게 되는 것이다(요14:8-11). 그래서 삼위일체(三位一體)에 있어서 같은 본질(本質)의 하나와 삼위의 구별(區別), 그리고 아버지와 아들과 그의 영(靈)인 삼위격(三位格)의 구별(區別)뿐만 아니라 성삼위의 직무

(職務)에 대한 구별도 함께 생각해 볼 수가 있는 것이다. 즉, 성삼위의 직무는 같은 하나의 목적에 의한 공동(共同)의 연합적(聯合的) 사역(使役)이 분명하지만 구체적인 부분에 있어서는 각각의 임무적(任務的) 사역으로 구별이 될 수가 있는 것이다.

성삼위 직무수행(職務遂行)의 의무적(義務的) 주요(主要) 사역을 보게 되면 성부(아버지)는 만사(萬事)의 예정자(豫定者)가 되시며 창조(創造)와 그 섭리(攝理)하심 그리고 다스리심과 아들을 세상에 보내셔서 구원과 심판의 주관자(主管者)로서의 역사(役事)하심이 되고 있으며(엡1:3-6 ; 창1:1 ; 시103:19 ; 엡1:3-6, 4:6 ; 요3:16-17 ; 히12:23) 성자(아들 예수 그리스도)는 인류 구원의 실무자(實務者)로서 아버지 하나님과 사람 간의 중보(仲保)와 영원한 대제사장으로서 십자가 대속(代贖)을 통한 세상 모든 죄의 문제를 해결하시며(딤전2:5 ; 히12:24 ; 히6:20 ; 갈1:4 ; 골1:20) 성령(성부와 성자의 영)은 아버지로부터 아들로 말미암아 보내심을 받은 진리(眞理)의 영(靈), 곧 보혜사(保惠師)로서 영원토록 성도(聖徒)들의 마음에 계셔서 예수 그리스도의 사역(使役)을 계승(繼承)하여 증언(證言)하시고 믿게 하시고 가르치시고 생각나게 하시고 깨달아 알게 하시고 감동감화(感動感化)의 은혜로운 삶으로 인도하시는 영적(靈的)인 사역이 되는 것이다(요14:26, 15:26 ; 고전3:16 ; 빌1:19).

그러므로 성삼위의 주요사역(主要使役)은 곧 직무 수행의 구별된 사역이 되는 것이며 예수 그리스도가 하나님께 기도한 것 역시 본체의 그 일체 안에서 자신(自身)이 자신에게 기도하는 것이 아니라 구속사적 삼위의 거룩한 직무수행(職務遂行) 안에서 하나님과 사람 간 구원의 유일(唯一)한 영원한 중보자(仲保者, 딤전2:5 ; 히8:6)라는 입장에서 드리는 기도가 된다.

즉, 하나님의 구속사역의 완전한 성취(成就)를 위해서 아버지 하나님과의 본질의 동등함을 스스로 동등으로 여기지 않고 모든 사역 총괄의 아버지를 높이고 자신을 낮추어 종(從)된 위치의 복종(服從)적 입장에서(빌2:5-11) 세상에 계실 때의 자신을 위한 기도뿐만 아니라 주의 백성들을 위한 기도(요17:1-26), 그리고 승천 후에도, 앞으로도 구원받은 주의 자녀들을 위한 중보자로서의 끊임없는 중보기도(仲保祈禱)가 되는 것이며(롬8:34) 또한 주의 성령께서도 드리는 기도 역시 언제나 구원받은 주의 자녀들을 위하여 아버지 하나님께 드리는 간구(懇求)의 기도이며 아버지와의 같은 본질(本質)의 동등(同等)된 입장에서 드리는 기도가 아니라 예수님의 이름으로 아버지와 아들로부터 보내심을 받은 보혜사(保惠師)로서(요14:16, 15:26) 구원받은 주의 자녀들을 위한 직무적 구별된 사역(使役)적 위치에서 드리는 기도가 되는 것이다(롬8:26-27).

이렇게 직무적(職務的) 구별(區別)이 되지 않게 되면 직무상(職務上) 사람과 하나님 사이에서 중보자(中褓子) 입장의 예수님께서 아버지께 드리는 기도를 삼위일체라는 사실에 빗대어 자기가 자기에게 드리는 기도로 간주(看做)하여 성삼위 본질(本質)의 하나되심까지도 부인(否認)하게 되는 격(格)이 되고 마는 것이다. 그러므로 더 나아가 성삼위의 직무적 구별과 관계된 성령께서 드리는 기도에 대해서도 생각해 보고자 한다. 지난 서술에서도 언급한 대로 **하나님은 영(靈)이시다**(요4:24). 그런데 **성령이야말로 곧 하나님의 영(靈)이시다**(마3:16 ; 요15:26 ; 롬8:1-16). 그렇다면 **그 성령은 하나님과의 같은 본질(本質)**이라는 사실에 있어서는 그 누구도 아니라고 할 수 없을 것이다.

그럼에도 불구하고 성령께서도 우리의 연약함을 위하여 성도를 위하여 **친히 간구(懇求)하신다고** 했는데(롬8:27-27) 이를 두고 자기가 자기에게 기도했다고는 하지 않는 것이다. 따지고 보면 이 기도 역시 삼위일체 안에서만 본다면 자신이 자신에게 기도한 것이 되었으니 너무나 이치(理致)에 맞지 않는다고 할 수도 있는데 말이다. 그래서 구원의 유일(唯一)한 중보자(中褓子)이신 예수님께서 구원을 주관하시는 아버지께 드리는 기도가 자기가 자기에게 기도한 것이 되므로 성삼위의 본질의 하나되심이 아니라는 반론(反論)의 증거(證據)는 될 수가 없다.

그리고 또 한편 성경 안에서 비단(非但) 사람의 판단으로 따진다면 비합리적(非合理的)인 것이 어디 한두 가지만 있겠는가 하는 것이다. 만일 성삼위의 직무상 구별이 없다는 가정하(假定下)에서의 성경적 실례(實例)를 들면 예수님의 아버지 하나님께 드린 기도는 고사하고 예수님께서 우리와 세상 모든 죄를 위하여 십자가에서 죽으심의 결국은 자기의 몸을 희생(犧牲) 제물(祭物)로 드린 제사가 되었는데(엡5:2 ; 요1서2:2) 이것도 자신이 자신에게 제사를 드린 결과가 될 것이며 하나님이 예수님을 아들이라 하고, 예수님은 하나님을 아버지라 하는 것도 자기가 자기에게 아버지라, 아들이라 한 것이니 말이 안 되는 것이다.

그러므로 예수님께서 아버지 하나님께 기도를 드린 것이 성삼위의 완전한 차등적 분리의 인격으로서 본질이 같은 근본 실제적(實際的) 하나가 아니라는 증거가 된다면 성부, 성자, 성령의 직무수행(職務遂行)의 구별된 인격만의 문제가 아니라 더 나아가 세 분의 차등적 분리(次等的 分離)의 하나님이 되어 버림으로써 그 주장이야말로 오히려 차등의 삼신론(三神論)적인 오해를 받을 수가 있는 것이다.

그래서 아버지께 드리는 예수님의 기도야말로 오히려 아버지는 아버지이시고, 아들은 아들이시며, 그의 영(靈)은 영(靈)이라는 독립적(獨立的) 위격(位格)의 구별(區別)의 증거(證據)는 되어도 성삼위의 개체(個體)적 완전한 독립(獨立)으로서의 본질(本質)의 하나가 아니라는 증거(證據)는 될 수가 없는 것이다. 그러므로 성삼위의 직무수행의 모든 사역은 삼위의 완전한 분리(分離)의 증거(證據)가 아니라 **성삼위의 직무적 구별된 사역**이 되기 때문에 **성삼위의 직무수행이 각각의 임무로 분명하게 나타나 있어도 근본 같은 본질, 같은 목적하(目的下)의 삼위일체 한 하나님의 일**(요14:10-11)이 되는 것이다.

4. 성삼위격의 구별된 사역(使役)의 구체적 특별사역(特別使役)

바로 앞부분의 항목에서 삼위일체에 관한 본질과 삼위 간(三位間)의 구별, 성삼위격(聖三位格)의 구별, 성삼위 사역(聖三位 使役)에 대한 구별 등 구체적 구별(區別)에 대해서 생각해 보았다. 성삼위의 직무에 대하여 앞에서도 언급한 바가 있지만 성삼위의 사역은 하나님의 경륜(經綸)에 따른 한 목적하의 공동체적(共同體的) 연합(聯合)의 사역이 되지만 어떤 구체적인 부분의 특별사역(特別使役)에 있어서는 경륜적(經綸的) 효율성취(效率成就)에 의한 사역이 되는 것이다. 그러므로 이 부분의 서술에서는 성삼위격의 구별된 사역의 구체적 특수성(特殊性)에 중점(重點)을 둔 글이 되는 것이다.

그러나 바로 앞부분 서술과의 관계선상(關係線上)에서 이어지는 글이 되므로 중복(重複)되는 부분의 글도 있게 되는 만큼 참고적 이해로 간주(看做)되기를 바라는 바이다. 만일 삼위일체(三位一體)에 관한 구별(區別)이 없었다면 하나님의 모든 예정(豫定)의 성취(成就)가 과연 이루어질 수 있었겠는가 하는 생각을 해 보게 된다. 이는 한 분 하나님은 성삼위로 계시며 그 모든 역사(役事) 또한 구별된 성삼위의 사역(使役)을 통해서 이루어졌기 때문이며 지금도 미래에도 영원토록 이어져 나가기 때문이다. 즉, 본질(本質)에 있어서는 성삼위로 계시는 한 분 하나님이 되시지만 성삼위의 존재성(存在性)과 그 위격 안의 특수성의 사역을 본다면 삼위격의 특별한 직무적 구별이 되지 않았었다면 과연 하나님의 모든 역사가 성취(成就)될 수 있었겠는가 하는 생각해 보게 되는 것이다.

① 성삼위 중 제1위격 성부(聖父)의 구별된 특별사역(特別使役)

성삼위 중 제1위인 성부(聖父) 곧 아버지 하나님은 스스로 계시는 존재적 구심(求心)의 인격으로서 천상천하(天上天下)에 관한 예정(豫定)자로서의 경륜(經綸)에 의한 모든 역사(役事)의 주관자(主管者)가 되신다. 그러므로 성부 하나님은 영원 전에 성자(聖子)를 낳으신(사람과 같은 생물학적 낳으심이 아님) 예수 그리스도의 친(親)아버지가 되신다. 그래서 이로 말미암은 성부(聖父)와 성자(聖子)로부터 성령(聖靈)의 발출(發出)을 시킴으로써 명실공히(名實共히) 성삼위격(聖三位格)의 존재(存在) 자체가 성립(成立)되었으며 또한 영원 전에 나신 삼위 중 제2위격인 신성(神性)의 성자(聖子) 곧 친아들을 육체(肉體)를 입은 예수 그리스도로 세상에 보내어 구원의 대역사(大役事)를 성취(成就)하셨을 뿐만 아니라 아버지와 아들로부터 나오신 주의 성령 곧 보혜사를 예수님의 승천(昇天) 후 곧이어 세상에 공식 영적역사(靈的役事)의 공식사역자(公式使役者)로 보내사 예수님으로 말미암았던 구원사역을 끊임없이 계속되게 하신 것이다.

그러므로 인류의 구원자 예수 그리스도로 말미암은 구원에 있어서도 죄악 가운데의 인간을 성부(聖父)가 이끌어 주어야만 성자(聖子)께 나아갈 수가 있으며(요6:44) 성자로 말미암은 구원의 성도를 관리하며 계속된 구원을 이어 나아갈 보혜사 또한 성자(聖子)의 이름으로 성부(聖父)의 보내심으로 인하여(요14:26) 구원의 끊임없는 역사가 있게 되는 것이다. 이는 오직 아버지로서 구별된 성부(聖父)만이 할 수 있는 특수적(特殊的) 직무가 된다.

② 성삼위 중 제2위격 성자(聖子)의 구별된 특별사역(特別使役)

삼위격의 제2위격으로 구별된 성자(聖子)의 직무적 특수성에 대해서 생각해 보고자 한다. 앞에서도 언급함과 같이 하나님의 아들 성자(聖子)는 신성(神聖)과 인성(人性)을 겸(兼)한 인격(人格)으로서 이미 성부(聖父)로부터 영원 전에 나셔서 인류의 구원자로 세상에 보내심을 받아 오신 그 이름 예수 그리스도이신 것이다. 만일 보내심을 받은 예수 그리스도가 근본 하나님의 본체(本體)가 되시는 신성(神性)과 육체(肉體)를 입은 인성(人性)의 인격(人格)으로서 성자의 위격(位格)으로 특별사역(特別使役)의 직무(職務)로 구별되지 않는다면 하나님의 예정(豫定)과 그 경륜(經綸)에 의한 인류 구원의 성취가 있을 수 있었겠는가 하는 것이다.

앞부분의 하나님에 관한 글에서도 언급한 바와 같이 세상의 멸망(滅亡)이 아담의 불순종(不順從)의 범죄(犯罪)로 말미암아 세상에 죄가 들어왔고 그 죄로 인하여 하나님과 사람이 원수(怨讐)가 된 상태이기 때문에(창3:1-24 ; 롬5:12-14 ; 롬5:10上) 인간의 죄에 관한 문제 해결 없이는 의로우신 하나님과 사람 간의 화해(和解)가 있을 수가 없기 때문에 인간의 속죄는 절대적 필수인 것이다.

그러나 죄에 감염(感染)되어 있는 인간의 생명은 이미 죽을 생명, 더 나아가 영적으로는 죽은 상태가 되어 있으므로(롬6:12, 8:11 ; 고후4:11 ; 엡2:1 ; 골2:13) 인간 스스로의 힘으로는 하나님과의 화목(和睦)의 회복(回復)은 물론 멸망(滅亡) 가운데의 생명 또한 소생(蘇生)될 수 없는 상태인 것이다. 그러므로 하나님과 사람 간(間)의 관계복원(關係復元)에 있어서는 인간을 대신(代身)하여 보증(保證)할 중보자(仲保子)는 반드시 있어야 하며 그 중보의 자격은 죄(罪) 없는 자가 되어야 한다는 사실 또한 필수인 것이다. 이는 죄인에 대한 보증(保證)에 있어서 같은 보증의 대상(對象)이 죄인(罪人)된 사람이 될 수가 없기 때문이다.

그런데 세상에서 과연 중보자의 자격이 될 만한 죄 없는 사람이 있겠는가 하는 것인데 성경에서는 의인(義人)은 없나니 단 한 사람도 없다고 이미 선언(宣言)되어 있는 상태이다(시14:2-3 ; 롬3:9-10). 그래서 하나님은 죄로 멸망한 세상을 구원하기 위해서 독생자(獨生子) 예수 그리스도를 육체의 사람으로 세상에 보내신 것이다(요3:16-17 ; 요일4:2). 이 예수 그리스도야말로 비록 죄(罪) 있는 육신(肉身)의 모양으로 보내심을 받았지만(롬8:3) 실제(實際)로는 죄(罪)가 없으신 분이시기 때문에(히4:15) 하나님과 범죄의 사람 간(間) 완전한 중보자가 될 수가 있는 것이다(딤전2:5-6 ; 히9:15).

다시 말하면 육체(肉體)로 오신 예수 그리스도는 육신(肉身)으로 볼 때는 죄인의 모양이 되시나 신성(神性)의 본질(本質)에 있어서는 죄가 전혀 없으신 하나님의 근본 본체(本體)가 되심으로써 삼위격의 구별된 인격으로 말미암은 의로우신 하나님과 죄인이 된 사람 간(間)의 완전한 중재(仲裁)의 자격(資格)을 갖춘 중보자(仲保者)가 되실 수 있다는 사실이다. 그리고 또 한편에 있어서 앞글에서도 언급했듯이 만일 같은 본질의 하나님이신 성자(聖子)께서 삼위 안의 육체를 입은 예수 그리스도로 구별이 되지 않는다면 인간(人間)의 죄를 실제적(實際的)으로 대속(代贖)할 수 없게 된다.

이는 사람이 하나님과 원수가 되어 결국 죽게 된 것은 육체(肉體) 곧 육신(肉身)으로 말미암아 범죄한 것인데(롬8:7 ; 벧후2:10) 그 죄(罪)값은 곧 사망으로(롬6:23) 범죄한 인간은 자신의 어떤 수단(手段)과 방법으로도 그 죄의 문제를 해결할 수가 없기 때문에 그 죄값으로 반드시 죽어야 한다는 것이다. 이는 생명(生命)은 피에 있기에 누군가가 대신(代身)하여 반드시 피를 흘려 죽어야만 그 속죄(贖罪)의 피로 생명의 값을 치를 수가 있기 때문에 (레17:11) 사람의 생명을 구하기 위해서는 육체의 또 다른 사람이 죽어야 하는 것이다.

그러나 사람을 살리기 위해서 또다시 사람이 죽을 수가 없을 뿐만 아니라 이미 죽음으로 자신의 죄값을 직접 치러야 할 사람이 마치 앞에서 말한 중보의 자격이 없음과 같이 다른 사람의 죽음 역시 대신(代身)할 수도 없는 것이 사실이다. 그래서 육체를 입은 예수님이 오시기 전 구약시대에는 인류대속(人類代贖)의 희생제물(犧牲祭物)로 오실 예수님의 예표(豫表)로 유월절(逾越節) 희생의 어린양을 잡아 제사(祭祀)하고 그 피를 뿌리고(출12:21-24 ; 대하35:7-12) 또한 다른 제사에 있어서도 짐승을 안수(按手)하여 사람의 죄를 전가(轉嫁)하여 사람 대신(代身) 죽여 제물(祭物)로 삼고 그 피를 제단(祭壇)에 뿌려 속죄함으로써 생명의 피로 말미암은 대속 곧 속죄의 제사를 하게 되는 것인데(레4:29, 9:1-24, 17:11 ; 왕하16:12-13 ; 히9:7-10, 13:11) 이는 어디까지나 한시(限時)적 예표가 될 뿐 사람의 완전한 속죄가 되지 못하므로(히10:11) 결국은 원수가 된 범죄의 사람일지라도 끝까지 사랑하셨던 하나님의 긍휼의 경륜(經綸)에 의한 예정(豫定)된 기한(期限)이 이르게 됨으로써 예수 그리스도를 세상에 구원자로 보내셨으니 **하나님의 독생자이신 예수 그리스도야말로 죄 없는 신성(神性)으로서 사람의 생명을 담보할 생명의 가치뿐만 아니라 죄 있는 모양인 육체의 사람으로서 정죄(定罪)까지 받게 됨으로써 희생제물(犧牲祭物)이 될 수 있음은 물론 그 육체(肉體)의 피로 말미암아 인류의 모든 죄를 다 담당(擔當)하여 대속(代贖) 하시기 때문에**(마20:28, 26:28 ; 히9:11-22, 13:12 ; 갈1:14 ; 엡5:2) **육체를 입은 예수 그리스도로 필히 구별(區別)이 된 것이다.**

또 한 번 더 피에 대한 강조로 앞에서 언급한 바와 같이 생명은 피에 있다고 했다(창9:4-6 ; 레17:11). 그렇다면 사람의 생명을 대신(代身)하여 속죄의 중보(中保)를 하려면 반드시 죄 없는 사람의 피로 대신(代身)해야만 완전한 중보의 속죄(贖罪)가 되는 것이다. 그래서 인간의 구원에 있어서는 그 어떤 사람의 중보로도 보증이 될 수가 없으며 그 어떤 사람의 피로도 완전한 대속(代贖)이 될 수가 없으므로 신성(神性)으로서 육신(肉身)을 입었으되 흠과 점이 없는 어린양 예수 그리스도의 보혈(寶血)만이 완전한 대속(代贖)의 문제를 해결할 수 있는 것이다(벧전1:18-19). 그러므로 결국은 예수님의 중보와 그 십자가 피로 말미암은 믿음을 통하여 사람의 죄(罪) 사함을 완전히 받게 된 것이다(골1:20 막14:24).

그래서 만일 신성의 예수 그리스도가 육체(肉體)를 입지 않았다면 신성의 영체(靈體)로서는 십자가에서 피 흘려 죽을 수가 없으나 육신(肉身)을 입었기에 십자가에서 피 흘려 인간을 대신(代身)하여 죽으심으로 말미암아 죄인(罪人)된 인간도 육체와 함께 정욕(情慾)과 탐심(貪心)을 십자가에 못 박아 함께 죽음으로써(갈5:24) 육체로부터 감염(感染)된 모든 죄값을 육체의 죽음으로 완전히 치르게 되었으니 이는 곧 예수 그리스도가 십자가에서 죽었으나 영(靈)으로는 살리심을 받으심과 같이 죄인이 된 사람도 육체(肉體)는 죄(罪)값으로 그리스도와 함께 죽게 되나 영(靈)으로는 다시 살리심을 받게 되는 것이다(벧전3:18 벧전4:6).

그리고 또 만일에 있어서 성삼위격의 구별이 없는 가운데 예수그리스도가 본체(本體)만의 하나님으로서 십자가에 죽었다고 가정(假定)해 보자. 그렇다면 십자가에서 죽은 지 삼 일 동안 하나님의 보좌(寶座)가 비어 있었을 것이며 더 나아가 죽음 가운데 있었던 예수 그리스도를 다시 살릴 자도 없었을 것이다. **그러므로 근본 하나님의 본체(本體)이신 예수 그리스도가 십자가에 피 흘려 죽었어도 구별된 성삼위격(聖三位格)이 되시기 때문에 보좌(寶座)의 하나님은 언제나 살아 역사(役事)하셨으며 육체의 예수 그리스도가 십자가에 죽어 무덤(墓地)에 장사(葬事)되었을 때도 삼 일 만에 다시 살리신 분은 하나님이신 것이다**(행2:24, 행3:15).

물론 앞에서 언급한 가정적(假定的) 만일도 감히 있을 수가 없지만 이해(理解)를 돕기 위한 지나가는 논리가 될 뿐이며 인간을 구원하고자 하는 하나님의 경륜(經綸)에 의한 구원 성취(成就)에 있어서는 반드시 삼위격(三位格)으로 구별된 육체(肉體)를 입은 예수 그리스도의 십자가상(十字架上)의 피 흘려 죽음은 필수(必須)인 것이다.

즉, 육체의 십자가에서 피 흘려 죽음에 대한 그 자체(自體)의 조건(條件)에 있어서는 죄인(罪人)의 육체(肉體)가 되어야 하는 사실 또한 필수가 되어야 하므로 십자가의 죽음에 있어서는 죄(罪) 있는 육신(肉身)의 모양으로, 죄 있는 육체로 정(定)하였을 뿐 실상은 빌라도의 법정(法庭)에서도 죄가 없었으나 정죄(定罪)를 부르짖는 자들에게 내어 줌을 당함으로써 억지적 정죄로 말미암아 십자가에서의 피 흘려 죽음으로써(요19:4-30) 결국은 죄에 대하여는 반드시 죽어야 하는 율법(律法)의 요구(要求)를 남김없이 다 이루신 것이다(롬8:1-4 ; 빌2:5-8). 그러나 또 한편 하나님과 사람 간 참중보자야말로 죄 없는 자가 필수이므로 신성(神性)의 예수 그리스도야말로 실제적으로는 죄가 없으시기에 진정한 중보자도 되실 수가 있는 것이다.

그러므로 다시 한번 더 정리를 한다면 근본 하나님의 본체이신 신성의

예수 그리스도이시기 때문에 하나님과 사람 간의 죄 없는 완전한 중보자가 될 수 있으며 또한 죄 있는 모양의 인성적(人性的) 육체의 예수 그리스도가 되시기 때문에 십자가에서 피 흘려 그 피로 모든 사람의 죄를 대속(代贖)하게 되는 것이다.

비록 한시적 옛 언약인 짐승의 피와 짐승의 죽음도 사람의 대속(代贖)과 죽음의 값을 대신했다면, 하물며 친히 영원한 대제사장(大祭司長)이 되시는 흠 없고 죄(罪) 없는 예수 그리스도의 보배(보배)로운 피와 그 존귀한 생명이야말로 어떠한 죄악된 사람의 구원도 완전하게 이루게 되는 것이다(히9:11-15).

그런데 오늘날로 말하면 예수 그리스도의 실제적(實際的) 십자가의 피는 이미 2,000여 년 전의 피가 될 뿐만 아니라 예수님 당시 그리고 예수님 주변에 있었던 사람들 외의 모든 사람은 예수님을 단 한 번도 본 적이 없기 때문에(벧전1:8) 예수 그리스도 십자가의 그 피는 자신과는 상관(相關)이 없다는 오해도 있을 수가 있다. 그러나 하나님의 언약(言約)은 과거와 현재와 미래를 아울러 영원한 약속(約束)이기 때문에 마치 그 피를 보고 하나님의 약속을 인정(認定)한 자에게는 구원이 임하는 유월절(逾越節) 어린양의 살리는 피가 됨과 같이(출12:1-14, 21-30 ; 히11:28) 예수 그리스도를 믿는 그 믿음 안에서는 십자가 속죄(贖罪)의 피가 언약(言約)의 영원한 대속의 피로, 구원의 능력으로, 역사(役事)하게 되는 것이다(벧전1:18-21 ; 롬3:21-30 ; 히11:1, 12:24 ; 갈2:20). 그래서 성자(聖子)를 통하지 않고서는 그 누구도 성부(聖父) 하나님께 나아갈 수가 없는 것이다(요14:6). **그러므로 예수 그리스도로 말미암은 이 모든 절차는 오로지 성삼위 중 제2위격으로 구별된 예수 그리스도의 직무적 특성의 구별 안에서만 되는 것이다.**

③ 성삼위 중 제3위격 성령, 곧 보혜사의 구별된 특별사역

삼위 셋째 위격의 성령(보혜사)으로서의 특별한 직무적 구별(區別)이 되지 않는다면 어떻게 될 것인가? 제2위격으로 구별된 성자(聖子) 곧 예수 그리스도가 육체(肉體)가 아니고는 절대로 감당할 수 없는 사역(使役)을 다 이루신 후 하늘로 승천(昇天)하게 되었으나 또 하나의 필수적(必須的)인 사역(使役)이 남게 되었으니 이 사역이 바로 보혜사(保惠師)의 사역이 된다. 아버지와 아들의 영(靈)으로서 아버지로부터 예수님의 이름으로 보내심을 받은 구별된 성령(聖靈) 곧 다른 보혜사(保惠師)로서 그 예수님의 승천으로 말미암아 세상에 남게 된 구원받은 하나님의 자녀들을 믿음의 영적(靈的)인 고아(孤兒)가 되지 않게 하기 위하여 영원토록 성도의 마음에 계셔서 주의 거룩한 백성들을 돌보아야 하며(요14:16-18) 택함을 받은 주의 백성들을 돌아오게 해야 하는 전적인 영(靈)으로서의 특별한 사역의 구별이다.

그러므로 **"하늘은 하나님의 보좌(寶座)요, 땅은 하나님의 발등상(발ⵔ床)이다."라고 했으니(행7:49 ; 마5:35) 온 천상천하(天上天下)보다도 크신 하나님이 성령 안에서 성도(聖徒)의 마음에 언제나 계실 뿐만 아니라 승천(昇天)하신 예수님께서는 비록 육체(肉體)로는 세상에 계시지 않을지라도 성령(聖靈) 안에서 구원받은 하나님 자녀(子女)의 마음속에 성령과 더불어 영원히 함께 계시는 것이 되므로(엡2:22 ; 요일3:24) 예수님의 복음사역(福音使役)의 실무(實務)가 구별된 위격(位格)의 성령(보혜사) 사역(使役)으로 인하여 끊임없이 계속되는 것이다.**

그래서 성자(聖子)를 주(主)라 시인(是認)할 수 있는 구원의 고백(告白) 역시 성령(聖靈)으로 하지 않고서는 불가능한 일인 것이다(고전12:3). 그러므로 성령의 직무(職務)적 특별한 사역의 구별이 아니면 이루어질 수가 없는 것이다. 그래서 성령(보혜사)께서는 지난 삼위의 직무적(職務的) 구별에서의 서술(敍述)과 같이 모든 성도의 심령(心靈)에 항상 계셔서 감동감화(感動感化)로 깨닫게 하시고 생각나게 하시고 가르치시고 하나님의 자녀라는 사실을 언제나 증언(證言)하실 뿐만 아니라(요14:26, 15:26 ; 고전3:16 ; 빌1:19) 로마서 8장 26-27절에는 **"이와 같이 성령도 우리의 연약(軟弱)함을 도우**

시나니 우리는 마땅히 기도(祈禱)할 바를 알지 못하나 오직 성령이 말할 수 없는 탄식(嘆息)으로 우리를 위하여 친히 간구(懇求)하시느니라. 마음을 살피시는 이가 성령의 생각을 아시나니 이는 성령이 하나님의 뜻대로 성도(聖徒)를 위하여 간구하심이니라."라고 하신 것이다.

또한 하나님의 일은 힘으로도 능(能)으로도 아닌 영(靈)으로 된다고 하심과 같이 하나님의 깊은 것까지도 통달(通達)하시는 구별된 위격의 성령께서만 계속되는 복음사역을 효율적(效率的)으로 이끌어 가는 것이다(고전2:10-16, 12:4 ; 슥4:6 ; 롬8:4). 그래서 성부(聖父), 성자(聖子), 성령(聖靈) 곧 성삼위격과 그 특별한 직무(職務)의 구별(區別)은 하나님의 모든 역사(役事)에 있어서 반드시 있을 수밖에 없는 하나님의 고상(高尙)하고 오묘(奧妙)한 절차(節次)에 속한다. 그러므로 **성삼위격(聖三位格)으로의 구별(區別)이 되어도 완전한 분리(分離)라는 삼신론(三神論)의 논리가 접근될 수 없으며 또한 성삼위는 동등(同等)의 같은 본질(本質) 곧 일체(一體)의 하나가 되어도 양태론(樣態論)의 논리는 결코 될 수가 없다.**

✝

성삼위 구별의 독립적 인격과
본질의 하나는 함께 수용되어야

성삼위 세 분의 독립적 인격이라는 사실은 성경에 기록된 모든 역사(役事)의 행적(行蹟)과 구속사(救贖史)를 통하여 분명하게 알 수 있는 것이며 성삼위의 근본(根本) 같은 본질(本質)의 하나가 되심도 성경 기록(記錄)의 명백한 근거(根據)에 의한 것이다. 이는 곧 한 성경 안에서 성삼위의 독립성(獨立性)과 성삼위의 일체성(一體性)을 함께 말하고 있다는 사실이다. 이에 대한 한 예(例)로 요한복음의 첫 장에서도 보면 하나님을 말씀이라는 의미(意味)로 나타내고 있으며, 또 한편 그 말씀은 곧 육체(肉體)로 오신 예수 그리스도를 말하고 있기 때문에 하나님과 예수 그리스도는 근본(根本) 본체(本體)의 하나님으로서 같은 본질 그 자체에 있어서는 그분이 그분이라는, 같은 분으로 볼 수밖에 없는 것으로 표현(表現)되어 있다(요1:1-13).

그럼에도 또 한편 18절에 가서는 "본래 하나님을 본 사람이 없으되 아버지 품속에 독생(獨生)하신 하나님이 나타내셨다."라고 했으니 이는 아버지 하나님과 예수님은 같은 본질(本質)의 하나라는 사실과 아버지 품속에 독생(獨生)하신 하나님은 곧 예수 그리스도로서 하나님과 함께 계시되 독립적 인격 곧 품속의 독생(獨生)으로 나타나 있으므로 실상은 삼위의 일체성(一體性)과 삼위의 독립(獨立)적이라는 사실로 함께 수용(受容)되어 있는 것으로 나타나 있는 것이다.

뿐만 아니라 히브리서 1장 1절부터 3절에서도 하나님의 아들 예수 그리스도는 "모든 세계(世界)를 지으신 창조자시요, 이는 하나님의 영광의 광채(光彩)시요, 그 본체(本體)의 형상(形狀)"이라고 하면서도 뒤이어 곧장 "지극(至極)히 크신 이(아버지 하나님)의 우편(右便)에 앉으셨으니"라고 했으니 이는 본질(本質)의 하나라는 의미(意味)를 말하면서도 하나님 우편(右便)의 한 분, 곧 독립적(獨立的) 인격(人格)의 아들을 말하고 있는 것이다. 즉, 아버지 하나님과 아들 예수 그리스도의 관계에 있어서의 각각의 인격(人格)을 말하면서도 하나라는 의미(意味)를 나타내고 있으며 **하나라는 의미(意味)를 말하면서도 한편의 독립적 인격이 되고 있음을 분명하게 표현(表現)하고 있음을 볼 수가 있는 것이다.** 그러므로 하나님의 신론(神論)을 풀어내는 데 있어서 처음부터 어느 한쪽의 치우침의 주장이 아니라 지난 글 가운데서도 언급한 바와 같이 먼저 함께 수용(受容)되는 전제하(前提下)에서의 삼위일체의 논의가 되어야 하는 것이다.

그럼에도 불구하고 지금까지 양대(兩大) 주장의 괴리(乖離)가 너무나 큰 것은 처음부터 어느 한쪽에만 극도(極度)로 치우친 논리의 주장만을 하기 때문이다. 즉, 삼위의 독립성에 지나치게 치우친 사람은 삼위의 독립적(獨立的) 인격(人格)의 논리만을 내세워 삼위의 일체됨을 무조건(無條件) 부인(否認)하게 되는 것이며 삼위의 일체성(一體性)을 주장하는 사람은 삼위의 일체적(一體的) 논리에만 치우쳐서 삼위의 독립적 인격을 대안(代案) 없는 부정(否定)으로 몰아가기 때문인 것이다. 그러므로 하나님의 삼위일체를 이해(理解)하는 순서의 먼저는 삼위의 독립적 세 분의 인격과 일체의 하나라는 사실을 각각 구분(區分)은 하되 함께 수용(受容)하여 인정하는 전제(前提)하에서의 거론(擧論)이 되어야만 그 이해적(理解的) 결론(結論)에 한 걸음 더 가까이 나아갈 수가 있는 것이다.

이러한 함께 수용의 인정은 현실의 새로운 제안(提案)이 아니라 하나님의 신론(神論)에 관한 성경 기록에 나타난 그 의미(意味) 자체가 함께 수용

(受容)할 수밖에 없는 그 이상(以上)이나 이하(以下)도 아닐 뿐만 아니라 이미 기독교 정통 교단들이 하나님의 신론으로 받아들이고 있는 웨스트민스터 신앙고백(信仰告白)의 하나인 삼위일체 하나님으로 정의(定義)된 이론, 곧 "**하나님은 본질에 있어서 한 분이시나 삼위(성부, 성자, 성령)로 계신다.**"라는 정립(定立)인 것이다. **그래서 하나님은 본질에 있어서 한 분이라는 것은 일체의 한 하나님의 인정이 되는 것이며 성부, 성자, 성령의 삼위로 계신다는 것은 곧 성삼위의 독립적 인격의 인정이 되는 것이다.** 이는 곧 사람들의 어느 한쪽에 치우친 주장과는 달리 함께 수용(受容)하여 인정(認定)하는 삼위일체의 이해에 대한 원칙적 이론(原則的 理論)이라고 할 수가 있는 것이다.

그러므로 성삼위의 일체라는 단순한 본질(本質)의 동일성적(同一性的) 표현(表現)의 편의상 앞의 글에서도 언급했듯이 삼위의 그분이 그분이라고 한다 해서 무조건 양태론이나 뒤섞인 혼합의 하나를 뜻하는 것이 아니다. 성삼위 그 본질의 하나라는 사실은 분명한 성경적 사실이기 때문이며 또한 성삼위는 영원한 독립적 인격으로 계신다고 해서 무조건 종속적(從屬的) 차등(差等)의 삼신(三神)론이 되는 것도 아닌 것이다. 성삼위는 영원부터 영원까지 독립적(獨立的) 인격(人格)으로 계시면서 한 목적하의 독립적(獨立的) 특수사역(特殊使役)은 물론 연합(聯合)적 사역(使役)까지도 계속하신다는 성경적 사실이 되기 때문이다. 그래서 웨스트민스터 삼위일체(三位一體)의 이론(理論)은 성삼위의 근본(根本)은 같은 본질(本質)의 한 하나님이라는 사실과 삼위의 영원한 독립(獨立)적 인격(人格)이 함께 수용(受容)되어 있다는 사실이다.

단, 삼위일체(三位一體)의 교리(敎理)가 성삼위(聖三位)의 독립적(獨立的) 인격(人格)으로나 한 분 하나님은 삼위로 계신다는 일체의 하나님이라는 표면상(表面上)의 양면성(兩面性)을 함께 수용한다고 해서 삼신론(三神論)이나 양태론(樣態論)과 같은 논리를 함께 수용한다는 뜻은 아니며, 또한 삼신론

(三神論)과 양태론(樣態論)의 중립(中立)적 교리가 되는 것도 결코 아닌 것이다. 성삼위의 본질(本質)의 하나와 표면(表面)의 독립적 존재(獨立的存在)를 구별(區別)하되 성경의 액면 기록 그대로 함께 수용(受容)되는 삼위일체(三位一體)의 교리(敎理)인 것이다.

그러므로 삼위일체(三位一體) 교리(敎理)의 진정한 이해에 있어서는 독립적 삼위(獨立的 三位)에 극도로 치우친 합리(合理)적 논리의 이끌어 냄이 아니며 그렇다고 해서 성삼위의 독립적 인격을 배제(排除)한 본질(本質)적 하나의 합리(合理)적 이론만을 이끌어 내고자 하는 극도(極度)의 치우침이 아니라 비록 비합리적(非合理的)이 될지라도 성경에 나타난 그대로의 인정인 것이다. 즉, 요한복음 14장 10-11절에 표현된 아들 예수님과 아버지 하나님의 관계에 있어서 **서로의 안에(독립적 인격의 표현) 거(居)하고 계심으로써 하나(본질의 하나의 표현)라는 사실로** 성삼위의 본질(本質)적 하나와 표면(表面)적 세 인격(三人格)의 존재(存在)를 액면 그대로 함께 받아들인다는 사실이다. 그러므로 삼위일체에 있어서의 성삼위의 독립적(獨立的) 존재(存在)를 인정(認定)하되 완전한 분리의 인정이 아닌 구별의 인정과 함께 근본 본질(本質)의 하나가 전제(前提)된 수용(受容)이 되므로 결국 하나님은 삼위(三位)로 계신다는 기독교 교리(基督敎 敎理) 그 자체로 인정(認定)이 된다.

제5장

삼위일체의

존재형태(存在形態)에 대한 이해(理解)

지금까지의 서술은 삼위일체(三位一體) 하나님에 대한 서론(序論)이라고 할 수가 있지만 이 5장의 삼위일체의 존재형태(存在形態)에 대한 이해(理解)는 삼위일체 하나님에 대한 본론(本論)이라고 할 수도 있다. 삼위일체라는 그 자체의 존재형태는 삼위일체 이론에 있어서의 핵심적(核心的) 이론(理論)이 되기 때문일 뿐만 아니라 또한 지난 서술에서도 삼위라는 세 인격의 독립성과 삼위의 근본 하나라는 사실을 성경대로 동시 수용할 수밖에 없는 입장이라면 표면상 분명한 독립적 성삼위의 세 분이 어떻게 하나가 될 수 있느냐 하는 그 구체적(具體的) 존재형태(存在形態)에 관한 반문(反問)은 더더욱 의문(疑問)의 의문으로까지도 대두(擡頭)될 수밖에 없다.

그러므로 삼위일체의 존재형태(存在形態)에 대한 문제야말로 삼위일체를 바로 알고자 하는 모든 사람의 관심의 대상이요, 옛날부터 오늘날까지 수많은 신학자(神學者)의 끊임없는 연구 대상과 더불어 논쟁(論爭)의 대상으로 되어 오기도 한 것이다. 그래서 이 부분의 서술(敍述)에 있어서도 문자적(文字的) 시각(視角)에서의 이해관계상(理解關係上) 표면(表面)적 존재방식(存在方式)과 본질(本質)적 내면(內面)의 존재방식 등 두 가지 방식으로 구분(區分)한 좀 더 구체적 이론(理論)으로 생각해 보고자 한다.

삼위일체 하나님의 표면적 존재형태

삼위일체 하나님의 문자(文字)적인 표면적 존재 방식은 앞부분의 글에서 인용(引用), 언급(言及)한 바와 같이 성경의 뜻으로 나타난 존재 방식에 의하여 정의(定義)된 웨스트민스터 신앙고백에서 하나님은 삼위로 계신다는 그 자체로의 교리(敎理) 정립(定立)인 것이다. 즉, 삼위일체라는 교리에 있어서 하나님은 성부, 성자, 성령의 삼위로 계신다는 정의이며 표면적 존재 형식(存在形式)에 있어서는 성삼위는 하나이면서도 보이는 그대로의 독립적(獨立的) 개체(個體)로 계신다는 존재 방식, 곧 세 분이라는 인격적 존재 방식을 말하는 것이다.

이는 성부(聖父)는 하나님이시며 성자(聖子)도 근본(根本) 하나님의 본체(本體)이시며 성령(聖靈)도 하나님의 영(靈)으로서 하나님이 되심은 사실이나 완전한 분리(分離)적 세 분의 하나님으로 계심이 아닌 구별(區別)된 인격(人格)의 성삼위(聖三位)로 계시는 존재방식(存在方式)의 삼위일체 하나님으로서 성부, 성자, 성령의 세 분 곧 **삼위로 계신다는 사실**이며 하나가 되기 위한 독립적 삼위격(三位格)이 무시(無視)되는 혼합(混合)의 하나가 아닌 위격(位格)적 인격(人格)의 유지(維持)로서의 한 하나님이 되신다는 사실이 되는 것이다.

이에 대한 이해(理解)적 근거(根據)는 성경에서 확인해 볼 수가 있는데 지난 서술 곧 제2장 삼위의 기원(起源)과 사역(使役)에 대한 성경적 근거의 글에서도 언급한 바와 같이 표면상(表面上) 성부, 성자, 성령의 삼위는 일시적(一時的)인 독립적 삼위가 아니라 영원한 존재의 삼위로서 그 사역 또한 연합적 사역이 되나 구체적 실무에 있어서는 독립적 인격(人格)의 사역(使役)이 되는 것이다.

그래서 삼위일체의 표면적 존재 방식에 대한 또 하나의 실례(實例)를 보면 앞에서도 언급한 바가 있는 성삼위 중의 제2위격이 되시는 예수 그리스도는 하나님 품속의 독생(獨生)하신 하나님이라는 사실인 것이다(요1:14). 이 기록에서 말하는 독생하신 예수 그리스도는 홀로 하나밖에 없는 독자(獨子) 아들로서의 뜻으로만 받아들일 수도 있어 보이나 표현상 독생하신 아들이 아닌 독생(獨生)하신 하나님으로 표현(表現)되었기 때문에 삼위일체 이론의 성삼위적 측면(側面)에서 볼 때는 독립적(獨立的) 인격(人格)의 성자(聖子)로 이해되는 것이다. 즉, 예수 그리스도는 근본(根本) 본질적(本質的)으로는 하나님의 본체(本體)가 되시나 삼위로 계시는 표면적 존재형태에 있어서는 '독립적 인격으로 존재하신다는 기록적 계시(啓示)'인 것이다.

성삼위 본질, 하나된 알 수 없는 존재형태

삼위일체 하나님의 내면적 존재형태란 보이지 않는 근본(根本) 본체(本體), 곧 같은 본질(本質)의 실제(實際)적 존재형태(存在形態)라고 할 수 있다. 즉, 하나님은 성삼위로 계신다는 표면적 존재형태로 볼 때는 성부, 성자, 성령의 독립적(獨立的) 성삼위로의 계심이 분명(分明)하지만 또 한편 그 성삼위의 근본(根本)은 같은 본질(本質)의 한 하나님이 되신다고 했기 때문에 성삼위의 본질적 하나가 될 수 있는 존재(存在) 형태(形態)는 곧 삼위일체 그 내면(內面)의 실제(實際)적 존재형태(存在形態)가 되는 것이다. 그러므로 이 부분(部分)의 글에서는 성삼위의 근본본체 곧 그 본질의 동일성에 대한 내면의 존재형태에 대해서 알아보고자 한다.

지금까지의 성경적 근거에 의한 의미(意味)에서의 존재형태(存在形態)를 본다면 이미 앞에서 먼저 언급한 표면적(表面的) 형태(形態)의 존재형태는 나타나 있으나 내면적(內面的) 본질 그 자체의 구체적 존재형태(自體形態)는 나타나 있지 않은 것이 사실이다. 그래서 삼위일체에 있어서의 그 내면의 본질적 존재형태는 사람의 이성(理性)으로는 이해(理解)될 수가 없는 문제로 남을 수밖에 없는 것이다.

물론 현실에 있어서는 삼위일체의 존재방식(存在方式)에 관한 어떤 주장의 글들이 넘쳐 나고는 있지만 이것이 삼위일체 하나님의 존재 방식이라는 확정된 논리는 없는 것이다. 그러므로 삼위일체에 대한 교리적(敎理的) 정의(定義)에 있어서도 하나님은 삼위로 계신다는 원론(原論)적 표현의 존재형태로의 정립이 되며 삼위(三位)가 본질상(本質上) 하나로서, **내면적 어떤 구체적 존재형태(存在形態)로서 하나**가 된다는 명확(明確)한 상세정립(詳細定立)은 없는 것이 사실이다.

다시 한번 더 강조를 하게 되면 성경의 기록 중에서도 한 분 하나님은 삼위로 계신다는 그 의미(意味)만 확인되고 있을 뿐, 또한 성삼위는 본질상(本質上) 하나라는 사실의 뜻 그 이상, 삼위가 내면적 어떤 존재방식(存在方式) 형태(形態)로서 일체(一體) 곧 같은 본질(本質)의 하나가 되느냐에 대한 액면(額面)의 구체 설명은 찾아볼 수 없는 것이다. 그러나 본질(本質)적 하나가 되는 존재 방식 형태에 대한 유사(類似)적 기록은 볼 수가 있는데(요 14:8-11) 이 역시 내면적 직접적인 존재형태의 분명한 설명이라기보다는 아버지와 아들 예수님 간의 관계에 있어서 서로의 안에 거(居)하고 계시는 하나의 강조(強調)가 되는 것이 사실이다.

이는 "**빌립이 이르되 주여 아버지를 우리에게 보여 주옵소서. 그리하시면 족하겠나이다. 예수께서 이르시되 빌립아 네가 이렇게 오래 너희와 함께 있으되 네가 나를 알지 못하느냐. 나를 본 자는 아버지를 보았거늘 어찌하여 아버지를 보이라 하느냐. 내가 아버지 안에 거(居)하고 아버지께서 내 안에 계신 것을 네가 믿지 아니하느냐. 내가 너희에게 이르는 말은 스스로 하는 것이 아니라 아버지께서 내 안에 계셔서 그의 일을 하시는 것이라. 내가(예수님) 아버지 안에 거(居)하고 아버지께서 내 안에 계심을 믿으라. 그렇지 못하겠거든 행하는 일로 말미암아 나를 믿으라.**"라는 말씀이 되기 때문이다(요14:8-11).

물론 이 기록의 말씀을 성삼위의 내면적(內面的) 존재방식(存在方式)의 형태로 볼 수도 있기는 하지만 실상은 예수님과 아버지 하나님의 관계에서 서로의 안에 거(居)하고 계셔서 하나가 된다는 것과 아들 예수님과 아버지 하나님의 내면(內面)적 본질(本質)의 하나가 되기 때문에 아버지 하나님의 형상(形狀)이 되는 예수님(히1:1-3) 자신을 보는 것은 곧 보이지 않는 아버지 하나님을 보는 것이라는 답변 그 자체인 것이다.

그래서 예수님과 빌립의 대화에 있어서는 아버지와 그 아들 예수님과의 관계는 서로의 안에 거(居)하고 계시어 하나가 되므로 예수님을 보는 그 자체가 빌립이 그토록 보기 원하는 보이지 않는 아버지를 보게 되는 것이라는 사실에 그 초점이 맞추어져 있으며 사람의 이성(理性)으로는 이해(理解)될 수 없는 아버지 하나님과 아들 예수님 간 본질(本質)의 하나가 되는 그 내면적 존재 방식의 형태를 알게 하는 목적에 있는 것은 아니라고 볼 수가 있는 것이다. 그러므로 삼위일체(三位一體) 이론(理論)에 있어서의 아버지 하나님과 아들 예수 그리스도 간의 본질(本質)의 내면적 하나가 된다는 구체적 존재형태에 있어서는 대중(大衆)의 절대적 이해(理解)를 이끌어 낼 만한 정답은 성경의 어느 곳의 기록에서도 명백하게 나타나 있지 않은 것이 사실인 것이다.

그러나 한편 신학자들의 견해(見解) 중에는 요한복음 14장 10-11절의 하나에 대한 해석(解釋)들이 있는데 그중 하나의 논리(論理)적 해석을 참고해 본다면 상호내주설(相互內住設)이 있다. 이 상호내주설 곧 상호통재(相互通在) 또는 상호침투(相互浸透)설은 헬라어 **페리코레시스**(perichoresis), 즉 **윤무(輪舞)**로 여러 사람이 손에 손을 연결(連結)되게 잡고 원형(圓形)을 만들어 빙빙 돌면서 안으로 들어가기도 하고 밖으로 나오기도 하면서 연합(聯合)적인 춤을 연출(演出)하여 하나를 이룬다는 비유(譬喩)가 되는 것이다.

이 상호내주(침투, 순환, 연합) 곧 페리코레시스(Perichoresis)는 다메섹 요한(670-750)이라는 신학자(神學者)가 적극 주장한 삼위일체에 관한 하나의 용어(用語)가 된다고 하는데 다메섹 요한의 이 페리코레시스의 표현이 당시에는 물론 오늘날에도 여러 신학자의 반향(反響)을 불러일으킨 것은 사실이었다. 그러나 상호내주설(상호통재, 상호침투설) 곧 페리코레시스(윤무)는 성삼위(聖三位)의 **하나가 된 목적하의 연합(聯合)적 사역(使役)을 통한 하나**를 이루어 낸다는 사실에 있어서는 표현상 너무나 설득력(說得力)이 있는 좋은 논리가 되는 것은 사실이다. 그러나 삼위가 **본질(本質) 그 자체의 하나가 될 수 있는 존재(存在) 방식(方式)의 형태(形態)에 있어서는 견해(見解)적 다양성(多樣性)**의 좋은 참고로의 인정은 되나 완전한 성경적 해답(解答)으로 단정(斷定)될 수는 없는 것이다.

이는 본질의 하나가 되는 일반인들의 이해(理解)에 속하는 구체적 존재 형태의 설명으로는 너무나 어려운 논리(論理)가 되는가 하면, 상호내주 논리의 원론(原論)은 예수님께서 아버지 안에 거(居)하시고 아버지께서 아들 예수님 안에 계셔서 하나가 된다는 요한복음 14장 10-11절에 근거한 것은 사실이지만 그 원론에 대한 해석으로의 상호내주(相互內住) 곧 **상호통재(相互通在), 상호침투(相互浸透)설 그 자체에 있어서는 직접적인 성경 기록 가운데의 증명(證明)적 인용(引用)이 아닌 상상적(想像的)인 듯한 논리 표현(表現)으로서 결론적으로는 윤무(輪舞) 형태(形態)만의 논리가 되기 때문인 것이다. 즉, 성경 말씀은 다 짝이 있다고 했다(사34:16). 그러므로 더욱이 삼위일체 하나님이라는 곧 그 본질(本質)의 하나라는 존재형태의 중대(重大)한 해답에 있어서는 성경 말씀 안에서의 그 짝을 인용한 증거(證據)가 제시(提示)되어야 함에도 불구하고, 아버지 하나님과 아들 예수님 간(間)의 사람이 잘 이해될 수 없는 서로의 안에 거(居)하고 계시어 하나가 된다는 그 짝이 되는 성경인용(聖經引用)의 표현(表現)적 증거(證據)가 아닌, 사람의 상상(想像)적 논리에 그 초점이 맞추어져 있다는 것이다.**

그리고 또한 논리(論理)적인 입장(立場)에서도 생각해 본다면 상호침투(相互浸透)란 어떤 성질이 안에서 밖으로 피어 나오는 것이 아니라 서로 간 밖에서 서로의 안으로 스며드는 작용(作用)적 의미 곧 성삼위의 서로 간 침투(浸透)의 작용을 통하여 하나를 이루어 낸다는 논리(論理)로도 보이기 때문이다. 그러므로 상호침투의 하나가 되는 논리는 성삼위는 독립적 인격 가운데서의 후속(後續)적 침투(浸透)로 인한 하나라는 사실의 논리로 보일 수도 있기 때문에 성삼위(三位)의 근본(根本) 본질(本質)의 하나라는 사실에 대한 논리적 관점(觀點)에 있어서는 좀 아쉬운 면이 있어 보이기도 한 것이다.

이는 성삼위(聖三位)의 근본(根本)적 본질(本質)의 하나가 된다는 사실에 있어서는 이미 영원 전(永遠 前)부터 같은 본질의 하나라는 사실이며 독립적 성삼위 역시 영원 전부터 독립적 인격(獨立的 人格)이 되는 것은 사실이나 순서상(順序上) 본질(本質)의 하나가 된 전제하(前提)에서의 확인된 위격(位格)이 되기 때문인 것이다.

이렇게 성경의 기록에 있어서는 예수 그리스도는 하나님의 근본본체(根本本體) 곧 본질(Essentia, 헬라어는 모르페)의 하나라는 사실을 명백하게 알려 주고 있다. 그래서 성경적 삼위일체에 있어서는 그 순서상 처음부터 완전한 독립인격(獨立人格)이었던 삼위(三位)가 서로의 안에 거(居)함으로써 후속적(後續的) 작용(作用)에 의한 새로운 연합적(聯合的) 하나를 이루어 들어가는 것이 아니라 이미 영원부터 근본(根本) 본체(本體)의 하나(빌2:5-6) 곧 같은 본질(本質)의 하나가 전제(前提)되어 있는 상태에서의 표면적 하나의 표현, 즉 알 수 없는 서로의 안에 거(居)하고 계심의 하나가 될 뿐만 아니라 그 하나의 연합(聯合)적 사역(使役) 감당으로까지 연결이 된다는 사실인 것이다.

이를 다시 말하면 삼위일체(三位一體)라는 사실의 근본적 존재방식 형태에 있어서의 성삼위가 같은 본질(本質)의 하나가 된다는 그 자체는 외부(外部)로부터의 내부(內部)적 침투(浸透)로 말미암은 연합의 하나를 이루어 낸다는 논리적 의미(意味)의 적용보다는 삼위일체라는 사실은 이미 근본(根本) 본질(本質)부터의 하나로서 안에서 밖으로 나타난 하나도 된다는 사실 곧 연합의 하나가 된 삼위일체 사역으로 이해(理解)되어야 함이 성경적 이해로 보인다는 사실이다.

그러므로 영원 전에 성부(聖父) 하나님에게서 하나님의 근본(根本) 본체(本體)가 되는 성자(聖子)가 나셨고(피조, 被造가 아닌 나심) 성부와 성자로부터 성령(聖靈)이 나오셨기 때문에(발출, 發出) **성삼위의 근본된 내면에 있어서는 '이미 같은 본질의 하나되는 전제하(前提下)에서의 성삼위의 삼위일체적 사역이 되고 있다는 사실이다**(그러나 양태론적 하나는 결코 아님, 참고 127p 삼위일체 하나님에 대한 성경적 표현도).

그래서 아가페 출판사 오픈성경의 '**요한복음 14장 10-11절에 대한 해석에 있어서**'는 비록 해석은 짧지만 '성부 하나님과 성자 예수님이 인격적으로는 구별'되지만 **'본질에 있어서의 동일하심에 대하여 예수 그리스도는 하나님의 근본본체가 되는 성경적 인용'으로서 본질의 하나라는 사실만으로 해석되어 있는 것이다**(오픈성경 신약 부분의 172p 하단부 해석). 그러므로 이 오픈성경의 주석대로라면 요한복음 14장 10-11절의 아버지 하나님과 아들 예수 그리스도가 서로 간 서로의 안에 거함과 계심으로 하나가 된다는 것은 곧 빌립보서 2장 5-8절의 예수님은 하나님의 근본본체 곧 같은 본질의 하나라는 맥락적 뜻과 연관된 성경적 해석까지만 되어 있을 뿐 성경에 명확(明確)하게 기록되어 있지 않은 성삼위 같은 본질(本質)의 하나되는 구체적 존재형태(存在形態)에 대해서는 언급하지 않았음을 볼 수가 있는 것이다.

그러므로 이 부분 서술의 결론적(結論的) 강조(強調)를 하게 되면 성경에는 이렇게 삼위(三位)가 근본(根本) 같은 본질(本質)의 한 분 하나님이 되시는 의미의 기록(記錄)은 있어도 그 삼위격의 어떤 내면적 존재방식의 한 분 하나님이 되시는지를 모든 사람에게 쉽게 이해(理解)시켜 줄 만한 직접적인 명확한 증거(證據)는 찾아볼 수가 없는 것이다.

그래서 한 번 더 언급을 하게 되면 아버지 하나님과 아들 예수 그리스도와의 하나되는 형태로 보이는 **요한복음 14장 8-11절에 있어서는 아버지를 보이라는 빌립의 요청(要請)에 대한 답변으로서 아버지와 예수님 자**

신은 하나이기 때문에 예수님을 보는 자체가 아버지를 본다는 설명이며 아버지 하나님과 아들 예수 그리스도 간 서로의 안에 거(居)하고 계시는 하나에 대한 포괄(包括)의 원칙(原則)적 사실과 하나되어 일한다는 증거적 사실은 강조되었으되 그 삼위일체 그 내면(內面)의 구체적 존재형태 (存在形態)를 모든 사람에게 합리적(合理的) 논리로 쉽게 이해(理解)되게 하는 목적에 있는 것은 아닌 것으로 보이는 것이다. 그러므로 하나님은 성삼위로 계신다는 표면(表面)적 존재형태(存在形態) 그 이상의 성삼위의 본질(本質)적 동일(同一)한 한 하나님이 되시는 그 내면(內面)의 존재방식(存在方式)의 구체적 형태(形態)에 있어서는 사람의 지혜(智慧)나 지식(知識)이나 첨단 과학(科學)으로도 알 수가 없는 신(神)의 세계 그 자체의 문제임을 인정(認定)할 수밖에 없는 것이다.

그리고 삼위일체(三位一體)에 있어서의 하나라는 자체는 본질(本質)의 하나와 연합적 사역(聯合的 使役)의 하나를 함께 나타내고 있는 것은 사실이나 하나라를 근본(根本)적인 문제의 먼저는 본질(本質)의 하나라는 사실부터 출발(出發)하게 되는 것이다. 그러므로 삼위일체에 있어서 본질의 하나라는 것은 하나님의 신론(神論)에만 속하는 절대적인 사실이 되나 하나님과 예수 그리스도와 성령 안에서의 연합(聯合)적 하나라는 포괄(包括)적 입장에 있어서 때로는 예수 그리스도를 믿는 구원받은 성도(聖徒) 곧 하나님의 자녀들도 연합적 하나에 포함되기도 하는 것이다.

즉, 서로의 안에 거(居)하여 하나가 되는 공동체 그 자체의 이론에 있어서는 삼위일체만 말하는 것이 아니라 예수 그리스도 십자가 속죄의 믿음으로 말미암은 예수님 안에 있는 구원받은 모든 성도도 천국시민(天國市民)으로서 하나님의 권속(眷屬)으로서 모퉁이의 머릿돌이 되시는 예수님과 더불어 서로 연결(連結)된 성전이 되고 있기 때문에 성령 안에서 하나님이 우리 안에 거(居)하시게 될 뿐만 아니라(엡2:19-22) 우리도 하나님 안에, 곧 성삼위 안에 거(居)하게 되는 하나됨도 포함되어 있기도 한다.

그래서 요한복음 14장 20절의 "**그날에는 내가 아버지 안에 너희가 내 안에 내가 너희 안에 있는 것을 너희가 알리라.**" 또한 요한복음 17장 20절부터 23절(참고 요14:20)의 예수님의 기도에서도 보면 "**아버지여 '아버지께서 내 안에, 내가 아버지 안에 있는 것같이 그들도 하나가 되어 우리 안에' 있게 하사**"라고 하고 있는데 이는 "**우리가 하나가 된 것같이 그들도 하나가 되게 하려 함이니이다.**"라고 기록되어 있는 것이다.

그렇지만 이러한 서로의 안에 거하여 하나가 된다는 사실에 있어서는 **신성의 아버지 하나님과 인성과 신성의 예수 그리스도가 성정(性情)이 다른 사람들과 함께 하나가 된다는 것에 있어서는 성령 안에서 믿음의 영적(靈的)인 공동체적(共同體的)인 연합(聯合)의 하나는 될 수는 있지만**(요일3:24) **근본 같은 본체(本體) 곧 같은 본질(本質)의 하나는 될 수가 없다는 사실인 것이다. 다시 말하면 사람의 체질인 성도는 성령과 믿음 안에서 성삼위와 더불어 공동체적(共同體的) 연합(聯合)의 하나는 될 수가 있어도 하나님과의 체질적(體質的) 본질(本質)의 하나는 절대로 될 수가 없다는 사실인 것이다.**

그러므로 삼위일체에 대한 이해적 필요에 따라서는 서로의 안에 거(居)하여 하나가 된다는 사실에 있어서 본질(本質)의 하나와 공동체(共同體)적인 사역(使役)의 하나는 구분되게 말해야 될 때도 있는 것이다. 단, 그 본질의 하나가 되는 구체적 방식(方式)의 존재형태(存在形態)에 있어서는 성경에서도 명확히 나타나 있지 않기 때문에 사람의 이성(理性)으로는 이해(理解)될 수 없으며 지혜(智慧)나 지식(知識)으로도 알 수 없는 문제가 된다.

그래서 정통 신학자님들로부터 이미 연구된 본질의 하나가 되는 형태의 좋은 글들도 있고 앞으로의 연구 논문들도 계속 발표될 것이기에 삼위일체에 대한 좋은 참고가 되는 것은 틀림이 없겠지만 대중(大衆) 이해의 일치(一致)된 성경적 절대 정답으로의 기대(期待)는 좀 어려워 보이는 것이다. 앞에서도 언급한 바와 같이 성경 기록에는 성삼위의 하나라는 사실과 그 본질의 하나되는 뜻은 분명하나 성삼위 그 본질(本質)의 하나되는 합리적 형태(合理形態) 방식은 명백하게 나타나 있지 않기 때문에 사람의 추측성(推測性) 논리가 그 부분을 대신(代身)하게 되는 경우도 있기 때문에 완전한 정답의 단정에는 무리가 따를 수도 있다.

삼위일체 내면의 구체적 존재형태는 하나님의 신비적 영역이다

지난 일체의 근거에 관한 서술에서 하나님(예수님)의 이름을 기묘(奇妙)라고 했다. 이 하나님 이름의 기묘라는 뜻은 너무나 이상하며 오묘하며, 신(神)적인 형용사로 본다면 이는 곧 비밀적 신묘(神妙)라고도 할 수가 있다. 그러므로 하나님의 기묘는 사람의 지혜와 학문적 지식과 합리적 논리를 초월(超越)하며 일반의 상식(常識)적 이해(理解)관계를 뛰어넘는 것이다.

성삼위는 독립적(獨立的) 세 분의 위격(位格)이 영원함에도 불구하고 근본(根本) 같은 본질(本質)의 한 하나님이 되신다는 사실, 성삼위는 같은 본질의 한 분 하나님이라고 하는데도 성삼위는 혼합(混合)의 일체(一體)가 아니라는 이 자체가 사람의 이성(理性)으로는 이해(理解)가 안 되는 기묘(奇妙)함이 되는 것이다. 그러므로 삼위일체 곧 같은 본질의 하나되는 보이지 않는 내면(內面)의 존재방식(存在方式) 형태(形態)를 사람이 알 수가 없다는 것은 하나님의 신비(神秘)의 영역(領域)에서 볼 때는 어쩌면 당연함이 되는 것이다.

그렇다면 한편 삼위일체의 존재형태(存在形態)를 속 시원히 알기를 바라는 사람들에게는 삼위일체에 대한 정확 명료(明瞭)한 구체적 존재 방식의 형태를 속 시원하게 말하지 못하는 이 저서(著書)에 있어서도 저자(著者)의 성경 지식의 부재(不在)이거나 무책임(無責任)한 서술이라고 말할 수도 있겠지만 실상 삼위일체라는 하나님의 신론(神論)에 있어서는 사람들이 쉽게 접근할 수 없는 지극(至極)한 신비(神秘)의 문이 된다는 성경적 사실 또한 부인(否認)할 수가 없는 것이다.

즉, 삼위의 일체에 대한 구체적 내면의 존재(存在)의 형태(形態)는 하나님의 절대적 권위(權威)의 신비(神秘)적 영역(領域)에 속하기 때문에 사람이 아무리 지혜(智慧)롭고 오늘날까지 첨단과학(尖端科學)으로 발전시켜 왔으며 앞으로도 상상(想像)을 초월(超越)할 만한 발전(發展)을 시킨다 할지라도 전능하신 하나님 앞에서는 그 지혜와 지식의 한계가 너무나 분명하기 때문에 하나님의 영원성(永遠性)의 일과 그 세계의 구체적인 일들에 있어서 부분적으로는 혹 알 만한 것이 있을 수도 있겠으나 신론의 구체적 모든 사안(事案)은 다 알 수 없는 것이 사실이다. 그래서 내일 일도 모르는 사람의 지혜와 지식(知識)이, 아니 한 치 앞의 일도 모른다는 사람이 하나님의 영원한 신비(神秘)의 세계를 다 안다는 것은 그 자체가 심히도 어리석음이 되는 것이다(잠27:1 ; 약4:13-24 ; 고전1:25).

그러므로 자신의 일들도 다 알 수 없는 사람으로서, 창조 세계의 이미 드러난 부분에 있어서도 다 알 수 없는 사람으로서 어떻게 천지와 그 가운데 만물을 창조하시고 사람을 창조하신 전능(全能)의 하나님, 보이지 않는 그 신(神)의 세계(世界)를 구체적으로 알 수가 있겠는가 하는 것이다.

그래서 욥기 11장 7절에서는 **"네가 하나님의 오묘(奧妙)함을 어찌 측량하며 전능자(全能者)를 어찌 능히 완전히 알겠느냐."라고 했으며 시편 145편 3절에서는 "여호와는 위대하시니 측량하지 못하리로다."라고 이미 결론을 내린 것이다.** 그러므로 영계(靈界)의 구체적 일들은 사람이 다 알 수 없을뿐더러 필히 알아야 하는 것도 아니며 실상은 그것까지는 몰라도 되는 것이다. 단 알고 싶은 것을 알지 못하면 좀 궁금할 뿐이며 더 나아가 어떤 일들에 대해서는 알게 되는 것이 오히려 해로울 수도 있는 부분들도 있는 것이 사실이다.

　물론 이 서술의 내용에 대한 직접적인 예(例)가 된다고 할 수는 없겠지만 영역의 구별에 대한 성경적 한 예를 든다면 영계의 선악(善惡)을 동시(同時)에 알고 선악(善惡)을 지배(支配)하고 직접 다스리는 일들은 하나님의 영역(領域)에 속하므로 능히 사람으로서는 감당할 수 없는, 알려고 해도 알 수도 없으며 차라리 모르는 것이 더 유익(有益)할 수도 있는 것이다. 즉, 아담은 하나님과 같이 되려는 욕심과 불순종(不順從)으로 하나님만이 알고 다스리시는 선악(善惡)을 알게 된 결과는 너무나 비참(悲慘)했었다는 사실이다(창3:22-24).

　선악과를 범한 자체는 사람의 욕심과 불순종으로 출발했지만 그 범죄의 결론은 선악을 완전하게 아시며 능히 다스리시는 하나님의 권위(權威)를 불순종으로 넘봤다는 사실로 사람이 하나님의 절대적 권위의 영역(領域)에 들어갔다는 뜻으로도 보인다. 이는 선악과(善惡果)를 먹는 날에는 하나님과 같이 된다는 사단의 유혹(誘惑)과 (3:5-6) 사람이 선악과를 먹은 후 하나님의 지적 곧 "사람이 선악을 아는 일에 우리 중(삼위로 암시된 듯함) 하나와 같이 되었다."라는 말씀과(창3:22-24) 맥을 이루고 있기 때문이다.

　또한 여호와 하나님이 이스라엘 자손에게 알리려고 광야의 시내산에 강림(降臨)하실 때도 경계선(警戒線)을 정하여 모세와 아론만 산 위에 올라오게 하고 제사장들과 백성들은 산 아래까지만 오게 했다. 만일, 백성들이 여호와를 보려고 경계선을 넘어 올라오면 몸에 손을 대지 말고 화살이나 돌로 쳐 죽이라고까지 했다. 물론 백성들은 여호와 하나님을 직접 보기를 심히도 원했지만 하나님은 이를 허락하지 않은 것이다(출19:9-25). 그래서 하나님께서 모세에게도 직접 하신 말씀 곧 "네가 내 얼굴을 보지 못하리니 나를 보고 살 자가 없음이니라(출33:20)."라고 하셨으니 이는 사람이 하나님의 위엄(威嚴)의 권능과 권세(權勢)의 임재를 멀리서 보아도 감당할 수가 없을뿐더러(출20:18-21) 하나님께서도 사람을 칠까 하노라고 하셨기 때문이다. 그러므로 사람이 하나님만의 신비적 세계 그 뒤, 안을 다 들여다볼 수 있다는 것은 그야말로 불가능(不可能)한 일일 뿐만 아니라 허락된 일도 없는 것이다.

그래서 성부, 성자, 성령의 삼위가 같은 본질상(本質上) 일체의 한 하나님이라는 사실의 그 뜻은 성경에 분명하게 나타나고 있지만 너무나 분명하게 표면(表面)에 드러난 성삼위가 보이지 않는 내면(內面)의 사안에 있어서는 어떤 방식(方式), 형태(形態)의 하나로 존재(存在)하는가에 대한 명확한 구체적 기록은 없는 것이 사실이다. 그래서 예수님이 오신 이후 지금까지 삼위일체 내면의 구체적 존재형태에 대한 모든 정통 신학자들의 성경적 공감(共感)된 정답(正答)은 없었던 반면에 오히려 부작용(副作用)만 있었다는 사실을 기독교 교리(敎理) 역사에서 증명(證明)하고 있는 것이 사실이다. 앞으로도 사람이 천국에 가서 직접적인 영안(靈眼)으로 하나님의 세계를 보지 않는 이상 하나님 세계의 신비에 대한 구체적 완전한 정답의 정립(定立)은 없을 것으로 생각된다.

그러므로 사람의 입장에서는 삼위일체의 구체적 형태의 내면적 존재성은 하나님의 고유적(固有的) 신비 영역으로 받아들이고 성삼위는 근본 같은 본질(本質)의 일체(一體)로서 한 분 하나님이 되신다는 그 자체만 알아도 삼위일체를 인정하는 신앙이 되므로 부작용(副作用)을 초래하면서까지 알고 싶어도 알 수 없는 하나님만의 신비(神秘)의 영역(領域)에 억지로 접근하려 할 필요는 없어 보이는 것이다. 즉, 성경에는 사람의 이성(理性)으로는 완벽(完璧)하게 이해(理解)할 수 없는 삼위일체를 비롯한 신비(神秘)에 속한 문제들이 많이 있는 것이다.

그래서 주관적(主觀的) 추측(推測)의 범위(範圍)를 넘어선 근거 없는 억지 해석(解釋)의 절대적 판단(判斷)의 선생이 되어 스스로 몰락(沒落)의 길에 들어설 필요는 없는 것이다(벧후3:14-16). 그러므로 사람이 아무리 고차원(高次元)적 지혜와 고도(高度)의 지식과 첨단(尖端) 과학(科學)을 다 동원한다

해도 성삼위(聖三位) 같은 본질(本質)의 하나에 대한 신론(神論)의 내면(內面)적 구체적 존재형태(存在方式)의 통달(通達)은 세상 끝날까지도 미완성(未完成)이 될 수밖에 없는 것이다.

삼위일체 내면의 구체적 하나가 된
존재형태는 믿음으로 받아들여야

한 분 하나님은 삼위로 계시며 영광(榮光)과 권능(權能)이 동등(同等)하다는 삼위일체에 있어서 그토록 말도 많고 탈도 많은 것은 삼위의 독립적 위격의 사역이 영원한데도 불구하고 예수 그리스도가 하나님의 근본본체 곧 같은 본질의 하나라는 사실에 있어서 성삼위가 과연 어떤 구체적 존재형태로서 하나가 될 수가 있느냐 하는 의문(疑問)이 항상 제기(提起)되어 왔기 때문인 것이다.

이는 성경에 성삼위가 같은 본질의 하나로서 영광과 권능(權能)의 동등(同等)한 한 하나님이라는 사실은 성경의 확실(確實)한 기록으로 나타나 있으나 성삼위가 어떤 존재형태(存在形態)로서 같은 본질의 하나가 될 수 있느냐의 구체적인 명확한 기록은 없는 반면(反面)에 더 나아가 성부(아버지), 성자(아들 예수 그리스도), 성령(보혜사), 세 위격(位格)으로서의 공식(公式) 직무사역(職務使役)과 함께 동시(同時)의 독립적 인격(獨立的 人格)으로의 역사(役事)하심이 표면(表面)으로 나타나 있으니 곧 삼위의 제1위격인 성부 곧 아버지 하나님은 하늘 보좌에 계시면서 천상천하(天上天下)의 모든 것을 주관하시며(히8:1, 히12:2) 인간 세상에서의 십자가 구속사역을 완성(完成)하고 부활승천(復活昇天)하신 성자 곧 아들 예수 그리스도는 아버지 하나님의 보좌(寶座) 우편(右便)에 계셔서 함께 일하시되 중보자(仲保者)의 입장에서는 지금도 아버지 하나님께 우리를 위하여 기도하고 계시며(막16:19 ; 롬8:34) 제삼위격의 성령, 보혜사는 예수 그리스도께서 인간 세상에 계실 때 구속사역을 이어받아 영(靈)으로 역사하시며 사람의 마음속에 계셔서 인류(人類)의 탕자(蕩子)를 돌아오게 하시며 언제나 함께 계시며 가르치시고 증언하시고 생각나게 하시며 우리를 위하여 역시 하나님께 간구하심으로써(요 14:16, 15:26 ; 롬8:26) 성삼위의 존재(存在)하심은 독립적(獨立的)으로 나타나 있기 때문이다.

이렇게 성삼위는 독립적(獨立的) 위격(位格)의 세 분이 분명한데도 불구하고 하나님은 삼위일체(三位一體) 하나님 곧 같은 본질(本質)의 한 하나님이 된다고 하는 것은 앞에서도 여러 차례 말한 것과 같이 사람들의 합리(合理)적 사고에서는 너무나 맞지 않는 논리(論理)로 삼위일체라는 용어(用語) 그 자체가 비합리적(非合理的) 용어(用語)로 보이게 되는 것은 사실이다.

그러하다 보니 하나는 하나이고 셋은 셋일 뿐만 아니라 삼위의 독립적 위격은 한시적이 아니라 영원한 위격이 되기 때문에 어떻게 한 하나님이 성삼위로 계실 수가 있느냐는 의문은 끊임없이 계속된 것이다. 그리고 또 한편 성부도 하나님, 성자도 하나님, 성령도 명백한 하나님이심에도 불구하고 삼신론도 아니며, 반면(反面) 성삼위는 근본 한 본체, 즉 본질이 같은 동등하신 한 분 하나님이라고 하면서도 양태론의 하나님도 아니라고 한다면 기독교의 신론(神論)인 삼위일체론은 너무나 비합리적(非合理的) 논리(論理)로 하나님은 삼위로 계시지 않는다는 반삼위일체(反三位一體)의 논리 주장이 거센 것도 사실이다.

그러나 앞에서도 계속 강조됨과 같이 성삼위는 근본 같은 본체 곧 같은 본질의 하나가 된다는 사실 자체는 성경에 분명한 뜻적(的) 기록으로 나타난 근거(根據)에 의한 주장(主張)이 되는 것이다. 그래서 이해관계상(理解關係上) 다시 한번 더 반복(反復)적 강조를 하게 되면 성삼위 사역(使役)의 그 나타난 역사(役事)에서 보면 성삼위의 독립적 인격(人格)이 분명해 보이기는 하나 **성삼위는 근본 같은 본질이 아니라는 성경 기록의 주장은 없는 반면(反面)에 성삼위를 한 하나님으로 인정할 수밖에 없는 의미(意味)의 증거(證據)는 성경의 여러 곳에 나타나 있으며 특히 예수 그리스도는 하나님의 근본본체(根本本體) 곧 같은 본질(本質)로서의 영광(榮光)과 권능(權能)의 동등(同等)하다는 사실은 성경의 분명한 뜻적 기록으로 나타나 있는 것이다.**

이에 대한 기록을 직접 보게 되면 "너희 안에 이 마음을 품으라. 곧 그리스도 예수의 마음이니 '그는(예수 그리스도) 하나님의 본체'시나 '하나님과 동등됨을 취할 것으로 여기지 아니하시고' 오히려 자기를 비워 종(從)의 형체(形體)를 가지사 사람들과 같이 되셨고 사람의 모양으로 나타나사 자기를 낮추시고 죽기까지 복종(服從)하셨으니 곧 십자가에 죽으심이라(빌2:5-8)." 그러므로 이는 하나님과 예수 그리스도는 본질의 하나라는 사실에 대한 명백한 뜻적(的) 기록이 되므로 말미암아 아울러 성삼위는 독립적 위격으로서의 그 위격의 구별은 되나 완전한 분리는 있을 수가 없는 의미(意味)적 증명(證明)까지도 되고 있는 것이다.

이렇게 예수 그리스도는 하나님의 근본(根本) 본체(本體) 곧 같은 본질(本質)의 한 하나님이라는 사실 그 자체(自體)는 너무나 분명한 성경적 근거(根據)에 의한 것이 되므로 문제는 성삼위 그 일체에 대한 내면(內面)의 보이지 않는 구체적 존재양식(存在樣式)이 되는 것이다. 그래서 사람이 볼 수도 없고 알 수 없는 성삼위의 본질(本質)의 하나가 되시는 그 존재양식(存在樣式)을 어떻게 이해(理解)할 것인가 하는 것이 되는데 이 부분의 서술에서는 삼위일체 하나님 그 본질의 하나가 되는 내면의 존재형은 신앙(信仰) 입장에서의 믿음으로만 받아들일 수밖에는 다른 방법이 없음을 말하고자 함이다. 즉, 하나님이 삼위일체로 계신다는 사실은 성경의 분명한 근거에 의한 것이 되기 때문에 이에 대한 믿음의 인정이 아니고

서는 다른 방안(方案)이 없다는 사실인 것이다.

성삼위는 같은 본질(本質)의 하나가 되는 그 내면(內面)의 존재형태(存在形態)는 성경적으로도 사람의 이성(理性)으로도 이해(理解)할 수 없는 문제가 되는 것은 지난 서술의 언급과도 같이 하나님의 그 영역(領域)의 일은 사람의 지혜(智慧)로는 이해될 수 없는 신비(神秘)적 문제가 되기 때문이다. 그러므로 예수님이 근본(根本) 하나님의 본체(本體)라는 사실에 관한 삼위일체 하나님의 인정에 있어서도 사람의 입장에 있어서는 그 내면(內面)의 구체적 존재형태(存在形態)의 방식(方式)까지 다 알고 인정하는 것도 좋겠지만 더욱이 삼위일체 하나님이라는 사실(事實) 자체가 하나님의 신비(神秘)의 문제가 되는 만큼 삼위일체의 신앙은 당연히 믿음의 인정이 되어야 하는 것이다.

이는 곧 사람의 합리적(合理的) 사고(思考)나 판단(判斷)에 있어서는 그토록 분명한 삼위의 독립적(獨立的) 위격(位格)으로서 도저히 근본 같은 본질의 하나가 될 수가 없지만 하나님의 신비(神秘) 역사의 그 뜻 안에서는 불가능이 없기 때문인 것이다. 즉, 낙타가 바늘귀로 나가는 것보다 더 어려운 부자의 구원을 사람은 할 수가 없으나 하나님은 다 할 수가 있다는 예수님의 말씀처럼 악도 선으로 바꾸시는 전능적 기묘(奇妙)의 하나님은 사람의 비합리적 판단을 다 합리화시키고도 남음이 있는 분이신 것이다(막 10:23-27). 그러므로 기독신앙에 있어서 인류 역사상 직접적인 육안(肉眼)으로는 하나님을 본 사람이 없을 뿐만 아니라 보이지도 않고 볼 수 없으나 하나님의 형상이신 예수 그리스도(골1:15 ; 히1:3)로 말미암아 보이지 않는 하나님을 보는 것같이 굳게 믿는 신앙이 되는 것이다.

그리고 태초(太初)에 하나님의 천지창조(天地創造)를 본 사람이 없으되 말씀을 인정하는 믿음 안에서 알게 되며 또한 근본 하나님의 본체(本體)이신 예수 그리스도가 육체의 사람에게 성령의 잉태로 말미암은 육체로 세상에 오셨다는 사실은 너무나 비과학(非科學) 중의 비과학적이 되지만 믿음의 신앙고백(信仰告白)으로 시인(是認)하게 되는 것이 기독교의 참신앙이기에 과학(科學)적으로 증명(證明)될 수 없는 신론(神論)에 있어서도 하나님이 보이지 않는다고 해서 하나님이 없는 것이 아니라, 과학을 초월하는 믿음 안에서 **볼 수 없는 하나님을 보는 것같이 성경의 말씀대로 믿는 신앙**이 되는 것이다.

그러므로 웨스트민스터 신앙고백의 삼위일체 교리 또한 신구약 66권의 정확무오(正確無誤)한 유일(唯一)의 하나님 말씀 안에서 채택(採擇)된 신론의 교리이기 때문에 삼위일체의 내부적 세부 존재형태를 볼 수 없고 알 수도 없는 가운데서 비록 합리적(合理的) 해석이 되지 않음으로 인하여 심히 답답할지라도 **한 분 하나님은 삼위로 계시며** 삼위는 **독립적 위격의 구별이 되시나 예수 그리스도는 하나님의 근본 본체 곧 같은 본질의 하나라는 그 자체만을 믿음으로 받아들여야만** 그것이 곧 기독교의 올바른 신론(神論)적 신앙(信仰)이 되는 것이다. 이는 하나님의 명확한 구체적 신론은 사람의 지혜와 지식과 과학이 쉽게 접근될 수 없는 신비(神秘)의 영역(領域)이 되기 때문이다.

그래서 개신교(改新教) 정통(正統) 교단(教團)들이 인정한 하나님의 신론에 있어서도 기독교 신앙고백서로 채택(採擇)된 웨스트민스터 삼위일체 교리정의(教理定義)에 의한 교리정립(定立)의 문구(文句) 자체 부분을 구체적으로 소개하면 장로교 통합교단 헌법 78p 교리 2장 3(기독교 다른 정통 교단의 신론 교리도 비슷함)의 **"하나님의 본체는 하나이시나 삼위로 계신다. 즉, 한 본체와 한 권능과 한 영원성이다. 아버지로서의 하나님, 아들로서의 하나님, 성령으로서의 하나님이시다**(요일5:7 ; 마3:16-17, 28:19 ; 고후13:13)**."** 라는 말이다.

성부는 물질로 구성되거나 거기서 나오거나 그것에서 유출되는 것은 아니다. "성자는 영원토록 성부에게서 탄생하시고(요1:14, 18)**", "성령은 영원토록 성부와 성자에게서 나온다**(요15:26 ; 갈4:6)**."**와 또한 요리문답

45p의 "**문6. 하나님의 신격에는 몇 위가 있습니까? 답: 하나님에게는 성부, 성자, 성령의 삼위가 있는데 이 셋이 한 하나님이며 본질이 같고 능력과 영광이 동등합니다**(빌2:6; 마3:16-17, 28:19)."로 되어 있으며 삼위의 일체라는 그 자체의 세부적 존재형태에 있어서는 더 이상의 설명이 없는 것이다. 그러므로 **삼위일체는 성경에서 나온 기묘(奇妙)의 고상(高尚)한 진리로서** 정통 기독 교단들의 절대적 신론적 교리가 되는 것이며 사람의 합리적 사고와 견해에 어긋나거나 모른다고 해서 하나님은 성삼위로 계신다는 삼위일체 하나님이 아닐 수는 없는 것이다.

천지 우주 만물 가운데는 사람들이 아는 것만 있는 것이 아니라 모르는 것이 더 많이 있다는 사실이다. 이는 지난 서술에서도 인용(引用)한 대로 하나님의 시종(始終)에 속하는 중대사안(重大事案) 중에는 사람으로 측량치 못하게 하셨을 뿐만 아니라(전3:11) 또한 사람이 스스로 깨닫지 못함으로써 알지 못하는 것도 많이 있는 것이다(전8:17). 그래서 사람이 알지 못하는 것에 있어서는 보이는 것으로부터 보이지 않는 것까지, 사람의 지혜(智慧)나 지식(知識)이 미치지 못하는 것까지 무수(無數)히 많은 것이 사실이다.

의학이 이토록 발전(發展)에 발전을 거듭해 오고 있어도 모든 병을 다 정복(征服)하지 못하고 있는 것이 현실이며 또한 질병(疾病)의 근원을 성경적으로 본다면 세상에서의 완전한 정복은 있을 수가 없는 것이다. 뿐만 아니라 오늘날 첨단과학(尖端科學)으로 그렇게 발전해 있어도 사람이 우주(宇宙)를 다 알지 못하며 우주(宇宙)를 안다고 해도 실상은 우주(宇宙)의 부분적으로만 알 뿐인 것이다.

예(例)를 들면 그것도 추측성(推測性)으로 볼 수밖에는 학적(學的)으로 말한다면 태양(太陽)의 크기는 지구(地球)의 109배가 된다고 한다. 그럼에도 우주의 크기가 얼마나 크기에 지구에서 육안(肉眼)으로 보는 태양은 마치 축구공만 한 크기로 보이게 되며 지구(地球)에서 그냥 눈으로 보이는 지구보다도 더 큰 별들을 포함한 별들의 수가 6,000여 개나 된다고 하는데 육안으로 다 볼 수 없는 은하수 별까지의 숫자를 다 말한다면 사람의 숫자로는 셀 수도 없을 것이다.

그렇다면 그 수많은 종류의 별을 품고 있는 우주야말로 이 끝에서 저 끝까지의 거리가 과연 얼마나 되겠느냐 하는 것과 그 우주안의 모든 별의 구체적 형태(形態)와 역할에 대해서도 어떻게 다 알 수가 있겠는가 하는 것이다. 그래서 이러한 것으로 말미암은 사람의 말로도 다 형용할 수 없는 그 광대한 천체(天體)를 창조(創造)하신 전능(全能)의 위대한 하나님을 다 안다는 것은 더더욱 상상(想像)조차도 할 수가 없다는 결론을 얻을 수밖에 없는 것이다.

그래서 사람의 지혜나 지식의 한계는 분명하기 때문에 천지를 지으신 전능하신 하나님의 고유영역(固有領域)이라 할 수 있는 신비의 일을 다 안다는 것은 있을 수가 없는 일인 것이다. 그러므로 성경은 하늘이 땅보다 높음같이 하나님의 생각은 사람보다 높으며 하나님의 길은 사람의 길과 다르다고 했으며(사55:8-9) ***하나님의 일은 하나님의 영 외에는 알지 못한다고 했다***(고전2:11).

물론 하나님의 구속사(救贖史) 안의 비밀(秘密)도 하나님의 영광과 사람의 유익을 위해서는 성령의 개입으로 말미암아 부분적으로는 알게도 하시지만(암3:7 ; 엡3:9 ; 고전2:7-16) 그것마저도 아주 제한적(制限的)이라고 할 수가 있는 것이다. 하나님의 신비의 영역에 속하는 삼위일체의 구체적 근본 존재형태의 서술에서도 언급했지만 하나님 세계의 무한(無限)한 고유(固有)적 신비(神秘)의 영역은 사람이 다 알 수가 없고 굳이 끝까지 알 필요도 없으며 노출될 수도 없고 노출시키지도 않는 것이다(고전2:11 ; 전3:11下 ; 신29:29). 마치 사람이 하나님의 실체의 얼굴을 직접 보게 되면 전능적 권위의 영광을 감당치 못하여 죽을 것이 분명하므로 볼 수도 없고 보여 주지도 않는 것 같은 것이다(출33:18-23).

만일 삼위의 근본 본체(本體)의 하나인 내면의 세부(細部)적 존재형태로서 사람들에게 합리적 이론이 될 정도로 허락되어 있는 것이라면 복음의 시작이 2,000년이 넘은 현실에 있어서는 이미 다 공개적(公開的) 정립이 되었을 것이다. 이는 예수님과 그 복음의 비밀은 예수님이 인류의 구원자로 오심으로써 이미 드러났을 뿐만 아니라(골1:26-27, 4:3 ; 엡6:19) 지나간 세월 속에는 수많은 영적(靈的)인 주의 종(從)들(유명 신학자)도 많이 있었기 때문이다.

그런데 신학(神學)의 역사(歷史)를 되돌아본다면 삼위일체의 내면적 세계를 합리화(合理化)의 이론(理論)으로 이끌어 내려다가 오히려 여러 신학자가 이단(異端)자로 낙인(烙印)이 찍혔으며 비록 예민한 부분을 피하여 내어 놓은 그럴듯한 논리라 하더라도 역시 모든 정통 신학자로부터 만장일치(滿場一致)의 성경적 이론으로 인정받은 특별한 논리가 없었다는 것은 기독교의 신론적 역사(歷史)가 증명(證明)하고 있다.

그렇다고 해서 유능한 주의 종들이나 신학자들의 신론 연구의 학문도 무조건 인정(認定)받을 수 없다는 것이 아니라 하나님의 신비적 영역의 정도에 따른 이해에 있어서는 그 접근의 한계적 영향을 받게 되기도 한다는 사실인 것이다. 그러므로 하나님의 신론에 있어서는 성경 기록의 근거에서 분명하게 나타난 액면의 뜻 그대로 하나님은 성삼위(聖三位) 곧 아버지(성부), 아들(성자 예수 그리스도), 성령(보혜사)으로서의 존재적 위격의 세 분이라는 인격구별(人格區別)이 분명(分明)한데도 불구하고 그 근본은 본체(本體)의 하나(같은 본질) 곧 일체의 한 분 하나님이 되신다는 사실 그 자체가 삼위일체의 신론(神論)으로 이상도, 이하도 없는 정립(定立)인 것이다.

그러므로 지난 서술에서도 그토록 강조(强調)한 바와 같이 성삼위의 독립적 세 분으로서의 삼위(三位)로 계심과 근본일체(根本一體)의 한 하나님이라는 성경적 액면(額面) 그대로의 함께 수용(受容)이 될 수밖에 없는 것이 성경적인 이해(理解)인 것이다.

이 또한 절대적 진리(眞理)의 말씀이라고 하는 성경이 심히도 무책임하

게 이것도 아니고 저것도 아닌 일구이언(一口二言)의 주장(主張)을 한 것이 아니라 삼위일체라는 하나님의 신론에 대한 신비(神⬚)의 문제에 대한 사람들의 이성적(理性的) 이해(理解)가 너무나 미치지 못하기 때문이다. 마치 히브리서 7장 1-3절처럼 아버지도 없고 어머니도 없고 족보(族譜)도 없고 시작(始作)한 날도 없고 생명(生命)의 끝이 없어 하나님의 아들과 닮아서 항상 제사장으로 있다는 멜기세덱의 문제에 대해서도 할 말은 많으나 너희가 듣는 것이 둔(鈍)하므로 설명(說明)하기가 어렵다는 말씀(히 5:11)과 하나님의 신비에 도달할 수 없는 사람의 둔(鈍)한 그 자체의 의미(意味)와도 다를 바가 없는 것이다.

그러므로 독립적(獨立的) 성삼위의 하나되심의 성경적 여러 근거 중(根據中) 하나인 내가 아버지 안에 거(居)하고 아버지께서는 내 안에 계셔서 그의 일을 하신다는 아들 예수님과 아버지와 하나라는 사실을 설명(說明)했지만 당시(當時)로부터 오늘날까지도 사람들의 이성적(理性的) 이해(理解)에서는 명백(明白)히 알 수 없는 문제(問題)로 남아 있는 것이 사실이다.

그래서 지난 서술 곧 **삼위일체의 구체적 존재형태**의 서술에서도 인용(引用), 언급(言及)한 바 있는 요한복음 14장 10-11절의 문장(文章)적 의미와 그 연관성(聯關性)을 이 부분의 글과 자세히 연계(連繫)하여 좀 더 구체적으로 살펴보게 되면 아버지 하나님과 예수님 간(間) 서로의 안에 거(居)하고 계시는 예수님의 말씀이 있게 된 것은 바로 앞 구절인 14장 9절에 기록되어 있는데 빌립이 예수님에게 예수님께서 친히 늘 말씀하시는 그 아버지를 보여 달라는 요청(要請) 곧 **"주여 아버지를 우리에게 보여 주옵소서."**라는 요청이 발단(發端)이라고 할 수가 있는데 이에 대한 예수님의 답변의 의미는 아버지 하나님과 예수님 자신이 서로의 안에 거(居)하고 계시는 하나라는 강조(強調)이기에 그 하나가 된 자체에 대한 구체적 존재형태(存在形態)를 선명(宣明)하게 알리기 위한 설명에 있었다기보다는 아버지와 아들이 독립적(獨立的) 위격이 되나 본질적(本質的) 하나로서 함께 일하심을 알려 주는 데 있었던 것으로 보이는 것이다.

이는 예수님 자신을 보는 것은 곧 아버지를 보는 것으로 아버지와 예수님 자신이 표면적(表面的)으로는 독립적(獨立的)으로 보이나 결국은 사람이 알 수 없는 서로의 안에 거(居)하고 계시는 동일성(同一性)의 강조(强調)가 되었다는 사실인 것이다. 그러므로 빌립의 요청(要請)에 대한 예수님의 답변은 아버지와 예수님 자신 간의 하나되는 데 대한 장황(張皇)한 논리의 문제를 던져 주기 위함이 아니라 아버지와 예수님 자신은 근본 하나라는 사실을 믿음으로 받아들임으로써 예수님 자신을 보는 것이 아버지를 보는 것이 된다는 사실의 답변이라고 할 수 있다.

즉, **"내가 아버지 안에 거하고 아버지는 내 안에 계신 것을 <u>'믿지 아니하느냐.'</u> 내가 아버지 안에 거하고 아버지께서 내 안에 계심을 <u>믿으라.</u> 그렇지 못하겠거든 <u>행하는 그 일로 말미암아 나를 믿으라.</u>"** 이렇게 아버지 하나님과 예수님 자신이 서로의 안에 거(居)하고 계심으로써 하나라는 사실을 어떤 합리성의 논리가 아닌 **<u>믿음으로 받아들이라는 말씀</u>**이 되고 있는 것이다.

그래서 신성모독(神聖冒瀆)이라는 야유와 핍박(逼迫)을 무릅쓰고서라도 유대인들에게 **"<u>나와 아버지는 하나라는 사실을 믿으라.</u>"**라고 강조하셨던 예수님께서는(요10:30-38) 빌립에게도 아버지와 예수님 자신은 근본 같은 본질의 하나가 된다는 전제하에 있기 때문에 나를 본 자는 아버지를 보았다는 말씀에 이어서 **"<u>나는 아버지 안에 있고 아버지는 내 안에 계신 것을 믿으라(요14:8-11).</u>"**라고 직접 말씀하신 것이다. 그리고 믿음과 관계된 또 하나의 참고적 성경의 사례(事例) 곧 사람의 그 이성(理性)으로는 쉽게 인정될 수 없는 일로 예수님께서 부활(復活)하신 후 제자(弟子)들이 모인 곳에 나타나셔서 손의 못 자국과 옆구리 상처(傷處) 자국을 보여 주시며 죽었다가 다시 살아나심을 확인시켜 주셨다.

그런데 그 자리에는 제자 중 한 사람인 도마가 없었기 때문에 그 뒤 다른 제자들이 도마에게 부활하신 예수님이 오셨던 사실을 말하자 예수님의 다시 살아나심을 선뜻 믿지 못했던 도마는 나도 그 손의 못 자국과 옆구리에 손을 넣어 보지 않고는 믿을 수가 없다는 말을 하게 되었는데 그 후 도마를 포함한 제자들이 모인 장소에 예수님께서 다시 나타나셔서 도마에게 못 자국 난 손과 옆구리의 자국을 직접 확인시켜 주셨을 때 그때야 **비로소 제자 도마는 예수님을 부활의 주님으로, '예수님이야말로 친히 하나님이 되신다는 사실을 믿음으로 고백(告白)'**하게 되었으니 이는 곧 부활의 주님으로 시인(是認)하는 동시(同時)에 또 하나의 의미상(意味上) 삼위일체 하나님의 인정(認定)이라고도 할 수가 있는 것이다.

그런 가운데 예수님께서 다시 말씀하시기를 "나를 보고 믿느냐. 보지 않고 믿는 자는 복되다."라는 말씀까지 해 주셨으니(요20:19-29) 예수님에 관한 모든 사실에 있어서는 어떤 증거(證據)보다도 무조건적인 '믿음의 인정이 참된 신앙'임을 알려 주는 것으로 받아들일 수가 있는 것이다. 즉, 사람이 전능(全能)의 하나님을 직접 볼 수가 없고 다 알 수가 없어도 성경 기록에 나타난 하나님의 말씀에 대한 그 믿음으로 말미암은 하나님의 존재하심을 인정(認定)하게 되며 또한 육체를 입고 하나님의 아들로 오신, 하나님의 형상(形狀)으로 오신 예수 그리스도를 믿음으로 말미암아 보이지 않는 하나님을 보는 것같이 믿게 되고 알 수 없는 하나님을 알게 되는 것같이 사람의 이성(理性)으로는 알 수 없는 삼위일체 하나님에 관한 본질(本質)적 하나되심의 내면(內面)적 존재형태(存在形態)의 이해(理解) 역시 믿음 안에서의 하나라는 사실로 인정(認定)하게 되는 삼위일체 신앙(信仰)이 되어야 한다는 사실이다.

그럼에도 옛날부터 현실에 이르기까지 삼위일체에 대한 논란이 부작용의 문제로까지 끊임없이 계속되고 있는 것 중 또 하나는 삼위일체의 한 하나님이 되시는 성경적 뜻을 믿음으로 받아들이지 않는 가운데서 하나님의 고유 영역에 속하는 신비의 신령적 삼위일체의 문제를 사람의 지혜와 지식과 상상적(想像的) 논리를 동원하여 합리적 논리의 정답으로 풀어 내려고 했기 때문이다.

그러므로 삼위일체의 내면적(內面的) 존재방식(存在方式) 곧 본질적 하나에 대한 구체적 존재형태(存在形態)에 대한 문제는 앞에서의 언급과 같이 보이지 않는 하나님을 예수 그리스도로 말미암아 보는 것같이, 믿는 믿음과 같이 하나님의 신비(神秘)의 영역(領域)에 속하는 삼위일체 그 내면의 구체적 존재형태 역시 합리적 논리의 인정이 아니라 믿음의 인정이 되어야 하는 것이다.

앞에서 그토록 장황(張皇)하다 할 정도로 언급한 바와 같이 만일 아들 예수님과 아버지 하나님 간(間)의 서로의 안에 거(居)하고 계심으로써 하나가 된다는 사실이 사람들의 합리(合理)적 사고(思考)에서 쉽고 확실한 이해(理解)가 될 수 있었다면 예수님이 빌립더러 나와 아버지와의 하나됨을 믿으라는 특별한 강조까지 있었을 필요는 없어 보인다.

이는 서로의 안에 거(居)하고 계심으로써 **예수님과 아버지와 하나가 된다는 사실에 있어서는 누구에게나 분명한 이해가 되**나 독립적 인격(獨立的 人格)의 예수님과 아버지가 서로의 안에 거(居)하고 계심으로 말미암아 **본질(本質)의 하나가 되는 존재(存在) 형태(形態) 그 자체의 실상에 있어서는 사람들의 이성적 이해 안에서 명확히 설명될 수 없는 신비(神秘)적 차원의 문제가 되기 때문인 것이다.**

그래서 서로의 안에 거(居)하고 계시어 하나가 된다는 것은 예수님과 아버지 간 본질(本質)의 하나에 대한 '존재형태(存在形態)의 명확(明確)한 증거(證據) 제시(提示)가 아니라 사람이 알 수 없는 하나됨의 사실 그 자체에 대한 믿음의 인정(認定)적 제시(提示)로 보이는 것이다. 그러므로 삼위일체(三位一體)라는 그 근본(根本) 본질(本質)의 하나되는 구체적 존재형태(存在形態)를 합리(合理)적으로 명확(明確)하게 이해(理解)시켜 줄 수 있는 말씀의 짝은 성경의 어느 곳에서도 발견(發見)할 수가 없다는 이 자체가 곧 신앙적 믿음으로 받아들여야 한다는 무언(無言)의 권고(勸告)라고도 할 수가 있는 것이다.

그래서 삼위일체 하나님에 대한 내면(內面)의 구체적(具體的) 존재형태(存在形態)의 방식(方式)은 사람의 합리(合理)적 이성(理性) 안에서는 다 이해(理解)될 수가 없다는 사실은 오히려 성경적 해답(解答)이 될 수밖에 없으므로 비록 성삼위(聖三位)는 독립적(獨立的) 인격(人格)으로서 위격(位格)의 구별(區別)은 되나 근본(根本) 본질(本質)의 하나되는 삼위일체 하나님이라는 성경적 사실에 대한 믿음의 인정(認定)이 곧 삼위일체(三位一體) 하나님을 믿는 삼위일체신앙(三位一體信仰)이 되는 것이다. 즉, 성삼위의 독립(獨立)을 인정(認定)하되 완전한 분리의 삼신론(三神論)과 같은 논리의 인정이 아닌 인격(人格)의 구별(區別)된 독립성적(獨立性的) 믿음의 인정이 되어야 하며 절대적 삼위일체 한 하나님으로 인정하되 양태론(樣態論)과 같은 논리의 인정이 아닌 성삼위(聖三位) 그 본질의 하나가 될 수밖에 없는 성경적 사실 그 자체(自體)에 대한 신앙적(信仰的) 믿음의 인정이 되어야 한다는 사실로 받아들이게 된다.

그러므로 구속사(救贖史)에 있어서의 예수 그리스도의 사역(使役)이나 성삼위의 영원(永遠)한 독립적 인격의 세 분이 되심에도 불구하고 한 분 하나님은 삼위(三位)로 계신다는 삼위일체론(三位一體論)의 인정(認定)에 있어서는 사람들의 이성적(理性的) 이해(理解) 안에서는 언제나 비합리적(非合理的) 논리가 될 수밖에 없는 것이다. 그러나 성경은 진리(眞理)의 말씀이기에 사람들의 과학(科學) 논리적 합리화(合理化)가 아니라 '신앙신비(信仰神秘) 차원의 믿음 인정(認定)의 합리화(合理化)뿐'이다.

제6장

성삼위(聖三位)는 같은 신앙(信仰)의 대상

✝

삼위일체 안의 성삼위는
신앙 섬김의 예배와 기도의 대상

1. 삼위일체 안의 성삼위는 신앙(信仰) 섬김의 대상

신앙 섬김의 대상은 절대적 하나님 한 분이시기 때문에 사람들은 하나님을 믿는다고 하게 되는 것이다. 그래서 하나님은 유일신(唯一神)으로서 질투의 여호와 하나님이 되시므로(신4:24) 그 이름만 절대적으로 인정하고 섬겨야만 올바른 신앙이라고 할 수가 있다. 그런데도 기독신앙의 현실은 하나님만 섬기고 믿는 것이 아니라 환경적 사정에 따라서는 예수님과 성령님도 믿는다고 하게 되다 보니 어쩌면 다신(多神)론적 신앙이 아닌가 하는 오해가 있을 수도 있다.

그러나 다시 한번 더 강조를 한다면 **기독신앙은 유일신(唯一神) 하나님 한 분만을 믿는 진리의 신앙으로** 다신론적 신앙이 아니라 지금까지 그토록 강조된 삼위일체 신앙 곧 하나님은 삼위로 계시기 때문에 삼위격의 구별된 구체적 입장에 있어서는 성부(아버지), 성자(아들 예수), 성령(아버지와 아들의 영)의 모두가 신앙 섬김의 대상으로 표현될 수가 있다.

그러므로 삼위일체 안에서는 한 분 하나님만 섬긴다 해도 그 내면적 섬김의 대상에는 이미 성삼위가 전제되어 있으므로 형편에 따른 표현에 있어서는 예수님을 믿고 섬긴다고 해도, 또한 성령님을 믿는다고 해도 하나님을 부인하지 않는 이상 결국은 한 분 하나님을 섬기는 신앙이 된다.

그래서 예수님께서 외쳐 이르시기를 "나를 믿는 자는 나를 믿는 것이 아니요, 나를 보내신 이(아버지 하나님)를 믿는 것이며 나를 보는 자는 나를 보내신 이(아버지 하나님)를 보는 것이니라(요12:44-45)." 했다. 이는 곧 삼위일체 밖에서는 성립될 수가 없는 신앙 섬김의 논리가 되는 것이다.

물론 예수님께서는 구세주로 세상에 오신 하나님의 아들로서 신앙의 대상이 되시는 아버지 하나님과 사람 간의 중보자(中褓子)가 되시지만 지금까지 그토록 주장해 온 근본 하나님의 근본본체(根本本體)로서의(빌2:6) 친히 동일(同一)한 하나님이 되신다는 사실, 즉 말씀이 되시는 하나님이 육체를 입고 친히 세상에 오신 분이시기 때문에(요1:1-14) 예수 그리스도와 성령은 죄악의 사람이 구원의 속죄함을 입어 신앙의 대상이 되시는 하나님을 잘 섬기도록 하는 중보자, 중재자, 인도자가 되시는 동시(同時)에 신앙 섬김의 대상도 되시는 것이다.

성경적 신앙생활 안에서는 공경(恭敬)이라는 섬김의 단어가 있는데 이는 두 가지로 표현되고 있다. 하나는 육신(肉身)의 부모(父母)에 대한 공경이 되며(출20:12 ; 엡6:1-3) 더 나아가 신앙(信仰) 섬김의 공경은 영(靈)의 아버지인 하나님 공경이 되는 것이다. 이 공경이야말로 경배적(敬拜的) 신앙 섬김 대상(對象)의 공경이 되는 것이다(마15:7-9). 그런데 이 공경은 아버지 하나님 한 분만이 받아야 하는 것인데도 불구하고 아들 되는 예수님께서 직접 아버지를 공경하되 예수님 자신도 공경해야 함을 말씀하시면서 아들을 공경하지 않으면 그를 보내신 아버지도 공경치 않음이 된다고까지 말씀하신 것이다. 이는 곧 삼위일체 안에서의 성삼위(聖三位)는 동등(同等) 섬김의 대상이 되기 때문인 것이다.

그래서 예수님께서 또다시 친히 말씀하시기를 "하나님을 믿으니 곧 나를 믿으라."라고 하셨으니 (요14:1) 그러므로 앞에서도 언급한 바, **삼위일체 안에서는 하나님 한 분만을 믿는다는 그 말속에는 성자인 예수님과 성**

령이 신앙 섬김의 대상으로 이미 전제되어 있으므로 환경에 따른 삼위의 구체적 표현에 있어서는 예수 그리스도와 성령을 믿음의 대상으로 고백할 수가 있는 것이다.

그래서 기독교 정통 교단의 모든 성도의 신앙고백이 되고 있는 사도신경에서도 앞부분에는 신앙의 대상에게 믿음의 고백을 하게 된다. "전능하사 천지를 만드신 **하나님 아버지를 내가 믿사오며 그의 아들 우리 주 예수 그리스도를 믿사오니** 이는 성령으로 잉태하사 동정녀 마리아에게 나시고 본디오 빌라도에게 고난을 받으사 십자가에 못 박혀 죽으시고 장사한 지 사흘 만에 죽은 자 가운데서 다시 살아나시며 하늘에 오르사 전능하신 하나님 우편에 앉아 계시다가 거기로부터 산 자와 죽은 자를 심판하러 오시리라. **성령을 믿사오며** 거룩한 공회와 성도가 서로 교통하는 것과 죄를 사하여 주시는 것과 몸이 다시 사는 것과 영원히 사는 것을 믿사옵나이다. 아멘."

이렇게 성부, 성자, 성령은 동등한 입장에서의 신앙 섬김의 대상이 되시는 것이다. 그러므로 현실에 있어서도 앞에서 말한 대로 하나님을 믿으라고만 하지 않고 예수님을 믿으라고 하게도 되는 것이다. 만일 삼위일체가 동등의 한 하나님이 되지 않는다면 이는 신앙의 대상이 되시는 하나님께 대한 말할 수 없는 무례함이 될 뿐만 아니라 신앙의 대상이 한 분 하나님이 아니라 세 분의 하나님이 되는 것이며 또한 예수님과 성령이 신앙의 대상이 되지 않는데도 불구하고 모든 사람이 이러한 신앙의 고백을 했다면 이는 너무나 잘못된 아버지 하나님께 대한 무례한 신앙고백이 된다.

그러므로 삼위일체를 인정하는 기독신앙에서는 한 분 하나님을 절대적 신앙의 대상으로 받아들인다면 이는 삼위일체라는 말을 하지 않아도 이미 신앙 섬김의 대상은 삼위일체의 하나님이 되고 있으며 신앙의 대상에 대해서 입장에 따른 더 구체적인 표현을 성삼위 안에서 한다면 아버지 하나님, 예수 그리스도, 주의 성령으로 말하게 되는 것이다.

① 예배 안의 성삼위 호칭(呼稱)은 예배 대상을 향한 구체적 표현

예배의 대상이란 신앙 섬김 대상과의 별개의 문제가 아니라 신앙 섬김 대상 안에서의 하나의 표현이라고 할 수가 있는 것이다. 예배의 대상 역시 신앙 섬김 대상의 서두에서 언급한 바와 같이 한마디로 말하면 당연히 한 분 하나님이 되시는 것이다. 그러나 신앙 섬김의 대상이 되시는 하나님은 성부, 성자, 성령의 삼위로 계신다면 예배의 대상 또한 당연히 성삼위가 되는 것이다. 그러나 여기에서 말하는 예배는 섬김의 의식적인 예배를 말하기 때문에 어떤 사람들 중에는 예수님과 성령님도 예배의 대상이 된다고 하는 것에는 고개를 갸우뚱하는 사람들도 있을 수가 있다. 더 나아가 예수님과 성령님은 예배의 대상이 될 수 없다고도 하게 된다.

그 이유는 이해가 된다. **여호와만 경외하고 그를 예배하며 그에게 제사를 드리라**고 했기 때문이다(왕하7:36 ; 시29:2). 또한 예배는 예수님의 공로로, 그 이름으로 드려지는데(히13:15 ; 요14:6) 어떻게 예배를 받으시는 대상이 되느냐고도 하게 되는 것이다. 성령 또한 하나님의 기뻐하시는 뜻대로 신령과 진정으로 하는 예배가 되도록 도우시는 분인데(요4:23-24 ; 롬15:16 ; 엡2:18) 어떻게 성령님도 예배를 받으시는 대상이 되느냐고 하게 된다.

물론 삼위의 위격적 구별의 직무사역 안에서만 본다면 그렇게 여겨지기도 하는 것이다. 그러나 신앙 섬김의 대상 부분에서도 언급한 것처럼 예수님과 성령은 하나님의 근본 본체 곧 같은 본질의 동일한 영광의 하나님으로서 섬김의 대상이 되시기 때문이다. 그래서 하나님은 예수님으로 말미암아 예수님은 하나님으로 인하여 경외(敬畏)적 섬김의 동등한 영광의 공유가 되므로(요13:31-32) 언제나 동일한 섬김의 대상이 되는 것이다.

만일 성부, 성자, 성령의 삼위가 일체로 존재하지 못하고 완전한 분리(分離) 독립(獨立)의 삼위 그대로 계신다면 차등적 위계질서(位階秩序) 안에서 예배의 대상은 성부 하나님께만 국한(局限)될 것이다. 그러나 성삼위가 한 하나님이라는 일체가 되기 때문에 근본 같은 본질의 동등한 성부, 성자, 성령으로서 표면적 절차를 초월한 예배의 대상이 되는 것이다. 그렇다면 또다시 예수 그리스도와 성령님이 아버지 하나님과 함께 예배를 받으시는 분이 된다면 예배 자체가 예수 이름으로 드리는 만큼 예수님 자신이 자신의 이름으로 예배를 받으시게 되는 것이 되며 예배를 예배가 되게 도우시는 성령 또한 자신이 받을 예배에 자신이 나서서 인도하는 격이 되어 이상한 조화(調和)라고 할 수도 있을 것이다. 이 또한 삼위의 직무적 사안에서만 볼 것이 아니라 그 삼위(三位)의 일체(一體) 안에서 본다면 전혀 이상할 것이 없다. 그리고 또한 구약시대 때도 하나님을 섬기는 신령함 속에는 이미 사람의 판단에는 기이할 정도의 합리적이지 못해 보이는 표현의 절차가 있었음이 성경의 기록을 통하여서도 알 수가 있는 것이다.

한 사례를 보게 되면 제사를 주관하는 아론 자손의 레위인들(제사장)이 **여호와 하나님께 드리는 섬김의 제사에 있어서도 제사장인 자신의 이름으로 드림이 아니라 제사 섬김의 대상인 여호와께 여호와의 이름으로 서서 섬기며 제사를 드린 사실**이 있는 것이다(신18:5-7). 이와 같이 성경에는 사람의 논리에는 합리적이지 못한 부분들도 있는 것이 사실이다. **그러므로 예배는 예수 그리스도의 이름으로 성령의 인도를 따라 당연히 하나님 아버지께 드려지나, 삼위일체 안의 위격의 구체적 표현에 있어서는 성부, 성자, 성령도 예배의 대상이 된다는 사실이다. 이는 곧 삼위일체 안에서만 있을 수 있는 신령(神靈)한 섬김의 신비(神秘)적 표현이다.**

만일 삼위일체 안의 구체적인 입장에서 성삼위의 그 이름이 예배의 대상이 되지 않는다면 신앙의 대상 곧 하나님 한 분만 믿어야 하는데도 불구하고 성삼위 곧 하나님 아버지도, 아들 예수 그리스도도, 성령도 동일하게 믿는다는 사도신경(使徒信經)의 신앙고백은 잘못된 신앙고백이 되는 것이다. 그러나 사도신경은 공인(公認)된 정통 교리에 속하는 성경적 신앙고백이 되는 것이다. 그래서 현실 예배에 있어서도 앞부분에서 많이 불리는 송영, 경배 부분의 찬송에서 보면 성삼위일체께 또는 성삼위 하나님께 대한 가사로 된 찬송을 많이 볼 수가 있는데 곧 새 찬송가 1, 2, 3, 4, 5, 7, 8, 9 장이 되며 **특히 10장 같은 경우는 1절은 성부께 대하여 2절은 성자께 대하여 3절은 성령께 대하여 4절은 성삼위일체께 대하여 영광을 돌려 드리는 찬송 가사로 되어 있는 것이다.**

그리고 삼위일체에 관한 찬송이 아니라고 하더라도 예배 가운데 불리고 있는 찬송가(복음성가 포함) 중에서도 예수님께도 영광 돌리고 구속의 은혜를 찬양하는 찬송이 많은 부분을 차지하고 있는 것이다. 만일 예배의 대상이 성자, 성령은 되지 않음에도 불구하고 성삼위(聖三位)가 함께 예배의 영광(榮光)을 받았다면 아들로서의 아버지 하나님께 대한 심히도 무례(無禮)함이 될 것이다. 여호와 하나님은 우상에게 자신의 찬송을 주지 않음은 물론이거니와 그 어떤 다른 자 에게도 경배(敬拜)적 여호와의 영광을 절대로 내어 주거나 나누어 주지도 않으실(사42:8, 48:11) 질투(嫉妬)의 하나님이 되시기 때문이다(신4:24 ; 출34:14).

그런데도 기독교 현실의 예배에 있어서는 곧 천상천하(天上天下) 최고의 신(神)이신 한 분 하나님께 드리는 섬김 의식(儀式)의 예배임에도 불구하고 하나님 아버지와 아들과 그의 성령이 같은 영광(榮光)을 받게 되는 것이며 오늘날 축도(祝禱)의 말씀으로 사용하고 있는 고린도후서 13장 13절에서도 보면 하나님의 사랑보다도 오히려 예수님의 구속의 실무(實務)적 은혜를 먼저 말하는 기록도 볼 수가 있는데 이는 예수 그리스도도 삼위일체 안에서의 아버지 하나님과 동등(同等)한 예배 대상이 될 뿐만 아니라 하나님의 천지창조와 함께 최고의 업적(業績)이라 할 수 있는 은혜의 구속 사역(救贖使役)을 몸소 십자가의 죽음으로 실행하셨기 때문이 아닌가 하는 생각도 해 보게 되는 것이다.

그렇다고 해서 예배의 대상을 세 분의 하나님이라고는 말하지 않으며 일반의 원론(原論)적 입장에서의 한마디로 예배는 한 분 하나님께만 드린다는 표현(表現)이 되는 것이다. 그러나 삼위일체 안에서 성삼위의 구별된 구체적 입장에서의 어떤 환경(環境)에 의한 예배 대상은 하나님은 삼위로 계신다는 사실을 부인(否認)하지 않는 이상 아버지 하나님도, 아들 예수님도, 그의 영인 주의 성령도 모두가 예배의 대상이 되는 것이다. 하지만 요리문답(要理問答)처럼 "예배의 대상은 누구입니까?"라는 물음에 대한 한마디의 답변에 있어서는 앞에서 말한 것처럼 일반의 원론적(原論的) 입장에서 한 분 하나님이라고 하게 되는 것이다. 이는 이미 삼위일체 안에서의 한 분 하나님은 성삼위로 계심이 전제(前提)되어 있는 것이기 때문이다.

이는 곧 삼위일체 안의 **예수님이야말로 하나님이시다. 그것도 모자라 '예수 그리스도는 참하나님'이라고까지 기록되어 있는 것이다**(요일5:20). 그래서 규모(規模)와 신령(神靈) 관계상 세상 예배와는 비교될 수 없는 하늘 성전의 예배(禮拜)에 있어서는 하나님 보좌 우편의 예수님(죽음을 당한 어린양)은 아들로서 아버지께 예배하는 예배자가 아니라 하나님과의 동등(同等)한 예배의 대상(對象)이 되고 있다는 사실이다. 즉, 요한계시록 5장 11-14절에 보면 하나님만이 절대적으로 받으실 찬송(讚頌)과 존귀(尊貴)와 영광(榮光)만 받으시는 것이 아니라 만만(萬萬)의 천사와 24장로의 경배(敬拜)까지 받으시는 예배의 대상인 것이다.

② 기도 중의 성삼위 호칭은 기도 대상을 향한 구체적 표현

기도의 대상(對象) 역시 한마디로 말한다면 하나님이시다. 하나님은 천지만물을 지으신 전능의 창조주시요, 천지의 대주재(大主宰)가 되셔서 무한(無限)한 복(福)을 주시는 분이기 때문이다. 그래서 예수님께서도, 성령께서도 아버지 하나님께 친히 기도를 했으며(마26:39-44 ; 롬8:34, 26) 또한 제자들에게 기도를 가르쳐 주실 때도 하늘에 계신 아버지께 기도하라고 하셨다(마6:9 ; 요16:23-24). 그리고 바울 사도도 하나님께 아뢰라 했으니(빌4:6) 기도의 대상(對象)은 당연히 하나님이 되신다.

그러나 성경의 전체적인 뜻에 의한 **삼위일체(三位一體)의 구체적인 입장**

에서의 현실 환경에 따라서는 예수님과 성령님도 성부와 함께 기도의 대상이 되시는 것이다. 이는 기도(祈禱)의 대상 역시 예배대상(禮拜對象)과 같은 맥락에서도 볼 수가 있는데 하나님께 대한 의식(儀式)적 섬김에 있어서의 기도는 예배에 속한 하나의 섬김이 되며 독립적 섬김에 있어서도 분향(焚香) 섬김의 상징(象徵)으로서 예배 섬김과 연관된 섬김이라고 할 수가 있다. 그러므로 예배(禮拜)의 대상은 당연히 기도(祈禱)의 대상(對象)도 되는 것이다. 그래서 삼위일체에 있어서의 예수님과 성령님도 예배의 대상이 되시는 것처럼 기도의 대상도 되시는 것이다.

그럼에도 어떤 사람들은 기도 역시 예배와 같이 예수님의 이름으로 하는데 어떻게 예수님이 기도의 대상이 되느냐는 반문을 하기도 한다. 그렇다. 기본(基本) 기도(祈禱)에 대하여 성경적 정의(定義)로 말한다면 예수님의 이름으로 기도할 뿐만 아니라 기도의 대상이 되시는 하나님 아버지께(마6:6) 성령의 도움을 받아(엡6:18) 예수님의 이름으로 기도(요16:23-24)하는 것이 된다. 그래서 예수님과 성령님도 기도의 대상(對象)이 된다는 것에 있어서는 기도의 정립상(定立上) 표면적으로는 비합리적(非合理的) 논리로 이치에 맞지 않는 것으로 보일 수도 있는 것은 사실이다.

그러나 예배의 대상에서도 언급한 바와 같이 성경에는 기도에 있어서도 사람들의 논리와 이치에 맞지 않는 부분의 기록도 가끔 볼 수 있다. 즉, 구약시대의 기도 중에서도 보면 국문학적(國文學的)인 어법(語法)의 입장에서 이치에 맞지 않는 기록이나 기도의 사례(事例)를 볼 수가 있는데, 즉 **기도의 대상인 여호와께 여호와의 이름으로 기도**를 했으니 곧 **"내가 여호와의 이름으로 기도하기를 여호와여 주께 구하오니 내 영혼을 건지소서 하였도다(시116:4)."** 했을 뿐만 아니라 여호와께 여호와의 이름으로 사람에게 축복(祝福)까지도 했다는 사실이다(신10:18, 21:5 ; 삼하6:18 ; 대상16:2).

그런가 하면 **예수님께서도 이치에 좀 맞지 않는 듯한 기도와 관계된 말씀**을 친히 하셨는데 곧 **"내 이름으로(예수님의 이름으로) 무엇이든지 내게**

구하면(예수님께 구하면) **내가 행하리니**(예수님 자신이 응답하심, 요14:14)"라고 하셨으니 이를 바꾸어 말하면 예수님의 이름으로 무엇이든지 예수님께 구하면 예수님이 친히 응답을 주시겠다는 말씀이 되는 것이다. 즉, **예수님의 이름으로 예수님께도 기도하라는 말씀이 되는 것**이다. **이 말씀도 따지고 보면 이치에 있어서는 맞지 않는 것이 사실이다.** 이치에 맞는 말이 되려면 요한복음 15장 16절, 16장 23절과 같이 예수님의 이름으로만 아버지께 구하고 아버지로부터 예수님의 이름으로 받는다고만 해야 한다.

그러므로 **성경적으로 볼 때도 사람들의 보기에는 비합리적**(非合理的) **내용들이 더러 있는 것은 사실**이다. 이 책의 주제(主題)가 되는 삼위일체에 있어서도 성삼위 각각의 인격(人格)이나 독립적(獨立的) 사역(使役)이 너무나 명백한데도 **한 분 하나님은 삼위로 계신다는 그 자체가 이미 비합리적**(非合理的)**인 논리**가 되는 것이다. 그러므로 하나님께 대한 삼위일체와 관계된 신령적(神靈的) 일을 모두 다 하나같이 사람들의 합리적(合理的) 형태(形態)의 잣대로만 계산할 문제는 아닌 것이다.

그런가 하면 또 한편의 어떤 사람들은 예수 그리스도가 기도의 대상(對象)은 되지 않으나 예수님께 기도를 해도 되는 것은 예수님이 우리의 기도를 받아서 다시 아버지 하나님께 아뢰기 때문이라고 하는 것이다. 그 주장도 중보자(中褓子)이신 예수님으로만 본다면 그렇게도 보이기는 하나 성경의 삼위일체와 연관된 전체적인 뜻 안에서는 너무나 궁색(窮塞)한 표현이 되는 것이다. 물론 예수님께서 지금도 우리를 위하여 아버지 하나님께 중보(中保)의 기도를 드리는 것은 사실이나 성도들의 모든 기도를 일일이 받아서 중보적 중계(中繼)만을 위한 기도가 아니라 근본 중보자로서 항상 드리는 사역적 중보기도(中保祈禱)가 된다.

즉, 신성(神性)과 인성(人性)이 되시는 예수님은 한편 사람으로서의 하나님과 사람 간 단 한 분이신 영원한 중보자가 되시기 때문에(딤전2:5 ; 히9:15) 성도들의 기도 부탁과 관계없이도 죄악의 험한 세상을 살아가는 모든 성도를 위한 중보자 입장에서의 항상 드리는 중보기도(中保祈禱)가 되는 것이며(롬8:34 ; 히7:24-25 ; 요17:1-26), 성도의 항상 드리는 기도에 있어서 예수님의 이름으로 기도하라는 그 자체는 원래의 죄인 된 인간은 직접 하나님께 나아가는 자격이 없었기 때문인 것과 아울러 예수님의 중보기도 또한 이미 십자가 대속의 중보(仲保)와 믿음 안에서 그 누구나 예수님의 이름으로 하나님 아버지께 직접 나아가 드리는 기도, 직접 응답받는 기도가 되기 때문에 예수님께서 친히 "그날에 **너희가 내 이름으로 구할 것이요, '내가 너희를 위하여 아버지께 구하겠다 하는 말이 아니니'** 이는 너희가 나를 사랑하고 또 내가 하나님께로부터 온 줄 믿었으므로 아버지께서 친히 너희를 사랑하심이라(요16:26-27)."라고 말씀하신 것이다.

그러므로 다시 한번 더 강조를 하게 되면 예수님께서 아버지 하나님께 수시로 드리는 주의 자녀들과 세상을 위한 기도는 중보자(中褓子) 입장의 별개의 기도가 되는 것이며 성도의 하나님께 드리는 기도는 특별한 이유가 아닌 이상 항상 드리는 기도로서 삼위일체 안에서는 아버지 하나님께 드리든지, 환경에 따라서는 예수님께 드리든지 직접적으로 기도의 대상에게 드리는 기도가 되는 것이다.

이처럼 **성도의 항상 드리는 기도는 기도의 대상 아버지 하나님께 직접 드리는 기도로 예수님의 이름으로 간구하게 되는 것**이 됨에도 불구하고 또다시 예수님께 나의 기도를 아버지 하나님께 드려 달라는 수동적(受動的) 부탁의 절차를 거친다면 자신도 모르게 복음의 자동적(自動的) 은혜를 외면(外面)하는 모양새가 되어 버리는 것이다. 그러므로 예수님께 기도하는 것은 아버지 하나님께 부탁을 위한 부탁의 요청이 아니라 삼위일체 안에서의 환경적 필요에 따른 기도의 대상에게 드리는 당연한 기도가 되는 것이다.

만일 예수님도, 성령도 무조건 기도의 대상이 되지 못한다면 이는 예배의 대상도 될 수가 없을뿐더러 사람들의 기도에 대한 응답권도 있을 수가 없기 때문에 십자가상의 한 강도의 간구에 응답(應答)하신 즉석 응답도 잘못된 응답이라고 해야 될 것이며 더 나아가 하나님은 삼위(三位)로 계신다고도 할 수가 없을 것이다. 그러므로 예수님도 성경적 기도의 대상도 되시기 때문에 순교(殉敎) 중 스데반 집사가 하늘을 우러러 주목(注目)하였을 때 보좌의 하나님 영광이 명백하게 보이는데도 불구하고 하나님 우편에 서서 계시는 예수님께 "주 예수여 내 영혼(靈魂)을 받으시옵소서. 주여 이 죄를 그들에게 돌리지 마옵소서."라고 무릎을 꿇고 크게 부르짖어 기도한 사실을 볼 수가 있다(행7:54-60).

그리고 예수님과 성령께서도 기도의 대상이 된다는 사실을 일찍이 알았던 옛 신앙 선진들의 기도도 볼 수가 있는데 한 예로 새 찬송가 190장의 가사는 곧 **성령께 기도하는 가사**로 "**성령이여, 강림하사 나를 감화하시고** 애통하고 회개한 마음 충만하게 하소서. 힘이 없고 연약하나 엎드려서 비오니 성령 강림하옵소서. 충만하게 하소서."가 되며 후렴은 **예수님께 기도하는 가사**로 곧 "**예수여, 비오니 나의 기도 들으사** 애통하고 회개한 마음 충만하게 하소서." 그리고 214장 같은 경우는 예수님께 간구하는 가사로 "**나 주의 도움 받고자 주 예수님께 빕니다.** 그 구원 허락하시사 날 받아주소서."가 된다. 이렇게 때와 환경에 따라서는 예수님과 성령께도 기도한 사실들을 볼 수 있다.

그렇다고 해서 예배나 기도의 대상에 있어서 아버지 하나님이라는 단어보다 예수님, 성령님을 무조건 부각시켜야만 된다는 것은 아니다. 다시 한번 더 정리를 한다면 **예배와 기도 섬김의 대상을 원칙적 액면의 정립에 의하여 단 한마디로 말한다면 당연히 하나님**으로 말하게 된다.

그러나 삼위일체에 대한 구체적 입장의 해석에 있어서는 **예배와 기도의 대상 곧 한 분 하나님은 이미 성부 하나님, 성자 예수 그리스도, 보혜사 곧 성령의 삼위일체 한 분 하나님으로 내면적(內面的) 전제(前提)가 되어 있기 때문에 환경에 따른 구체적인 입장에서는 예수 그리스도와 성령도**

당연히 예배의 대상, 기도의 대상도 되신다는 사실이다. 그러므로 현실에 처한 환경적 필요에 따라서는 스데반 집사처럼 예수님, 또는 성령님을 기도의 대상으로 직접 부르게도 되는 것이며 특히 어린아이의 신앙에 있어서의 친근감이 있는 신앙의 대상은 어린아이들을 특별한 사랑으로 포용(包容)해 주시고 챙겨 주시고 순수함을 인정해 주시는 친구 예수님으로 익숙해져 있으므로(마11:25, 18:1-6, 19:13-15) 예수님을 향한 고사리손의 기도야말로 더욱 애교(愛嬌)적인 기도가 되는 것이다. 그래서 **예수님과 성령님도 환경에 따라서는 삼위일체 안에서의 예배(禮拜)와 기도(祈禱)의 대상(對象)이 된다는 사실은 지극히 성경적이라고 할 수가 있는** 것이다.

그러나 **기독신앙(基督信仰)이 다신론(多神論)의 신앙이 아닌 유일신(唯一神)이신 한 하나님을 믿는 신앙이 되는 것은 하나님은 성부, 성자, 성령 곧 성삼위(三位)로 계시는 삼위일체(三位一體) 하나님이 되기 때문이다.**

✝

삼위일체 안의 성삼위 신앙 섬김 대상의 호칭

신앙 섬김 대상의 호칭(呼稱)에 있어서 때로는 망설임이 될 때도 있을 수가 있다. 일반적으로는 이미 신앙 섬김 대상의 익숙한 호칭 곧 구약시대에 있어서는 하나님, 여호와(야훼), 여호와 하나님, 하나님 여호와, 주(主, 만주의 주), 또는 주 여호와 등 여러 호칭이 있었으며 신약시대에는 하나님, 하나님 아버지, 아버지 하나님, 아버지, 하늘에 계신 아버지, 주(主)님(만주의 주), 예수 그리스도, 성령 등으로 신앙 섬김 대상의 호칭이 되는 것이다.

그런데 어떤 사람들 중에는 기독교는 하나님 한 분만 섬기는 종교이니 하나님을 지칭하는 대상만 불러야지 어떻게 하나님의 아들 예수님과 성령이 하나님과의 같은 섬김의 호칭이 될 수 있느냐는 반문을 하게 된다. 그러나 지금까지 구체적으로 서술한 대로 예수님은 하나님의 아들이 분명하나 근본 하나님의 본체(같은 본질)이시며 성령은 아버지와 아들의 영으로서 인격적으로 역사하시기 때문에 삼위일체 안에서는 성부, 성자, 성령의 모두가 권세와 영광이 동등한 절대적 한 분 하나님으로서 섬김의 대상이 되시는 것이다. 그러므로 신앙 섬김의 대상과 그에 따른 호칭을 한마디로 한다면 하나님이라고 하게 되는 것이며 삼위일체 하나님에 대한 삼위의 구체적 표현에 있어서는 성부(아버지) 하나님도 성자(예수 그 이름)도 성령(보혜사)님도 모두가 신앙 섬김의 대상과 그 호칭이 되는 것이다. 이는 삼위일체 안에 있어서의 구체적 지칭에 있어서는 예수님도 하나님이시며 성령님도 성자, 성부의 영으로서 하나님이 되시기 때문이다.

그래서 신앙 섬김 대상에 대한 그 호칭은 한마디로 하나님이라고 말해도 성부, 성자, 성령의 삼위가 전제(前提)되어 있으며 또한 필요에 따라서는 예수님 또는 성령의 이름을 신앙 섬김의 대상으로 삼위격의 구체적 호칭을 해도, 마치 예수님을 믿으면 하나님을 믿는 것과 같이, 하나님을 호칭하는 것과 다를 바가 없는 것이다. 한 분 하나님은 본질이 같고 영광이 동등한 삼위로 계시기 때문이다.

예수님을 성자 하나님으로, 보혜사는 성령 하나님으로 각각의 하나님으로 지칭은 하기도 하나 직접적인 호칭(呼稱)은 잘 하지 않는 것이 사실이다. 이는 삼위일체에 있어서 성부(아버지)도 하나님, 아들(예수님)도 하나님이시며 보혜사 곧 성령도 하나님 모두가 같은 본질로서의 하나님은 될 수가 있으나 분리적 각각의 세 분의 하나님으로 호칭될 수가 없기 때문이다. 그러므로 예수님도 성령님도 하나님이 되신다는 말과 성자(예수) 하나님, 성령(보혜사) 하나님이라는 호칭이 따르는 말이 비슷한 뜻으로 보이기도 하지만 실상 그 의미의 표현은 다르다.

그러므로 **삼위의 본질적 한 하나님이 되신다는 인정하에서 아버지도 하나님 예수님도 하나님이 되시며 성령도 하나님이 되신다는 지칭(指稱)적 인정(認定)이나 고백(告白)은 당연히 있어야 하나 직접적인 호칭(呼稱)의 성자 하나님, 성령 하나님으로 부르게 된다면 절대적 한 분 하나님의 호칭에 대한 혼란을 초래할 수도 있는 것이다.**

그래서 한 번 더 언급을 한다면 만일 성부 하나님, 성자 하나님, 성령 하나님 각각의 하나님으로 직접 호칭이 된다면 이는 삼위의 세 분 하나님이라는 분리적 의미가 대두(擡頭)됨으로써 삼위일체의 한 분 하나님이라는 사실은 희석(稀釋)되는 반면에 삼신론(三神論)적 논리에 접근될 수도 있으며 믿음의 대상을 성부 하나님으로만, 성자 하나님으로만, 성령 하나님으로만 믿어야 한다는 치우친 주장이 나타날 수도 있을 것이다.

그러므로 삼위의 구별에 관한 부분의 글에서도 서술한 바와 같이 성경적으로 본다면 성부, 성자, 성령은 본질이 같은 한 분 하나님으로 계시기 때문에 그 본질에 있어서는 성부도 하나님, 성자(예수님)도 하나님, 성령(보혜사)도 같은 본질의 한 하나님이 되시므로 고백(告白)적 하나님이라는 지칭(指稱)은 당연하나 공식(公式)적인 호칭(呼稱)에 있어서는 **성자(예수) 하나님, 성령 하나님이라는 각각 다른 이름의 세 분 하나님이라는 인격적 분리(分離)의 하나님으로 호칭(呼稱)하는 것이 아니라** 될 수 있는 한 성자는 성자로 또는 예수님으로, 주님으로, 성령님은 성령님으로 또는 보혜사로 또는 주의 성령으로 부르는 호칭(呼稱)이 되어야 하는 것으로 보인다.

이는 성경의 기록에서도 예수님도 하나님이 되신다는 지칭(指稱)적 인정(認定)과 고백(告白)이 있을 뿐(롬9:5 ; 요1:18 ; 요20:28 ; 요일5:20), 또한 성령(보혜사)님도 하나님이 되신다는 지칭(指稱)적 증거(證據)가 있을 뿐이며(요4:24 ; 엡4:30 ; 행5:3-4 ; 고전2:10) 사도들이나 그 누구로부터도 예수(아들) 하나님, 성령(보혜사) 하나님으로 부르는 직접적으로의 호칭(呼稱)이 된 사실은 단 한 번도 없었기 때문이다.

그러나 현실의 어떤 특별한 형편의 입장에 있어서의 성자(聖子)를 성자(예수) 하나님으로 호칭했거나, 성령(보혜사)을 성령 하나님으로 호칭했다 해서 무조건 잘못되었거나 삼신론자가 되는 것은 결코 아닌 것이다. 삼위일체를 확실하게 이해하고 인정하는 입장에서 **세 분의 하나님이라는 '완전한 분리(分離)를 전제(前提)한 공식(公式) 호칭이 아닌 한 분 하나님이라는 전제(前提)하에서 환경에 의한 구체적 호칭(呼稱)의 단순한 지칭(指稱)이나 고백(告白)의 표현이라면 전혀 문제가 없는 것이다.** 그래서 하나님은 유일신으로서 한 분이시며 한 분 하나님은 삼위로 계신다는 교리정의(敎理定義)에 대한 또 다른 오해(誤解)적 혼란을 피하기 위해서는 될 수 있는 한 삼위격에 대한 각각의 하나님으로 부르는 직접적인 호칭(呼稱)은 될 수 있는 한 피하는 것이 바람직해 보이며 삼위의 자체 위격의 구별 그대로 성부(아버지), 성자(예수), 성령(보혜사) 액면 그대로의 호칭을 권장한다.

그리고 삼위의 성부에 대해서만은 포괄적(包括的) 입장이 적용되는 것이 사실이다. 삼위 중 제1위인 성부(聖父)는 곧 아버지로서 스스로 계시는 하나님이시라는 그 자체가 됨으로써 당연히 성부 하나님으로 호칭되는 것이다. 성부(聖父)란 거룩하신 아버지라는 뜻으로 예수님의 친아버지(요5:18, 17:11)에만 국한되는 것이 아니라 창조의 아버지 곧 하나님의 대명사가 되기도 하며(말2:10 ; 고전8:6) 이미 만유의 아버지로서 아버지 하나님, 하나님 아버지가 되시는 것이다. 그러므로 일반적으로 성부 곧 아버지 하나님이라고 할 때는 삼위 중 1위격인 성부에만 적용되어 있는 것이 아니라 하늘에 계신 거룩하신 하나님 아버지로서의 그 의미상 성부 하나님의 칭호(稱號)가 자연스레 지칭(指稱)되어 있는 것이다(엡4:6, 6:23 ; 살전 1:13 ; 마23:9).

그래서 바울 사도도 축도에서도 보면 성삼위 동등(同等)의 적용에 있어서의 먼저는 구원의 사역에서 나타난 예수 그리스도(아들)의 십자가 대속(代贖)의 실무적 은혜, 독생자를 세상에 보내신 하나님의 크신 사랑, 그 사랑의 구원과 보호하심의 연속적 역사를 이루어 가시는 성령의 교통(交通)하심이 함께하기를 축복(고후13:13)한 것이다. 즉, 삼위는 동등한 하나님이 되시나 성부에게는 하나님 호칭이 자연스레 따르는 공식간주(公式看做)가 되고 있는 것으로 볼 수 있다. 또한 로마서 15장 6절에서도 성부에 대해서는 **"하나님 곧 우리 주 예수 그리스도의 아버지께('성부 하나님께'라는 호칭적 뜻)"**라는 표현을 볼 수 있는 것이다.

그래서 바울 사도의 삼위에 대한 표현에 있어서 예수 그리스도를 말했을 때는 동등한 하나님으로의 지칭적 인정을 한 것은 사실이나 그 위격에 이은 하나님이라는 직접적인 호칭의 표현은 볼 수 없는 것이다. 그래서 삼위 그 자체 위격의 구별적 입장에서만 말할 때는 어느 위에도 하나님이라는 호칭을 붙일 필요 없이 앞에서도 언급한 것처럼 성부, 성자, 성령이라는 삼위격의 호칭만 하면 될 것으로 보인다. 그러므로 성부(아버지), 성자(예수 그리스도), 성령(보혜사)이 함께 동일한 영광과 찬양을 받게 되는 것은 각각 하나님의 칭호로 호칭을 받기 때문이 아니라 성자(예수)는 근본 하나님의 본체가 되시고 성령(聖靈)도 성부와 성자의 영(靈)으로서 같은 본질의 한 분 하나님이 되시기 때문인 것이다.

그래서 섬김의 대상에 있어서는 한 분 하나님으로 지칭되는 하나님께 또는 아버지 하나님께, 성삼위일체께 영광을 돌리게 되는 것이며 삼위 자체의 구체적 섬김의 대상에 있어서는 각각의 하나님으로 호칭하는 것이 아니라 **삼위의 구별된 지칭 곧 성부(아버지), 성자(예수), 성령(보혜사)께 동일한 찬송과 영광을 돌리게 되는 것이다.** 그래서 예수님께서도 삼위 그 자체의 지칭에 대해서는 아버지(성부)와 아들(예수님)과 성령(보혜사)의 이름으로 세례를 주라는 삼위격의 구체적 표현으로 말씀하신 것을 볼 수 있다(마28:19).

또한 믿음의 선진들이 성령 안에서 지은 새 찬송가 1-13장까지의 찬송 가사에서도 보면 하나님 또는 성삼위 자체의 구체적 표현에서는 각 위의 하나님이라는 호칭을 별도로 부치지 않고 삼위 전체 곧 삼위의 하나님께, 삼위일체께, 성부, 성자, 성령의 삼위에게, 그리고 더 구체적으로는 성부께, 성자께, 성령께의 각 위를 지칭하여 찬송과 영광을 돌리는 가사로 주류(主流)를 이루고 있는 것을 볼 수가 있다. 그러므로 오늘날 복음시대의 신앙 섬김의 대상을 지칭할 때는 앞에서의 강조와 같이 **하나님, 아버지 하나님, 하나님 아버지, 그리고 장소나 주변의 환경적 형편에 따른 삼위일체와 그 삼위 안의 구체적 호칭에 있어서는 성삼위 하나님께, 성삼위일체께, 삼위 자체의 구체적 호칭에 있어서는 아버지(성부), 예수님(성자), 보혜사(성령) 또는 주님으로 호칭하는 것이 성경적 호칭인 것이다.**

즉, 지난 서술 기도의 대상에서도 인용한 바 있는 구체적 신앙 섬김 대상의 한 예를 보면 순교 현장 스데반 집사의 자신을 돌로 치는 원수 앞 마지막 기도에서 하늘을 우러러보는 가운데 보좌의 하나님의 영광이 나타나 있는데도 불구하고 보좌 우편에 서서 계시는 예수님의 이름을 불러 기도한 사실도 주변의 환경에 따른 기도 대상 곧 하나님의 호칭이 빠진 예수님이라는 호칭이 되고 있는 것이다. 그러므로 한 분 하나님은 삼위로 계시기 때문에 그냥 하나님이라고 호칭해도 한 분 하나님께, 삼위일체 하나님께라고 해도 한 분 하나님께 환경적 필요에 따른 삼위 그 자체 안에서는 예수님(성자)이라고 호칭해도, 성령(보혜사)이라고 호칭해도 결국은 삼위로 계시는 한 분 하나님을 호칭하는 격이다.

그래서 삼위일체 안의 섬김 대상의 칭호(稱號)에 대한 결론으로, 환경적 입장에 따른 각각의 성부 하나님, 성자 하나님, 성령 하나님으로 지칭(指稱)하게도 되나 **세 분의 하나님이라는 사실로 전제되어서는 안 되며** 직접적인 호칭에 있어서는 본질의 한 하나님이 전제된 하나님, 아버지 하나님, 하나님 아버지, 삼위일체 포괄적(包括的) 입장의 주(主)님, 삼위격(三位格)의 구별(區別)된 위격(位格) 안에서는 아버지(성부), 예수 그리스도(성자), 성령(주의 성령), 또는 삼위 안의 포괄적 주(主)님으로 부르는 것이 혼란(混亂)을 피하는 호칭이 아닌가 하는 권장사항(勸奬事項)인 것이다.

삼위일체와 함께 드러난 구원자 호칭의 복음적 번역, 여호와 그 이름에서 예수 그 이름으로

서두 부분 제1장 하나님의 2. 하나님의 이름에서 언급한 바와 같이 하나님의 이름은 **'여호와(야훼)'**이시며(출6:2-3 ; 사42:8 ; 시68:4) 여호와 그 이름의 뜻은 곧 성경의 의미적(意味的) 기록으로 나타나 있는 **나는 스스로 있는 자**로 이해(理解)되는 것이다. 이는 모세가 광야(廣野)에서 처음 하나님을 만났을 때의 대화 중에서 하나님의 명을 따라 이스라엘 자손에게 갔을 때 자신(모세)을 보낸 자를 물어 왔을 때의 대답할 말을 여쭈었을 때 그 이름의 뜻에 대한 하나님의 답변에서 **나는 스스로 있는 자**라고 했기 때문인 것이다(출3:13-14). 스스로 있는 자 곧 아무리 보잘것없는 미생물(微生物) 하나까지도 스스로 생겨날 수 없는 천지(天地) 가운데서 스스로 존재(存在)한다는 그 자체야말로 그 무엇과도 비교될 수 없는 유일(唯一)의 위대(偉大)한 창조(創造)의 전능자(全能者)라는 의미적 포함도 생각해 볼 수 있다.

그리고 한편 여호와 그 이름을 통한 의미부여(意味附與) 또한 **하나님을 기억(記憶)하게 하는 중대(重大)한 이름**이 되는 것으로(호12:5), 여호와 그 이름은 영원하며(시135:13) 거룩하심으로 말미암아(시106:47, 111:9) 사람이 하나님께 드리는 제사도 여호와 하나님께서 친히 그 이름을 기념하게 하는 곳에서 드리게 되는 것이며(출20:24) 자손 대대로 기억해야 할 칭호가 된다(출3:15). 그래서 구약성경에는 하나님의 이름인 여호와 그 이름이 몇

천 번이나 기록되어 있으며 한 참고적 예(例)로 시편 29편은 비록 짧은 장인데도 불구하고 여호와라는 단어가 18번이나 기록되어 있는 것이다. 그럼에도 불구하고 신약성경에는 여호와 그 이름이 단 한 번도 기록된 곳이 없으니 이는 예수님과 모든 사도까지도 하나님의 이름인 영원한 여호와, 그 이름을 단 한 번도 부르지 않았다는 증거가 된다고도 볼 수가 있다.

이와 관련된 또 하나의 실례(實例)를 본다면 예수님의 12제자에 속하지 않으면서도 철저한 복음 안의 사도(使徒)라고 할 수 있는 바울 사도 역시 그토록 하나님과 예수 그리스도를 말하면서도 단 한 번도 여호와라는 호칭(呼稱)이나 지칭(指稱)을 사용한 적이 없는데 특히 안디옥의 전도(傳道) 설교에서는 하나님의 이스라엘에 대한 출애굽으로부터 광야(廣野)의 역사(役事)와 사건(事件)과 또한 구약시대의 사울왕과 다윗왕 그리고 예수님까지의 역사(歷史)를 말하는 가운데서도 인용(引用) 말씀 내용의 분위기로 볼 때는 한 번만이라도 여호와 하나님이라고 할 수도 있는데도 불구하고 9번이나 하나님이라는 말을 하는 가운데서도 단 한 번의 여호와 또는 여호와 하나님이라는 호칭(呼稱)이 아닌 지칭(指稱)조차도 없었다는 사실을 참고해 볼 수가 있는 것이다(행13:16-41). 그렇다면 이 문제에 있어서는 필히 특별한 이유(理由)가 있다는 것은 당연한 사실이다.

그런데 앞부분의 서술 곧 여호와 그 이름에 관한 유래설(由來設)의 언급 중 한 부분의 글과 같이 하나님의 이름에 관한 전래(傳來)적 자료들에 의하면 유대인들은 "너는 네 하나님 여호와의 이름을 망령(妄靈)되게 부르지 말라. 여호와는 그의 이름을 망령되게 부르는 자를 죄 없다 하지 아니하리라(출20:7 ; 참고 레24:16)." 하신 십계명 중의 제3계명을 근거로 하나님의 이름은 너무나 위대한 권위의 성호(聖號)로 사람이 감히 함부로 부를 수가 없다 해서 바벨론 포로 이후에는 여호와(야훼) 그 이름을 **주(主)** 곧 주님(Lord)을 뜻하는 아도나이(Adonai)라는 단어로 갈음하여 불렀다고도 한다. 그러나 만일 그 전래(傳來)의 설(設)이 사유(事由)가 된다 하더라도 그것은 어디까지나 사람들의 판단(判斷)으로, 하나님께 대한 절대적 경외(敬畏)에 있어서의 그 뜻은 좋지만 이는 좀 지나친 오해(誤解)였다고 볼 수가 있다.

이는 성경의 전체적으로 볼 때는 하나님의 그 이름 여호와야말로 오히려 많이 많이 부르라고 강조(强調)된 이름으로(출3:15 ; 사41:25 ; 겔39:7 ; 말1:11) 유대인들의 여호와 그 이름 호칭의 금함은 역사(歷史)의 한시(限時)적으로 끝났기 때문인 것이다. 그러므로 하나님의 말씀과 그 진리(眞理)의 뜻은 사람의 판단(判斷)으로 언제까지나 완전히 왜곡(歪曲)되게 할 수 있는 것은 아닐 뿐만 아니라 혹 사람의 오해(誤解)적 실수라 할지라도, 아니면 사람의 자기의 욕심(慾心)에 따른 하나님의 뜻에 대한 역행(逆行)이라고까지 할지라도 결국은 하나님 뜻대로 회복(回復)되거나 또는 전화위복(轉禍爲福)으로 바뀌게 되는 것이다.

한 예(例)를 들면 가룻 유다의 하나님께 대한 유익(有益)을 위한 실수가 아니라 마귀의 유혹(誘惑)에 따라 자신의 정욕(情欲)대로 예수님을 십자가의 죽음에 팔아넘겼지만 또한 그 일로 인하여 가룻 유다는 심판(審判)의 비참(悲慘)한 화(禍)를 자초(自礁)하게 되었지만(눅22:3-6 ; 마26:24 ; 행1:17-20) 어떤 필요에 따라서는 악(惡)도 선(善)으로 바꾸시는 하나님의 능력(能力)은 예수 그리스도의 십자가 죽음을 결코 헛되지 않게 하시사 오히려 인류 구원의 대역사(大役事)를 이루는 하나님의 경륜(經綸)적 예정(豫定)의 성취(成就)가 된 것이다(골1:20 ; 고전1:18, 2:1-9).

하물며 유대인들의 하나님 이름의 직접적인 호칭(呼稱)의 금(禁)함은 하나님을 더 잘 섬기기 위한 신앙심에서 비롯된 것인 만큼 그 결과적 오해(誤解)야말로 하나님의 영원한 뜻을 언제까지나 완전히 왜곡(歪曲)되게 할 수 없는 것은 너무나 당연함이 되는 것이다. 그러므로 이에 대한 결과를 역(逆)으로 볼 때는 여호와 그 이름을 호칭(呼稱)하지 않는 그 자체(自體)야말로 비록 다른 시각의 입장으로 말미암은 것이기는 하나 복음시대(福音時代)에 있어서는 자연스레 여호와 그 이름이 복음적 또 하나의 은혜적 이름으로 갈음된 것으로도 볼 수가 있는 것이다. 그래서 여호와 그 이름의 호칭(呼稱)을 금(禁)했다는 사실이 성경의 기록에 의한 것이 아니라 전래적 설에 의한 것이 되기 때문에 여기서는 성경에 나타난 그 의미(意味) 안에서 구체적으로 생각해 보고자 한다.

이에 대한 이해관계상(理解關係上) 하나님 이름의 호칭과 관계된 율법의 제3계명을 먼저 언급해 보게 되면 유대인들의 율법의 제3계명에 의하여 여호와 그 이름의 직접적인 호칭(呼稱)을 금(禁)한다는 것은 어떤 이유(理由)든지 성경적이라고는 할 수가 없는 것이다.

율법의 제3계명은 여호와 이름을 무조건 부르지 말라는 것이 아니라 **"망령(妄靈)되게 부르는 자를 죄 없다 하지 아니하리라."**라고 했으니 그렇다면 망령(妄靈)이 무엇인가? 사전(辭典)에서는 늙거나 정신(精神)이 흐려서 말이나 행동이 정상(正常)을 벗어나는 것을 말한다고 했다. 즉, 일종의 노망(老妄)이라고 할 수가 있는 것이다. 또한 성경적 망령(妄靈)의 뜻을 보게 되면 무례(無禮)하고 교만(驕慢)한 자를 이름하여 망령된 자라(잠21:24) 했다. 그러므로 하나님의 이름을 무례(無禮)함으로 교만한 자세의 모독적(冒瀆的)이나 함부로 횡설수설(橫說竪說) 호칭(呼稱)이 아닌 이상 하나님의 이름을 부르는 그 자체가 결코 망령(妄靈)이 될 수가 없다.

이미 사람들의 여호와 이름의 호칭(呼稱)은 아담의 아들인 셋의 그 아들(아담의 손자)이 태어날 때부터 부르기 시작하여 계속 호칭(呼稱)되어 온 이름이 되기 때문에 제3계명에 있어서 사람들이 여호와 그 이름을 부르는 것은 이미 전제(前提)되어 있는 상태인 것이다. 단, 망령(妄靈)되이 일컫지 말라는 조건이 부여(附與)되어 있을 뿐이며 또한 그 조건에 대한 죄의 규정(規定)에 있어서도 절대적 죄(罪)라는 획일(劃一)의 단정(斷定)이 아니라 상황의 어느 정도에 따른 참작(參酌)의 여의(餘意)가 있어 보이는 듯한 기록 곧 **"죄 없다고 아니하리라."**라고 되어 있다.

그리고 또한 여호와의 이름이 두려운 이름이 될 수도 있는 것은 사실이나(신10:17 ; 단6:26 ; 고후5:11) 성경적으로 볼 때의 그 두려움의 이름은 전능의 권세에 대한 경외와 죄의 징벌에 관한 별개의 문제이며 그 두려운 이름보다의 먼저는 영화로운 하나님의 이름이 되시며(신28:58-59) 절대적 구원의 이름이 되시기에(욜2:32) 오히려 찬송하며 불러야 할 영광의 이름이 되는 것이다(시72:19, 66:2).

그리고 "천지가 없어지기 전에는 율법의 일점일획도 결코 없어지지 아니하고 다 이루리라(마5:18)."라고 하신 예수님의 말씀이 있었는가 하면 하나님의 말씀은 더하지도 빼지도 않는 영원한 진리의 말씀(계22:18-19 ; 시119:160)이라고 했기에 사람들의 판단(判斷)이나 사람들의 사정에 의한 일반적 규칙(規則)이나 기준에 따라 말씀의 지속(持續)이나 단절(斷絶)이나 대칭(代稱)이 좌우지되었다면 하나님의 절대적 말씀의 권위가 크게 손상될 수밖에 없는 것이다.

또 한편의 만일에 있어서 여호와 호칭의 금함이 율법의 제3계명에 의한 유대인들의 신앙적 결정이었다면 당연히 신약성경에서는 하나님께 대한 사람 입장에서의 직접적인 지칭(指稱)이나 호칭(呼稱)은 기록되지 않았다 하더라도 구약시대의 하나님 스스로 나는 여호와라고 그토록 강조했던 만큼(출3:15 ; 민15:41 ; 사43:15) 최소한 여호와라는 하나님 이름 그 자체의 칭호(稱號)는 기록되어 있어야 하는 것이다. 그럼에도 여호와라는 액면의 기록 자체는 물론 구약의 여호와 이름이 인용된 부분의 표기에 있어서도 철저하게 주(主)로 기록되어 있을 뿐만 아니라 여호와 이름의 기록이 단절(斷絶)된 그 자체의 이유(理由)마저도 성경의 기록에서는 찾아볼 수 없다.

그리고 하나님께 대한 주(主)라는 대명사는 여호와의 이름을 부르는 그 시대에도 환경에 따라서는 여호와 그 이름과 함께 많이 불렸던 대명사였던 것이다(대상17:20 ; 시8:1-9). 그러므로 어디까지나 모든 전설(傳說)이 다 현실이 될 수는 없는 만큼 하나님의 뜻에 따라서는 의미(意味)로도 나타나는 성경의 특성(特性)을 따라 성경적 포괄(包括)의 의미(意味) 안에서 그 이

유(理由)를 찾아보고자 하는데 먼저 이해의 편의상 **구약의 율법시대에는 왜 그토록 여호와의 이름을 부르게 되었는가 하는 것을 먼저 알아볼 필요가** 있어 보이며 그 이유를 알게 되면 복음시대에는 왜 여호와의 이름을 부르지 않았는지 그 결론적 윤곽(輪廓)은 당연히 드러나게 되는 것이다. 그래서 그 이유를 성경적으로 보면 두 가지 정도로 압축할 수가 있는데 **먼저는 여호와 그 이름 자체가 참하나님이라는 증명이 되는 것**이다.

세상에는 하나님이라고 자칭하는 다른 이름들도 있기는 하다. 한 사례(事例)를 보면 거짓 이방신(異邦神)인 바알 신이 참신 곧 하나님이라는 주장이 있었던 것을 성경의 기록에서도 볼 수가 있다(왕상18:21). 그러므로 참하나님께서 직접 선포(宣布)하신 여호와 그 이름(출3:14, 6:2-3 ; 사42:8) 곧 앞에서 서술한 대로 천지를 창조한 하나님의 그 이름 여호와만이 절대적 참하나님이 되시기 때문에 그 누구를 그 어떤 이름을 하나님이라 우겨도 여호와 그 이름이 아니면 참 하나님이 아닌(렘10:10 ; 삼하22:32) 모두가 거짓이 되므로 여호와 그 이름으로 인하여 참신(神) 곧 하나님을 기억하게 하는 증거를 얻게 되는 것이다(호12:5).

다음은 여호와 그 이름은 구원의 호칭이 되기 때문이다. 즉, 여호와 그 이름은 구원의 주가 되시기 때문에 여호와 그 이름이 아니면 그 어떤 구원의 이름도 다 거짓인 것이다(신4:35 ; 사43:11 ; 호13:4 ; 왕상8:36 ; 시18:31). 그래서 "누구든지 여호와의 이름을 부르는 자는 구원을 얻으리니"라고 했으므로(욜2:32) 구약시대의 신앙은 오직 여호와 그 이름에만 초점이 맞추어져 있다. 그래서 야곱 또한 피할 수 없는 위험에 처해 있을 때 그의 할아버지 아브라함과 아버지 이삭의 하나님 여호와를 간곡히 부른 그 여호와 그 이름이야말로(창32:9) 자손 대대로 영원히 끊임없이 불러야 할 절대적 유일(唯一)한 구원의 이름이 되는 것이다(출3:15 ; 시135:13, 113:2).

이처럼 구약시대에 그토록 여호와 그 이름을 불렀던 것은 바로 앞에서 서술한 대로 영원히 살아 역사하시는 참신(神)이신 하나님의 증명(證明)

과 구원의 호칭(呼稱)으로서 볼 수 없는 하나님, 단 한 번도 보지 못했던 섬김의 하나님을 기억하게 하는 이름이 되는 것이다(호12:5). 그렇다면 하나님을 섬기는 일에 있어서 여호와의 이름만을 불러야 하는지의 근본(根本)이 된 이유를 알게 되면 여호와 그 이름의 호칭(呼稱)에 대한 이해(理解)가 더 깊어질 것으로 보인다.

사람의 그 무엇에 대한 숭배(崇拜)의 섬김에 있어서는 그 섬김의 대상이 보여야 하는 것이다. 그래서 세상의 모든 종교는 그 섬김에 대한 대상(對象)의 형상(形象)이 있는 것이다. 즉, 나무나 돌이나 은금(銀金)이나 철(鐵)이나 동(銅)으로 신상(神像)이나 섬김의 형상(形象)을 만들어 놓고 그 형상에다 경배(敬拜)를 하며 섬기게 되는 것이다(사44:9-17 ; 시115:4-8 ; 합2:18-19). 그러나 기독신앙(基督信仰) 섬김의 근본 대상(對象)은 하나님의 보이는 어떤 형상(形象)이 아니라 보이지도 않고 볼 수도 없는 영(靈)이 되시는 하나님이시다. 이 하나님은 영원(永遠) 전(前)부터 영원까지 언제나 살아 역사(役事)하시는 직접적인 대상(對象)이 되시기 때문에 사람의 섬김에 있어서의 그 어떤 형상(形象)도 전혀 필요가 없는 것이다. 그래서 하나님을 섬기는 일에 있어서의 그 어떤 형상이 있다면 그것은 당연히 죄악(罪惡)에 속하는 우상(偶像)이 될 뿐이며 더 나아가 하나님을 상징(象徵)하는 그 자체 형상마저도 죄악의 우상이 되는 것이다.

이에 대한 성경의 사례(事例)를 보면 보이지 않는 여호와 하나님을 섬기는 이스라엘 자손들은 오로지 출애굽의 절대적 지도자인 모세의 인도 안에서 여호와 하나님을 섬겨 오는 중 하나님이 친히 쓰신 증거판(證據板)을 받으러 시내산에 올라간 모세가 속히 돌아오지 않자 그 형 아론을 내세워 금(金)으로 송아지의 형상을 만들어 그 송아지의 형상을 이스라엘 자손을 애굽에서 인도해 낸 신(神)으로 섬겼던 일로 말미암아 비참(悲慘)한 징벌(懲罰)을 받게 되었던 것이다(출31:18-32:35). 이렇게 사람들은 보이지 않는 하나님을 보는 형상(形象)의 하나님으로 섬기기를 원하지만 하나님은 영

(靈)으로서 보이지 않는 영원히 살아 역사(役事)하는 참신(神)이 되시기 때문에 보이지 않는 하나님을 대신(代身)한 형상(形象)을 만들어 섬길지라도 우상의 죄악으로 심판받게 되는 것이다. 그러므로 하나님께서는 사람에게 자신을 알리실 때는 자신의 형상(形象)을 사람들이 볼 수가 없기에 영원토록 살아 역사(役事)하는 **여호와 그 이름의 선포(宣布)**였던 것이다.

그래서 이 저서의 지난 서술에서도 언급한 바와 같이 하나님은 모세에게 자신을 알릴 때 **'스스로 있는 자(여호와 그 이름의 뜻)'**로 알리셨으며 그 후 하나님의 영광(榮光)을 보기를 원하는 모세에게도 먼저 **여호와의 이름을 선포**하시면서 네가 내 얼굴을 보지 못하리니 나를 보고 살 자가 없음이라면서 지나가는 하나님의 등만 보이신 것이다(출33:18-23). 그래서 보이지 않는 영원한 하나님을 믿는 기독신앙(基督信仰)은 그 보이는 형상(形象)에 있는 것이 아니라 영원히 살아 역사하시는 **참신(神)의 증거(證據)인 여호와 그 이름**에 있는 것이다. 그래서 여호와 그 이름은 그토록 불러야 하는, 대대로 기억(記憶)할 칭호(稱號)로서의 증거(證據)가 되며(출3:15) 절대적 구원의 이름이 되는 것이다(욜2:32).

그렇다면 복음시대의 말씀 곧 여호와 그 이름이 기록되지 않은 신약성경(新約聖經)에서 볼 때는 과연 무슨 이름이 참하나님의 존재(存在)를 증명(證明)하며 살아 역사하는 보이지 않는 하나님을 기억(記憶)하게 하며 절대적 구원의 이름이 되겠는가 하는 것이 문제인데 그 이름이 바로 이 부분 글의 지금부터 강조(强調)되는 **예수 그 이름**인 것이다.

그러므로 신약시대(新約時代)의 오늘날 복음의 말씀 안에 여호와 그 이름이 기록되지 않은 것은, 또한 여호와 그 이름을 억지로 부르지 않아도 **되는 것은 삼위일체에 있어서 하나님의 근본본체(根本本體)가 되시는 예수 그리스도가 육체를 입고 직접 주(主)의 이름으로 세상에 오셨기에 구원의 예수 그 이름으로의 변역(變易)이라고 볼 수가 있는데 이 변역은 곧 전혀 다른 주체(主體)의 섬김이 아니라 율법 제도(制度)의 섬김에서 복음 제**

도 섬김의 번역으로 연계(連繫)된 번역(개역 한글 히7:11-25)하(下)에서의 그 이름 번역의 뜻도 구해 볼 수가 있는 것이다.

그렇다면 예수 그리스도가 주(主)의 이름으로 오신 사실 안의 그 주(主)는 과연 누가 되는 것인가. 세상에는 많은 주(主)가 있지만 **성경적 신앙대상(信仰對象)의 진정한 주(主)는** 곧 천지만물(天地萬物)을 창조(創造)하신 유일한 만주(萬主)의 주(主)시요, 만왕(萬王)의 왕(王)이신 하나님 한 분을 말하는 것이므로 **그 이름 여호와를 말하게 되는 것이다**(딤전 6:15 ; 사37:20). 그런데도 불구하고 예수 그리스도도 만왕의 왕이시요, 만주의 주로서 둘도 없는 한 주(主)가 되신다(고전8:6下 ; 계17:14, 19:16).

그러나 신앙 섬김의 주(主)는 두 분의 주(主)가 존재(存在)하는 것이 아니라 하나님은 한 분이신 것과 같이 주(主)도 한 분이신 것이다(엡4:5-6). 그래서 앞에서 저술한 대로 삼위 중의 성자의 위격인 예수 그리스도가 주(主)의 이름으로 오심으로써 **복음(福音) 안의 삼위일체에 있어서는 예수 그 이름도 같은 한 주(主)가 되는 것**이다(빌2:5-11 ; 행10:36).

그래서 예수 그리스도가 예루살렘에 입성하셨을 때 많은 사람이 종려나무 가지를 흔들며 주의 이름으로 오시는 이시라고 최고의 환영을 했으며(마21:9 ; 막11:9-11 ; 요12:13) 예수님께서도 친히 내가 아버지의 이름으로 왔다고 했으니(요5:43) 이를 다른 말로 하면 **여호와의 이름으로 오신 예수 그리스도 곧 메시아**이신 것이다.

그러므로 예수님이 오시기 전 여호와 그 이름이 아니면 하나님이 증명될 수가 없었으며 여호와 그 이름이 아니면 구원의 주가 있을 수가 없었으나 오신 **예수님으로 말미암은 복음 안에서는 예수 그리스도야말로 하나님 본체(本體)의 형상(形像)으로서(히1:1-3)** 볼 수 없는 하나님이 예수님으로 말미암아 계시(啓示)되고(요1:18) 예수님을 본 자는 아버지를 보게 되었으니 (요14:8-9) 이는 예수 그리스도를 말미암은 참하나님의 증명(證明)이 곧 여호와의 이름에서 한 걸음 더 나아가 복음의 형상(形像)적 하나님으로서의 역사적 증명(證明)이 된 것이다. 그러므로 복음 안에서는 아들(예수 그리스도)을 부인(否認)하는 자에게는 하나님이 없고 아들을 시인(是認)하는 자에게는 하나님이 있다고 했다(요일2:23).

또한 예수님이 주(主)의 이름(여호와의 이름)으로, 아버지의 이름으로 오셨기에 아버지께서 예수님 안에 계셔서 그의 일을 하시는가 하면(요14:10) 예수님 또한 여호와 하나님의 존재(存在)만을 증명(證明)하신 것이 아니라 하나님 아버지의 일(여호와의 일)까지 행함으로써 자신이 하나님의 아들이요, 아버지의 이름으로 온 메시아라는 사실을 증명해 주신 것이다(요10:25, 27).

그렇다면 인간 세상에서의 사람과 관계된 여호와 하나님의 일이 무엇인가? 한마디로 말하면 영원부터 예정된 경륜(經綸)에 의한 인류 구원(救援)인 것이다. 그러므로 **주의 이름(아버지의 이름)으로 오신 예수님은 구원의 그 이름 곧 여호와의 이름으로 오신 구원의 이름이라는 증거가 되는 것이다.** 그래서 구약성경에는 **여호와 외에 구원자가 없다는 절대적 성경 기록이 있는데도 불구하고**(사43:11, 45:21, 63:16 ; 호13:4) 여호와 이름이 없는 신약성경의 기록에서는 "**다른 이로써는 구원받을 수 없나니 천하 사람 중에 구원받을 만한 다른 이름을 우리에게 주신 일이 없음이라**(행4:12)." 라고 하셨으니 율법 안의 여호와 구원의 그 이름에서 복음 안의 절대적 예수 구원의 그 이름으로 갈음된 표현(表現)이 된 것이다.

그래서 구약의 율법 안에서 선a포(宣布)된 구원의 말씀 곧 "**누구든지 여호와의 이름을 부르는 자는 구원을 얻으리니**(욜2:32上)"라는 절대적 여호와 구원의 이름이 신약성경의 복음적 구원의 이름으로 인용(引用)될 때는 "**누구든지 주(主)의 이름을**(예수의 이름을) **부르는 자는 구원을 받으리라**(행2:21 ; 롬10:13)."라는 절대적 구원의 말씀으로 선포(宣布)된 것이다.

그렇다면 여호와 그 이름에서의 구원이 예수 그리스도 그 이름의 복음의 구원은 혁명(革命)적으로 보일 정도인 것이다. 그러나 그것은 결코 혁명적이 아니라 이미 영원(永遠)부터 하나님의 예정(豫定)하신 구원의 경륜

(經綸)에 의한 것으로의(엡1:3-7) 변역 곧 제사의 직분이 변역(變易)되고 **율법이 변역되듯이(한글 개역 히7:12) 구원성취(成就)의 경륜(經綸)적 변역(變易)의 연계(聯繫)인 것**이다.

그러므로 구원에 대한 여호와 그 이름과 예수 그 이름의 연계(聯繫)적 관계를 좀 더 구체적으로 생각해 보고자 하는데 지금까지 계속 강조해 온 여호와 그 이름이 하나님의 이름이라면 아버지 이름 곧 주의 이름으로 오신 예수 그 이름은 누구신가 하는 것으로 지난 서술에서도 언급했듯이 삼위일체(三位一體) 안의 예수님은 곧 하나님이라는 사실이다. 그래서 **'사도 요한은 예수 그리스도를 가리켜 하나님'**이라고 했으며(요1:18 ; 요일 5:20) 바울 사도도 **'예수 그리스도는 세세(世世)에 찬양(讚揚)을 받으실 하나님'이라고 했을 뿐만 아니라(롬9:5) 근본 하나님의 '본체'**라고까지 했으며(빌2:5-6) **제자 도마도 예수님을 '나의 하나님'**이라고 고백한 것이다(요 20:28).

그러므로 성삼위 직무 안에서의 예수 그리스도는 제2위격의 성자(聖子) 곧 하나님 아들의 인격(人格)이 되시지만 그 **근본은 여호와 하나님과 같은 본질의 하나님이 되시는 것**이다. 이에 대한 또 다른 성경적 증거로 오실 메시아의 예언을 보게 되면 **"이는 한 아기가 우리에게 났고 한 아들을 우리에게 주신 바 되었는데 그의 어깨에는 정사(政事)를 메었고 그의 이름은 기묘자(奇妙者)라, 모사(謀士)라, '전능(全能)하신 하나님이라', '영존(永存)하시는 아버지라', 평강(平康)의 왕(王)이라 할 것임이라(사9:6)."**라고 했으니 먼저 오실 예수님의 한 이름을 보면 **기묘자**라 했으니 이는 **하나님과 또 하나의 동일한 이름**이며 예수님을 **전능하신 하나님**이라 했으니 예언된 **예수 그리스도야말로 여호와의 유일성적 특성을 다 소유**하셨으므로 전능하신 하나님은 둘이 될 수 없는 한 분 하나님이시니(막12:32) 삼위의 그 일체 안에서는 **여호와 하나님과 예수님은 같은 본질의 한 하나님이 될 수밖에** 없으며 더 나아가 여호와가 아버지가 되시는데도(사63:16)

불구하고 예수님을 **'영존하시는 아버지'**라 했으니 우리가 섬기는 신앙의 아버지는 한 분의 하나님 아버지뿐이라고 했으므로(마23:9 ; 요8:41 ; 고전8:6 ; 엡4:6) 삼위로 계시는 한 분 하나님 안에서는 **아버지 하나님과 예수님은 본질이 같은 동일한 섬김의 대상이** 되시는 것이다.

또 한편 예수 그리스도가 주의 이름(여호와 그 이름)으로 오신 사실을 더 분명하게 뒷받침해 주는 강력한 의미의 말씀이 있으니 곧 이사야 40장 3-5절의 기록을 직접 소개하게 되면 다음과 같다. "외치는 자의 소리여 이르되 너희는 광야에서 **여호와의 길을 예비**하라. 사막에서 **우리 하나님의 대로를 평탄케** 하라. 골짜기마다 돋우어지며 산마다 언덕마다 낮아지며 고르지 아니한 곳이 평탄하게 되며 험한 곳이 평지가 될 것이요, **여호와의 영광**이 나타나고 모든 육체가 그것을 함께 보리라. 이는 여호와의 입이 말씀하셨느니라." 이 또한 메시아 곧 예수 그리스도의 세상에 오실 예언(例言)적 예표(豫表)의 말씀으로 예수님의 길을 예비하러 온 세례 요한의 외침으로 직접 인용(引用)될 선포(宣布) 곧 후일에 인용된 요한복음 1장 23절에 **"나는 이사야 선지자의 말과 같이 주(主)의 길(예수님의 오시는 길)을 곧게 하라고 광야에서 외치는 자의 소리로라 하니라."**라고 외쳤으니 그렇다면 이사야서의 예언을 인용하여 세례 요한이 지칭한 주(主)는 누구를 말하는 것인가? 당연히 예수 그리스도를 말하는 것이다.

물론 율법시대는 앞에서도 언급한 대로 여호와만이 절대적 주(主)가 되심이 사실이나(느9:6 ; 사37:20 ; 딤전6:15) 복음시대 주(主)의 칭호(稱號)는 주로 예수 그리스도에게 그 초점이 맞추어져 있기 때문이다(빌2:9-11 ; 고전8:6 下 ; 막8:29 ; 계19:16). 그래서 이사야서의 말씀과 주의 길을 예비하는 세례 요한의 외침 안에는 예수 그리스도가 여호와의 이름으로 오신다는 의미(意味)가 계시(啓示)되어 있으며 세례 요한의 외침대로 6개월 후에 예수 그리스도가 오심으로써 그 누구도 부인(否認)할 수가 없는 너무나 분명한 이사야 성경 예언의 성취(成就)가 된 것이다. 또한 이사야 40장3-5절과 연관

될 수 있는 같은 9-11절 가운데는 **"보라, 주 여호와께서 장차 강한 자로 임하실 것이요,** 친히 그의 팔로 다스릴 것이라. 보라 상급이 그에게 있고 보응이 그의 앞에 있으며 그는 목자같이 양 떼를 먹이시며 어린양을 그의 팔로 모아 품에 안으시며 젖 먹이는 암컷들을 온순히 인도하시리로다." 이 역시 당시의 현실적 예언으로는 바벨론으로부터 포로가 되어 있는 유다 곧 이스라엘 자손들의 귀환(歸還)의 구원과 심판을 말하는 것이 되지만 예표(豫表)상으로는 메시아 곧 예수 그리스도의 오심의 구원과 심판을 말하는 것으로 예수 그리스도의 오심은 여호와의 이름으로 오신다는 예표적(豫表的) 의미(意味)가 되는 것이다.

그런가 하면 계속 이어지는 이사야 41장 4절에 가서는 여호와의 처음과 나중을 말씀하고 있는데 여기서도 지난 서술의 내용을 다시 한번 언급하게 되면 이 처음과 나중이라는 이 자체는 시간의 시작과 끝이나 어떤 근원(根源)으로부터의 시작과 마침은 전적인 여호와 하나님의 주관하(主管下)에 있다는 의미(意味)로 볼 수가 있지만 더 나아가 성경 이사야서와 요한계시록의 전적인 성경의 전체적 의미의 처음과 나중 곧 알파와 오메가에 있어서는 여호와 하나님과 예수님으로 연관(聯關)되는 삼위일체 하나님의 증거(證據)를 발견(發見)할 수도 있는 것이다.

알파와 오메가, 즉 "이 일을 누가 하였느냐. 누가 이루었느냐. 누가 처음부터 만대(萬代)를 불러내었느냐. 나 여호와라. 처음에도 나요, **'나중에 있을 자'에게도 내가 곧 '그'니라."** 이 알파와 오메가의 나중에 있을 자를 여호와 자신이라고 하면서도 그 나중에 있을 자를 가리켜 '그'라는 **제삼인칭을 사용했으므로** 나중에 있을 자야말로 스스로 나는 **'알파와 오메가 곧 처음과 나중'이라고 일컫으신 삼위 그 자체에 있어서는 독립적(獨立的) 인격(人格)의 삼인칭으로서 그야말로 예수 그리스도가 될 수밖에 없는 것**이다(계1:17-18, 22:13, 21:6, 참고 94p 3. 알파와 오메가로서의 본질의 동일성). 그래서 처음과 나중은 여호와이며 여호와 외에 다른 신(神)이 없다고 했으니

(사44:6) 만일 **예수 그리스도가 여호와의 이름으로 오시지 않았다면 예수 그리스도야말로 감히 처음과 나중 곧 알파와 오메가의 예수님이 될 수가 없는 것**이다.

그리고 또한 여기서 필히 짚고 넘어가야 할 부분으로 예수 그리스도가 여호와의 이름으로 오셨다고 해서 양태론의 논리와 같이 여호와께서 예수 그 이름으로 변신하여 오셨다는 것이 아니라 삼위로 계시는 한 하나님 곧 근본 같은 본질로서 함께 하나이신 예수 그리스도가 구별의 독립적(獨立的) 인격(人格)의 주의 이름(여호와의 이름)으로 오셨다는 사실이다. 즉, 다시 한번 더 말하면 앞에서 언급한 대로 양태론이란 영원부터 존재한 삼위의 독립적 인격을 부정하는 반면에 한 하나님이 시대적 구속사 역할의 순서를 따라 성부가 성자로 오시고 그다음은 성자가 성령으로 오셔서 역사한다는 단일의 변신(變身)적 인격을 주장하는 논리가 되는 것이다.

그러나 여기서 말하는 삼위의 한 하나님은 성경적 의미 그대로 독립적 삼위로 계시되 근본 같은 본질의 한 분 하나님 곧 삼위일체의 한 하나님을 말하는 것이 되므로 삼위의 동일성적 한 하나님을 말한다고 해서 양태론으로 오해하는 것은 오히려 삼위일체를 부정하는 격이 되는 것이다. **그러므로 여호와 그 이름으로부터 예수 그 이름의 연계적(聯繫的) 같음에 있어서도 삼위일체의 연관선상(聯關線上)에서 이해(理解)해 볼 수가 있는 것이다.**

이제 이 부분의 글을 마무리하고자 한다. 구원의 그 이름이 율법에서 복음의 연계(聯繫)적 변역(變易)이 아니라면 이사야 43장 11절(참고 호13:4)의 여호와 외에 구원자가 없다는 절대적 말씀과 사도행전 4장 12절은 해결될 수 없는 대립 관계가 될 것이며 또한 요엘 2장 32절과 사도행전 2장 21절, 로마서 10장 13절은 무의미(無意味)한 말씀의 인용(引用)이 되어 버릴 것이다. 그래서 한 하나님 안의 성삼위 구속사역에서 본다면 십자가 대속이 없었던 율법시대 여호와 구원의 그 이름에서 복음 안의 십자가 대속의 예수 구원의 그 이름으로 하나님의 예정된 구원의 경륜에 의한 연계(聯繫)의 변역(變易)적 호칭이 되었다고 할 수가 있다.

그렇다고 해서 **오늘날은 여호와 그 이름을 절대로 호칭하지 말라는 것은 결코 아니다.** 하나님의 이름은 영원무궁토록 여호와 그 이름이며 구약성경 말씀의 입장에서, 구약성경을 상고하거나 구약의 말씀에 의한 역사나 설교나 구약성경적 가사에 의한 복음 성가의 부름에 있어서나, 현실에서도 특별한 의미(意味)가 필히 부여되어야 함에 있어서는 하나님의 근본된 이름 곧 여호와 그 이름을 말하는 것은 오히려 성경적으로 그 역사(役事)의 실감적(實感的) 호칭(呼稱)이 되는 것이다.

단, **복음 안의 현실에 있어서 기도하거나 구원의 이름을 직접 부를 때**는 굳이 율법 구원의 십자가 대속이 없는 이름 아니라 **복음 안에 걸맞은 십자가 구원의 그 이름 곧 예수 그 이름인 것이다.** 이는 **복음의 의(義) 안에 있는 자는 율법의 행위를 다 이룸과 같이**(롬13:8-10) 율법 안의 **영원히 불러야 할 여호와 그 구원의 이름은 복음의 주체 근본 여호와 하나님의 본체이신 예수 그리스도 그 구원의 이름 안에서 영원히 불리고** 있기 때문으로 보인다.

더 나아가 지난 글에서도 인용(引用)한 말씀과 같이 예수님을 본 자는 보이지 않고 볼 수도 없는 아버지를 본 것이라고 했으니 예수 구원의 그 이름을 부르는 자에게는 직접 부르지 않았던 여호와 그 구원의 이름도 이미 시인되고 있는 것이다. 이것이 곧 삼위일체 안의 복음신앙이 되는 것이다.

그리고 한 가지 더, 좀 지나쳐 보이는 역설적(逆說的)이기는 하나 이 글의 앞에서도 언급(言及)한 바가 있는 만일에 있어서 신약성경의 여호와 그 이름의 기록이 없는데 대한 유대인들의 하나님을 위한 하나의 오해(誤解)적 실수(失手)로 본다고 하더라도 결과적(結果的)으로 볼 때는 그 이유(理由)야 따로 있다 하더라도 신약성경에까지 여호와 이름이 없는 그 실수(失手)야말로 신약성경의 기록되지 않은 여호와 그 이름은 자연스레 삼위일체(三

位一體) 그 복음(福音) 안의 예수 그 이름 현실 구원의 복음 은혜적 이름으로 갈음되었다는 사실 또한 부인(否認)될 수가 없는 것이다. 선악(善惡)을 완전하게 다스리는 하나님은 요셉의 일에 있어서도 악(惡)도 선(善)으로 바꾸시는 능력(能力)의 전능(全能)한 하나님이 되시기에 필요에 따라서는 하나님의 계획 안에서의 사람의 오해(誤解)나 실수(失手)도 끝까지 방치되게 하지는 않으시는 것이다.

제7장

성삼위의 하나가 되는 성경 말씀적 **계시는**

복음교회 **하나가 되는** 연결 표본

성삼위(聖三位)의 하나가 되는 성경 말씀적 계시(啓示)는 삼위일체(三位一體) 하나님을 믿는 복음교회(福音敎會)의 하나가 되게 하는 연결표본(連結標本)이 되는 것이다. 이는 성부(聖父) 하나님의 예정(豫定) 안에서 세상에서의 구속사역(救贖使役)을 마치시고 승천(昇天)하셔야 하실 성삼위 중의 제2위의 성자(聖子) 곧 아들이신 예수님께서 아버지(성부)께 세상에 남아 있게 될 제자들과 당시의 믿고 따르는 무리뿐만 아니라 훗날의 복음(福音) 전도(傳道)를 받아 믿게 되는 주의 거룩한 백성들의 공동체(共同體) 곧 복음교회를 위한 기도에서 명확히 나타나 있는 것이다.

즉, "내가 비옵는 것은 이 사람들만 위함이 아니요, 또 그들의 말로 말미암아 나를 믿는 사람들도 위함이니 아버지여 아버지께서 내 안에 내가 아버지 안에 있는 것같이 그들도 다 하나가 되어 우리 안에 있게 하사 세상으로 아버지께서 나를 보내신 것을 믿게 하옵소서. 내게 주신 영광을 그들에게 주었사오니 이는 **우리가 하나가 된 것같이 그들도 하나가 되게 하려 함이니이다**(요17:20-22, 참고 요17:1-26)."라고 간구(懇求)하셨기 때문인 것이다.

이는 사람이 하나님과의, 또한 사람과 사람과의 본질(本質)의 체질적(體質的) 하나를 말하는 것이 아니라 성삼위 근본 본질의 하나가 된 하나라는 그 자체(自體) 안에서의 성삼위의 연합적(聯合的) 구원 사역의 하나를 통한 복음교회로서의 하나, 더 나아가 십자가 구원의 한 믿음 한 사랑 안에서 삼위일체 하나님과 온 교회의 연합된 통일(統一)의 하나를 이루게 된다는 의미(意味)로 이해(理解)되는 것이다. 그러므로 삼위일체 하나님을 섬기는 복음교회가 무엇이며 어떻게 성경적 하나가 되어야 하는가를 생각해 보고자 하는 바이다.

복음 안의 교회란?

먼저 복음(福音) 안의 교회가 무엇인지가 확인되어야 삼위일체(三位一體) 하나님과 그 사역(使役)을 통한 교회(敎會)로의 성경 말씀적 연결계시(連結啓示)가 이해(理解)되는 것이다. 성경에는 교회란 무엇인가에 대한 직접적인 액면의 기록은 없다. 그러나 성경에 나타난 그 의미(意味) 안에서는 교회는 무엇인가에 대한 해답은 분명하게 알 수가 있다. 그래서 교회에 대한 의미(意味)를 몇 가지로 표현(表現)해 볼 수가 있는데 그중에서 고린도전서 1장 1절부터 3절 말씀의 뜻을 인용(引用)해 보게 되면 **'교회란 예수 그리스도로 말미암아 구속(救贖)받은 거룩한 성도(聖徒)로 부르심을 받은 자들과 예수 그리스도를 주(主)로 고백(告白)하여 그 이름을 부르는 자들의 모임**을 말하는 것'이다.

즉, 다시 말하면 예수 그리스도 십자가 구속을 통하여 구원(救援)받은 성도들의 거룩한 모임 곧 **예수님을 주로 그리스도로 고백하는 믿음 안의 공동체(共同體)적 회중(會衆)을 말하는 것**이 된다. 그래서 예수님께서도 제자 시몬에게 반석(磐石)의 뜻이 되는 베드로의 이름을 주시고 그 위에 교회를 세우겠다고 하셨으니 베드로가 누구인가? 바로 "주(예수님)는 그리스도시요, 살아 계신 하나님의 아들이시니이다."라고 믿음의 진정한 고백을 한 예수님의 열두 제자 중 한 사람이다(마16:13-18).

또 한편 교회라는 본뜻을 한마디로 말하면 성도들의 공식 모임인 구원 받은 거룩한 회중이 되나 대중 사회의 환경적 편의(便宜)에 따라서는 **회중 모임의 공식장소(公式場所)적 의미부여(意味附與)로서 교회당(教會堂)을 포함시켜 말할 때도 있는 것**이다(딤전3:14-16). 그래서 집(堂)이라는 개념(槪念)의 교회는 하나님의 집으로서 섬김에 있어서는 성전과 마찬가지로 기도하는 집이 된다.

이를 좀 더 구체적으로 말하면 성전(聖殿)은 율법 안에서의 섬김 곧 제사(祭祀)의 섬김과 아울러 기도하는 하나님의 집이 되듯이(합2:20 ; 스6:3 ; 사56:7 ; 마 21:13) 복음 안에서의 용도상(用途上) 회중의 공식 섬김의 장소는 '교회당'이 되는 것이다. 이는 교회의 구성원(構成員) 곧 회중의 구성원은 교회의 머리요, 몸이 되시는 예수님 안에서의 영적인 성전이 되는 성도가 되기 때문에(고전 3:16 ; 엡2:19-22) 장소적 개념의 교회당은 복음 섬김의 영적인 산제사(헌신적 예배)를 드림과 아울러 기도하는 하나님의 집이요, 하나님의 말씀을 듣고 배우는 집이요, 복음 전파를 위한 기지(基地)로서 성도들의 공식(公式) 모임의 장소가 되는 것이다(롬12:1 ; 행1:12-14 ; 행12:5, 12).

그래서 성경적 복음의 교회는 성도의 수(數)가 몇 명 이상이라는 기준이 없으므로 아주 적은 성도 모임의 교회나 수(數)많은 성도 모임의 교회나 다 같은 하나의 교회가 되는 것이다. 이는 "두세 사람이 내 이름으로 모이는 곳에는 나도 그들 중에 있느니라(마18:20)."라고 말씀하신 분이 바로 교회의 머리요, 몸이 되시는 예수님이시기 때문이다. 또한 교회와의 관계된 장소의 규모(規模)도 생각해 본다면 율법 안의 성전(聖殿)은 율법에 속한 정도(程度)의 규모(規模)와 여러 갖춤의 조건이 필수가 되지만 복음 안의 교회장소(教會場所)는 곧 성도들의 공식(公式) 모임의 장소라면 가정집으로부터(롬16:5) 교회 전용의 대규모 건물 장소에 이르기까지 제한(制限) 없는 하나의 교회당(教會堂)이 될 수 있다.

그리고 교회라는 그 자체 본래의 원칙적 뜻에 입각(立脚)한 회중교회에 대한 신학(神學)적 정의(定義)를 보게 되면 보이는 교회와 보이지 않는 교회로 구분(區分)하여 말하고 있는데 보이는 교회는 현재의 자신이 속해 있는 나라 안의 교회를 말하는 것이며 보이지 않는 교회는 세계(世界)의 교회를 말하게 되는 것이다.

그러므로 지상(地上)에서의 교회라는 자체는 모든 교회가 하늘의 영원한 성전에 속한 하나의 교회가 되므로 포괄적(包括的) 표현으로 말한다면 세상의 각 나라, 각 지역(地域)에 있는 모든 교회는 하늘의 영원한 성전과 연관(聯關)된 영적(靈的) 의미상(意味上) 지(支)교회라고 할 수도 있으며 또한 한 나라 안의 흩어져 있는 조직적 교회를 편의상 구체적으로 말할 때도 총회(總會)교회 산하(傘下)와 연관시켜 각각의 지(支)교회라고도 할 수가 있는 것이다. 그래서 조직 안의 지(支)교회마다 이름을 붙이게 되는데 본래의 성경적으로 말하면 지교회가 있는 행정적(行政的) 지명(地名)을 따라 그 지역(地域) 이름을 붙이게 되는 것이다.

그 사례(事例)를 보면 예루살렘교회, 고린도교회, 안디옥교회 등 그리고 초대 일곱 교회의 명(名)과 같이 부르게 되는데(계1:11) 현실(現實)에 있어서는 수많은 지교회의 환경적 사정으로 인하여 지명(地名)이 아닌 성경의 의미적 단어(單語)를 인용(引用)한 이름의 적용(適用) 교회도 많이 볼 수가 있는 것이다.

이렇게 교회란 세상 모든 성도의 모임 곧 거룩한 성도의 공동체(共同體)를 말하게 되나 **교회의 소유자(所有者)는 성도가 아니라 하나님**이 되시는 것이다. 그러므로 성도들이 자신이 출석하고 있는 교회를 가리켜 우리 교회라고 말하는 것은 교회의 주인된 입장에서 말하는 것이 아니라 자신이 몸담고 있는 지교회를 말하는 의미가 되며 교회의 **근본 창립자(創立者)는 어떤 지역(地域)의 교회를 개척(開拓)한 사람이나 단체(團體)가 아니라 삼위일체 하나님**이 되시는 것이다.

거룩한 공동체에서 표현되는 삼위일체의 의미

본래(本來)의 교회는 하나님의 세우신 교회로 아담에게 맡겨졌으나 아담의 죄(罪)값으로 인하여 악(惡)의 권세(權勢)에 넘어간 교회가 되었으나 **하나님이 자기 피값으로 다시 사신 교회로 하나님 소유의 거룩한 공동체**가 되는 것이다(행20:28 ; 고전10:32 ; 고후1:1). 그러므로 교회를 통하여서도 삼위일체 한 분 하나님이라는 사실이 분명하게 표현(表現)되고 있는 것이다.

만일 삼위로 계시는 한 분 하나님이 아니라면 하나님이 **자기 피값으로 교회를 사셨다고** 할 수가 없기에 사실 그대로 예수 그리스도 십자가의 피(막14:24 ; 골1:19-20)의 값으로 교회를 샀다고 해야 될 것이다. 이는 하나님은 영체로 하나님의 피는 있을 수가 없으며 또한 예수님은 하나님의 아들은 되어도 하나님의 소유는 아니기 때문이다. 그러므로 교회를 산 그 피는 예수님의 십자가 보혈이 분명(分明)한데도 불구하고 하나님이 자기의 피로 교회를 샀다고 했으므로 예수 그리스도가 하나님의 근본본체(根本本體)라는 사실이 **교회를 다시 세우는 과정에서도 명백하게 입증(立證)**된 것이다.

그래서 복음 안의 교회는 친히 하나님도 되시는 예수 그리스도의 피의 값으로 사신 교회로 예수님이 지신 십자가는 그 피값의 증거(證據)요, 보혈대속(寶血代贖) 구원의 절대적 증표(證票)가 되는 것이다. 그러므로 예수 그리스도의 보혈이라는 증거의 실제(實際)적 그 십자가는 구원받은 성도(聖徒)의 심령(心靈) 속에 영적인 십자가가 되고 있기 때문에 보이는 표면(表面)적 **모형(模型) 십자가는 예수 그리스도 십자가 보혈의 구원(救援)과 거룩한 교회의 상징(象徵)적 표현(表現)**이 되고 있다.

그래서 오늘날의 상징적 십자가는 예수 그리스도 십자가 보혈로 말미암은 구속(救贖)의 은혜와 거룩한 교회라는 특정적 의미와 거룩한 장소로 알리는 필수(必須)로서 그 자체는 섬김 대상의 형체(形體)가 아닌 기독신앙(基督信仰)의 심벌마크(Symbol Mark)가 되는 것이다. 그러므로 예수 그리스도는 교회의 머리요, 교회의 몸이라고 기록되어 있는 것이다(엡1:20-22 ; 골1:24). 그래서 만일 삼위일체의 하나님이 아니라면 예수 그리스도가 교회의 머리가 아니라 아버지 하나님만이 교회의 머리라고 표현(表現)되어야 바른 표현이 되는 것이다.

그래서 예수 그리스도는 하나님의 본체(本體)가 되시기 때문에 교회는 분명히 하나님의 교회라고 하고 있는데도 불구하고(고전10:32 ; 고후1:1) 예수님께서는 제자 시몬에게 반석(磐石)이라는 베드로의 이름을 주시면서 그 반석 위에 **하나님의 교회를 세우겠다고 하심이 아니라 '내 교회', 즉 예수님의 교회를 세우겠다**고 하셨으니(마16:13-18) 이 또한 하나님의 교회가 예수님의 교회가 된다는 사실이 되기에 성삼위(聖三位)는 독립적(獨立的) 위격으로 보이는데도 불구하고 예수님을 말해야 할 부분에 하나님을 말하고 있으며 하나님을 말해야 할 부분에 예수님을 말하고 있다는 사실이다. 그러므로 이는 삼위격의 구별(區別)된 입장에 있어서는 성부, 성자, 성령이라는 독립적 인격으로 말하게 되나 성삼위 근본(根本) 같은 본질(本質)의 하나된 동등(同等)적 입장에 있어서는 일체의 한 하나님이 되시기 때문에 예수님의 피를 하나님 자신의 피라고 하게 되는 것이며 하나님의 교회를 예수님 자신의 교회라고도 하게 되는 것이다.

그래서 앞부분 일체의 서술에서도 언급한 바와 같이 빌립보서 2장 5-6

절의 예수님은 하나님의 근본본체(根本本體)라는 말씀에 의한다면 그리스
도의 피는 곧 하나님의 피로 근본본질(根本本質)에 있어서의 실체(實體)적
하나라는 사실과 또한 하나님의 알파와 오메가(처음과 나중)에 있어서도 여
호와 하나님께서 직접 사람의 보기에는 삼인칭(三人稱)의 삼자(三者)를 가
리켜 나중에 있을 자(장차 올 자, 예수 그리스도)에게도 **"내가 곧 그니라."**라고
하신 말씀(사41:4, 48:12-13 ; 계1:8, 22:13)으로의 하나와 교회를 통한 삼위일
체(三位一體) 하나님이 되신다는 맥(脈)을 이루고 있는 것이다(지난 서술 삼위
일체의 부분 참조 요망).

✝

교회와 그 사역에서 나타난 성삼위 연합의 하나

지난 서술에서도 언급(言及)한 하나님은 삼위로 계신다는 삼위일체에 있어서의 **성삼위의 하나라는 그 핵심은 예수 그리스도의 근본 하나님의 본체 곧 같은 본질의 하나에 있는 것**이다. 그러나 또 한편 성삼위의 연합적(聯合的)적 포괄(包括)의 사역(使役)에 있어서도 삼위일체의 하나님이라는 사실이 나타나 있는 것이다. 그래서 성삼위의 구원의 사역과 교회를 이끌어 가는 사역으로 연관(聯關)되는 사실에 대해서도 함께 생각해 보고자 한다.

성삼위의 모든 사역은 각각의 위격적(位格的) 위치에서의 개별사역(個別使役)이 되나 그 사역의 목적이나 실행(實行)에 있어서는 하나의 연합적 사역이 되는 것이다. 그래서 아버지 하나님의 사역은 총괄적(總括的) 사역이 되며 예수 그리스도의 사역은 아버지의 보내심을 받아 육체(肉體)를 입고 세상에 오신 중보자(仲褓子)로서의 십자가 죽음으로 말미암은 대속의 보혈을 통한 인류 구원의 실무(實務)를 감당하셨으며 주의 성령은 영(靈)으로서 하나님의 모든 사역에 참여하셨을 뿐만 아니라 특히 보혜사(保惠師)로서 성도의 마음에 영원히 계셔서 예수님의 성취(成就)하신 구속사역(救贖使役)을 끝까지 관리(管理)하시며 오늘날 교회의 사역에 있어서도 감동 감화(感動感化)와 지켜 보호하시고 인도하시며 필요에 따라 말씀하시며 세상의 '영적인 탕자(蕩子)'들을 아버지 하나님께로 돌아오게 하시는 것이다. 이러한 성삼위의 모든 사역과 교회를 이끌어 가는 연합의 사역에 있어서 눈여겨볼 것은 영원 전부터 시작된 성삼위의 연합적 사역에 있어서 단 한 번이라도 의사충돌(意思衝突)이나 대립(對立)의 관계가 없었을 뿐만 아니라, 권능(權能)과 영광(榮光)의 동등(同等)의 삼위가 되심에도 육체로 세상에 보내시고 보내심을 받은 예수 그리스도는 구속사역의 성취를 위해서 종(從)의 신분(身分)으로까지 낮아짐도 모자라 죽음에 이르기까지 스스로 복종(服從)하여 십자가 보혈 구원의 대역사를 이루었으며(빌2:5-8 ; 롬5:9-10 ; 골1:20), 성령 곧 보혜사 역시 스스로 온 것이 아니라 아버지로부터 예수 그리스도의 이름으로 보내심을 받으시어 아버지 하나님의 뜻을 따라 예수 그리스도께서 이루신 구원의 관리자로서 은혜의 복음시대를 이끌어가는 것이다(요14:26 ; 행20:28 ; 계2:29).

그러므로 성삼위의 구원의 사역과 교회를 이끌어가는 사역은 교회의 지체(肢體)로서 사역을 감당하는 모든 성도의 본(本)이 되는 사역이다. 그래서 교회의 지체가 되는 모든 성도도 주(主)도 하나요, 믿음도 하나요, 세례(洗禮)도 하나가 되는 하나의 신앙(信仰) 안에서 평안(平安)의 매는 줄로 하나가 되어 서로 사랑하며 용납(容納)하며 스스로 낮은 위치에서 섬김의 사역을 감당하는 교회의 일원(一員)이 되어야만 성삼위의 하나가 된 연합사역에 부합(附合)한 교회가 되는 것이다(엡4:2-6).

이것이야말로 예수님이 아버지 안에 성도의 회중(會衆)이 교회의 머리시요, 몸이 되시는 예수님 안에 또한 예수님이 성도의 회중 안에 있음으로써(요14:20, 17:20-22) 성삼위와 하나가 된 연합사역의 하나가 된 교회 곧 진정한 다메섹 요한의 '페리코레시스(Perichoresis)' 곧 믿음의 윤무(輪舞)가 된다.

복음교회는 성삼위의 하나가 된 사역을 본받는 공동체가 되어야

이 부분의 글은 바로 앞부분에 이은 연결된 서술로 편의상 중복성(重複性) 강조(强調)의 글이 될 수도 있는 것이 사실이다. 복음 섬김의 대제사장은 성삼위 구속사역의 중보자이신 예수 그리스도가 되시는 것이다(히4:14, 6:20 ; 딤전2:5).

그러므로 복음의 대제사장(大祭司長)이신 예수 그리스도 안에서는 모든 성도야말로 동등(同等)한 인격의 복음 안의 제사장(祭司長)으로서(벧전2:9) 세상에서의 심령(心靈)적 성전 중심의 성삼위일체 하나님의 연합사역에 참여한 거룩한 공동체(共同體)의 일원(一員)으로서 곧 "그러므로 너희는 가서 모든 민족으로 제자로 삼아 아버지와 아들과 성령의 이름으로 세례를 베풀고 내가 너희에게 분부(吩咐)한 모든 것을 가르쳐 지키게 하라. 볼지어다. 내가 세상 끝날까지 너희와 항상 함께 있으리라(마28:19-20)."라고 하신 예수님의 지상명령(地上命令)을 준행(準行)함과 동시(同時)에 지상 천국의 은혜도 누려야 하는 것이다.

그러므로 지상교회(地上敎會)는 먼저 성삼위의 권능과 영광이 동등함과 같이 모든 성도 역시 등등한 제사장(祭司長)으로서 성령 안에서의 연합(聯合)의 협력(協力) 사역(使役)이 되어야 하는 것이다. 그래서 목사(牧師)님으로부터 일반 성도(聖徒)님에 이르는 교회의 모든 직분(職分)의 위치는 계급

(階級)이 아니라 공동체(共同體) 조직(組織) 활동(活動)의 질서적 수단(手段)이 되는 것이다.

이는 영원한 천국에서는 세상에서의 목사나 장로(長老)나 집사(執事)나 권사(勸事)나 일반 성도(聖徒)나 그 누구나 모두가 예수 그리스도 안에서의 동등(同等)한 하나님의 자녀(子女)요, 거룩한 천국 백성 곧 삼위일체 하나님께만 찬송(讚頌), 영광 돌리며 서로가 내 몸같이 사랑하는 동등의 성도가 되기 때문이다. 즉, 지상교회에서의 목사님이라고 해서 천국(天國)에서도 고정적(固定的) 직분(職分)의 목사님이 아니며 지상교회에서의 장로, 집사, 권사, 일반 성도님이라고 해서 천국에서도 각각의 구별(區別)된 위치의 직분(職分)이 아니라 모두가 같은 하나님의 구속(救贖)받은 자녀요, 영원한 천국(天國) 백성이요, 세상에서의 그 어떤 직분과도 비교될 수 없는, 그야말로 거룩한 같은 신분(身分)의 천국 성도(聖徒)가 되는 것이다.

이는 천국이 없다는 사두개인들의 모세가 말한 가정제도(家庭制度)에 관한 시험적(試驗的) 질문 곧 만일 형(兄)이 자식 없이 사망할 경우 그 남(男)동생이 미망인(未亡人)인 형수(兄嫂)에게 장가들어 형(兄)을 위하여 상속자(相續者)를 세워 가계(家系)를 이어 가게 할 경우, 또한 아래로 같은 형편으로 몇 명의 동생에게까지 이어질 경우 결국 천국에서는 과연 누구의 아내가 되어야 하느냐는 것에 대한 예수님의 답변에서 천국(天國)에는 천사(天使)들과 같이 장가도 시(媤)집도 아니 가는 것이 되므로, 또한 하나님도 아브라함과 이삭과 야곱 곧 삼대(三代)의 같은 하나님이라는 사실을 말씀해 주셨으므로(마22:23-33) 이를 통하여 천국의 모든 제도는 그러한 같은 범주(範疇)의 위치에 속해 있다는 사실을 알 수가 있는 것이다.

그렇다면 천국에서는 세상에서의 신체적 장애나 질병이나 성격이나 어떤 약점이 있었을지라도 완전(完全)한 체질(體質)과 완벽한 상태 곧 영원한 생명의 체질로 변화되는 것이며 또한 지상에서의 어떤 직분(職分)의 사역(使役)을 감당했든지 그 충성된 사역(使役)이나 선행(善行)의 공적(功績)에 의한 상(賞)의 명칭(명칭)만 다를 뿐(마10:42 ; 계2:10 ; 골3:24 : 고전3:14 : 히11:6 ; 계2:10下) 그 누구나 예수 그리스도 안에서 동등(同等)한 구원의 백성이요, 성도로서 하나님의 영원한 생명의 선남선녀(善男善女)의 동등(同等)한 자녀가 되는 것이다.

그러므로 지상교회(地上敎會) 조직(組織) 안의 직분(職分) 감당에 있어서도 하나님 말씀의 명령(命令)과 지시(指示)에 관한 전달의 명이 있고(수11:15 ; 신4:40 ; 고전7:10), 예수님의 지시만 있을 뿐(벧후1:14) 그 누구나 그 누구에게도 직분을 앞세운 사람의 계급적 명령이나 지시(指示)가 아니라 혹 순수 신앙적 훈계(訓戒) 차원의 책망(責望)이나 권면(勸勉), 권고(勸勉勸告)가 되며 양해(諒解)적 부탁(付託)이나 요청(要請)만이 있을 뿐이다. 그러므로 교회의 보이는 조직(組織)의 질서와 맡은 바 직무수행 과정에 있어서도 성삼위의 공동체(共同體)적 협력(協力)의 연합 사역이 필수 표본(標本)이 되어야 하는 것이다.

성부, 성자, 성령의 삼위는 권능과 영광이 동등(同等)임에도 불구하고 창조의 사역에서부터 인류 구원의 성취(成就)를 위해서 맡은 바 직무를 감당하되 서로가 솔선수범(率先垂範)적 사랑과 겸손과 희생(犧牲) 가운데서의 감당함으로 인하여 성부의 뜻에 대한 성자, 성령의 사소한 의견(意見) 대립(對立)마저도 없었기에 성자, 성령의 사역실행(使役實行)은 곧 성삼위의 하나가 된 뜻으로 100% 감당되고도 남음이 있는 연합(聯合)의 사역이 된 것이다.

이러한 대성취(大成就)에는 아버지 하나님의 예정하심의 계획과(엡1:5-11) 그 아들에 대한 극진(極盡)하신 사랑과(요3:35, 5:20) 하나님의 본체가 되시는 예수 그리스도의 동등함의 포기(抛棄) 곧 세상에 보내심에 대한 순종(順從)과 십자가 대속(代贖)의 희생제물(犧牲祭物)이 되기까지 아버지의 뜻을 따른 종(從)이 된 위치까지 낮아지신 복종(服從)이 있었으며(빌2:5-8) 이 모든 사역에 대한 성령의 증언(證言) 사역으로 말미암은(요15:26 ; 요일5:6-9) 철저히 하나가 된 연합의 사역이 있었다는 사실인 것이다.

그렇다면 현실의 지상교회도 성삼위일체의 하나가 된 구속사역을 본(本)받는다면 참목자(牧者)와 그 기르는 양(羊)과의 관계를 말씀하신 예수님의 비유 곧 일백 마리의 양(羊) 중 잃은 양 한 마리를 찾기 위해 아흔아홉 마리의 양(羊)을 두고 한 마리 잃은 양(羊)을 찾아 나선 목자, 결국은 그 한 마리를 찾아 기뻐하는 것처럼(눅15:3-7) 이 비유 중 사명감당(使命感當)의 목자야말로 바로 인류의 참목자(牧者)요, 큰 목자장(牧者長)이신 예수 그리스도가 아닌가(히13:20 ; 벧전5:4). 그렇다면 오늘날 참목자 예수님의 영적(靈的) 양(羊) 떼를 위탁(委託)받은 교회안의 목양자(牧羊者)는 누구인가? 그 환경의 부분적 해석에 따라서는 구체적 해석이 따를 수도 있지만 한마디로 말하면 지교회의 목회자가 되는 것이다(요21:15-17 ; 벧전5:1-4).

그러므로 지교회는 계급이 아니라 할지라도 거룩한 공동체(共同體) 안의 직무사역(職務使役)의 질서상(秩序上) 담임 목회자를 중심으로 한 복음사역(福音使役)이 되어야 하며 교회의 일반 운영의 봉사(奉事)에 있어서는 하나님의 청(廳)지기 같은 일꾼으로서 성경적 가르침의 봉사로(벧전4:9-11) 초대교회와 같이 직분자를 세워서 함께 공동체를 이끌어 가게 되는 것이다.

그렇다면 참목자 예수님의 양(羊)들은 교회의 모든 성도가 되므로 위탁받은 목양의 사명 곧 목회의 복음 열정과 목회의 차별(差別) 없는 양(羊) 떼 사랑의 영적목양(靈的牧養)이 있고 "가르침을 받는 자는 말씀을 가르치는 자와 모든 좋은 것을 함께하라(갈6:6)."라는 말씀을 받들어 목회자에 대한 성도의 존경(尊敬)과 신뢰(信賴)와 주(主)의 말씀의 순종(順從)과 더불어 복음사역의 질서상 교회의 지도자에 대한 적극(積極)적인 순종의 참여로(벧전5:5) 그야말로 삼위일체 연합의 하나가 된 사역을 본받은 교회로서 참목자가 되신 예수님 심정(心情)의 사랑과 목양이 있는 교회, 계급과 명령이 없어도 인도자에 대한 의(義)를 이루는 자발적(自發的) 순종(順從)과 사랑의 하나가 된 온 교회가 된다면 세상에서의 하나님의 큰 뜻을 이루는 교회,

하나님의 영광을 끊임없이 나타내는 지상교회(地上敎會)가 될 것이다.

그럼에도 오늘날의 교회는 어떤가. 물론 아직까지는 소수(少數)의 문제 교회라고 할 수가 있기에 좀 심한 표현이 될 수도 있겠지만 극(極)한 분파(分派)와 분쟁(分爭)을 발생시켜 세상의 조롱(嘲弄)거리가 되고 하나님의 영광(榮光)을 심히 손상(損傷)시킴으로써 예수 그리스도께서 명(命)하신 복음 전파 지상명령(地上命令)의 준행(遵行)을 정면으로 거스르고 있지 않은가. 물론 그 내면(內面)에는 이단(異端)의 침투라든지 확실한 불법을 다스리기 위한 선악 간의 문제 등 여러 가지 이해될 만한 이유(理由)가 있을 수도 있는 것은 사실이다.

그러나 대부분은 교만(驕慢)과 지배적(支配的) 욕심과 예수 그리스도의 사랑의 결핍(缺乏)으로 교회의 주인(主人)은 자기의 피값으로 교회를 사신 하나님이라고 말은 하면서도 교회를 이끌어 가는 운영(運營)의 실상(實狀)에 있어서는 직분(職分)이 계급화(階級化)되어 하나님보다 사람에 대한 순종이 먼저 강요(强要)되고 사람의 보이는 공적(功績)을 앞세움으로써 교회의 주인은 어느새 사람이 되므로 교회의 머리이시요, 몸이 되신 예수 그리스도의 지체임을 망각(忘却)한 나머지 하나님의 받으실 영광을 빙자(憑藉)하여 사람이 그 영광을 받게 되고 교회의 순수 성경적 신앙신정(信仰神政)이 정도(程度)를 벗어난 세상적 독선(獨善)으로 변질(變質)시킴으로써 사단의 부추기는 허영(虛榮)된 기득권(旣得權)과 복음의 영적기업(靈的企業)으로 포장(包裝)된 물질만능(黃金萬能)과 욕심과 시기와 미움의 편 가르기로 심히도 오염(汚染)되어 있기 때문이다.

그래서 기독교를 심히도 비하(卑下)한 언어가 등장하고 교회가 세상을 걱정하는 것이 아니라 세상이 교회를 걱정한다는 비난(非難)적 풍자(諷刺)의 말은 이미 오래전부터 들어 본 말이 되었다. 이참에 문제 교회의 현실적 실상을 다시 한번 보게 되면 교회가 세상을 정화(淨化)시키지 못하게 되다 보니 세상이 교회를 정화시키겠다고 나서게 되며 교회가 교회 안의 정의(正義)와 불의(不義)도 판단하지 못하게 되니 세상법정이 교회의 정의 (正義)와 불의(不義)를 판단해야 하는 시대가 된 것이다. 이를 어떻게 해야 하는 것인가. 지금이라도 온 교회는 당연히 성삼위의 사역과 그 일체의 하나됨을 본받아 다시금 삼위일체적 하나되는 교회를 세워 나아가야 하는 것이 복음 안의 시대적 사명(時代的 使命)이라 하지 않을 수 없다.

그래서 사람의 수만 마디의 좋은 글보다 비교조차도 될 수 없는 주의 말씀은 오늘도 지상 모든 교회가 성삼위의 하나된 사역을 본받는 교회가 되도록 강조(强調)하고 있으니 **"너희 안에 이 마음을 품으라. 곧 그리스도 예수의 마음이니 그는 근본(根本) 하나님의 본체(本體)이시나 하나님과 동등(同等)됨을 취(取)할 것으로 여기지 아니하시고 오히려 자기를 비워 '종의 형체(形體)를 가지사 사람들과 같이 되셨고' 사람의 모양(貌樣)으로 나타나사 자기를 낮추시고 '죽기까지 복종(服從)'하셨으니 곧 십자가(十字架)에 죽으심이라. 이러므로 하나님이 그를 지극(至極)히 높여 '모든 이름 위에 뛰어난 이름을 주사' 하늘에 있는 자들과 땅에 있는 자들과 땅 아래 있는 자들로 '모든 무릎을 예수의 이름에 꿇게 하시고' 모든 입으로 예수 그리스도를 주(主)라 칭하여 '하나님 아버지께 영광을' 돌리게 하셨느니라(빌2:5-11)."**라고 하셨으며 **"그는(예수 그리스도) 우리의 화평(和平)이신지라 둘로 하나를 만드사 원수(怨讐)된 것 곧 중간(中間)에 막힌 담을 자기 육체(肉體)로 허시고 법조문(法條文)으로 된 계명(誡命)의 율법을 폐(廢)하셨으니 이는 이 둘로 자기 안에서 한 새 사람을 지어 화평하게 하시고 또 십자가로 이 둘을 한 몸으로 하나님과 화목(和睦)하게 하려 하심이라. 원수(怨讐)된 것을 십자가로 소멸(消滅)하시고 또 오셔서 먼 데 있는 너희에게 평안을 전하셨으니 이는 그로 말미암아 우리 둘이 한 성령(聖靈) 안에서 아버지께 나아감을 얻게 하려 하심이라. 그러므로 이제부터 너희는 외인도 아니요, 나그네도 아니요, 오직 성도들과 동일(同一)한 시민이요, 하나님의 권속(眷屬)이라. 너희는 사도(使徒)들과 선지자(先知者)들의**

터 위에 세우심을 입은 자라. 그리스도 예수께서 친히 모퉁잇돌이 되셨느니라. 그의 안에서 건물마다 서로 연결(連結)하여 주(主) 안에서 성전(聖殿)이 되어 가고 너희도 성령 안에서 하나님의 거(居)하실 처소(處所)가 되기 위하여 그리스도 예수 안에서 함께 지어져 가느니라(엡2:14-22)."

뿐만 아니라 "모든 겸손(謙遜)과 온유(溫柔)로 하고 오래 참음으로 사랑 가운데서 서로 용납(容納)하고 평안의 매는 줄로 성령이 하나되게 하신 것을 힘써 지키라. 몸도 하나요. 성령도 한 분이시니 이와 같이 너희가 부르심의 한 소망(所望) 안에서 부르심을 받았느니라. 주(主)도 한 분이시요, 믿음도 하나요, 세례(洗禮)도 하나요, 하나님도 한 분이시니 곧 만유(萬有)의 아버지시라 만유 위에 계시고 만유를 통일하시고 만유 가운데 계시도다(엡4:2-6)." 또한 각각 심령의 성전으로 교회의 지체가 되는 온 성도에게 "만일 한 지체(肢體)가 고통을 받으면 모든 지체가 함께 고통을 받고 한 지체가 영광(榮光)을 얻으면 모든 지체가 함께 즐거워하느니라. 너희는 그리스도의 몸이요, 지체의 각 부분(部分)이라(고전12:26-27)."라고 하셨으니 이 말씀들이야말로 삼위일체 한 분 하나님 교회의 본질적(本質的) 하나됨의 가르침이 되는 것이다.

그러나 사람은 환경(環境)에 따른 믿음의 연약한 약점(弱點)으로 인하여 성삼위의 하나된 사랑의 연합된 협력사역(協力使役)을 본(本)받을 수가 있겠는가 하는 불가능(不可能)이 앞서게 된다. 그러나 그리스도인(人)이라 자부(自負)하는 입장에서, "그리스도 예수의 사람들은 육체와 함께 그 정욕(情慾)과 탐심(貪心)을 십자가에 못 박았느니라(갈5:24)."라는 그 말씀 안의 우리 모든 성도의 입장에서는 함께 고민(苦悶)하며 성령 안에서 할 수 있도록 기도하며 노력해야 함이 마땅한 것이다. 그러므로 교회의 주인(主人)이 되시는 하나님 안에서, 교회의 머리가 되시고 몸이 되시는 예수 그리스도 안에서 성령의 교회들에게 하시는 말씀과 이끌림을 받아 주의 모든 영적(靈的)인 양(羊) 떼를 하나같이 열정(熱情)을 다하여 돌보는 하나님 나라의 충성된 목양목회(牧養牧會)가 있는 교회가 되고 온 성도가 힘을 다하여 복음의 목회사역(牧會使役)에 동참(同參)하는 교회가 되고 명령(命令)이나 지시(指示)가 없어도 주의 말씀 안에서 스스로 순종(順從)과 복종(服從)이 있는 온 성도, 온 교회가 되고(히13:17) 주(主) 안에서 서로 사랑하며 이해(理解)와 용서(容恕)가 있는 교회, "마음을 같이하여 같은 사랑을 가지고 뜻을 합하여 한마음을 품어 아무 일에나 다툼이나 허영(虛榮)으로 하지 말고 오직 겸손한 마음으로 각각 자기보다 남을 낮게 여기고 각각 자기의 일을 돌아볼뿐더러 남의 일도 돌아보아 나의 기쁨을 충만케 하라(빌2:2-4)."라는 바울 사도의 권면(勸勉)의 말씀을 따라 서로 존중(尊重)하며 봉사(奉事)하는 그리스도의 참된 지체의 성령, 충만, 믿음, 충만의 하나된 교회가 된다면 그야말로 성령 안에서 성삼위의 삼위일체 복음 사역에 참여(參與)한 연합(聯合)의 하나 된 공동체(共同體)로서 시대(時代)의 진정한 페리코레시스(Perichoresis) 곧 신앙적 윤무(輪舞)의 교회로서 하나님의 기뻐하시는 그 뜻에 합당(合當)하게 쓰임 받는 지상의 천국 교회(天國敎會)가 될 것이다.

만일 그렇지 않은 미움과 증오(憎惡)로 가득한 분쟁(分爭)의 교회가 된다면 삼위일체 하나님의 대적(對敵) 마귀가 기뻐하는 세상의 소금과 빛이 아닌 실망(失望)과 어두움의 교회요, 믿음도 전도(傳道)도 모든 수고가 다 헛것이 되는 소리 나는 구리와 울리는 꽹과리 같은 교회가 되고 만다.

제8장

삼위일체 하나님에 대한

개념(槪念)적 **총정리(總整理)**

성삼위의 독립적 구별과
본질의 하나되는 동시적 인정

이 부분의 글은 지금까지의 삼위일체에 대한 서술의 개념(槪念)적 총정리(總整理)로서 저서(著書)를 마감하고자 한다. 앞부분에서 서술한 바와 같이 성부(聖父), 성자(聖子), 성령(聖靈)의 삼위(三位)는 영원(永遠)부터 영원까지 각각 독립적(獨立的) 인격(人格)으로서 동시(同時)에 존재(存在)하시며 일하신다는 사실을 성경에 나타난 사역(使役)의 역사(役事)를 통하여 분명(分明)하게 알 수가 있는 것이다. 그런가 하면 또 한편 성삼위(聖三位)에 있어서 제2위격인 **예수 그리스도는 하나님의 근본(根本) 본체(本體) 곧 같은 본질이 된다는 사실도 성경의 기록에서 직접 볼 수가 있으므로 성삼위는 근본 같은 본체라는 사실도 성경적 근거로 말미암아 명백(明白)하게 확인(確認)되었다.**

지금까지 그토록 강조해 온 단어 중 하나는 본질(本質)의 단어라고도 할 수가 있는데 이 본질이라는 단어 자체(自體)의 뜻은 어떤 그 무엇의 근본이 되는 그 성질(性質)을 말하는 것이다. 그러므로 이 서술에서의 본질이란 곧 쉽게 말하면 하나님이라는 그 하나의 근본(根本)을 말하는 것이다. 즉, 성부(聖父), 성자(聖子), 성령(聖靈)의 독립적(獨立的) 세 인격(三人格)이 확실하나 **그 본질(本質)은 '하나님의 같은 본체(本體, 빌2:6, 히1:3)' 곧 한 하나님**이라는 사실인 것이다.

그래서 삼위에 있어서의 한 인격의 영으로 구별되는 성령 또한 한 분이 분명한데도(엡4:4) 같은 본질로서의 **'성부의 영(靈)인 동시(同時)에 성자의 영(靈)'**이 되는 것이다(요15:26, 행16:6-7, 롬8:9-11, 엡4:30, 빌1:19). 그렇다면 이는 하나님의 한 신론(神論)에 대한 상반(相反)된 듯한 내용으로 극히도 비합리적(非合理的)인 일구이언(一口二言)의 성경이 아닌가 할 정도의 문제로 보이기도 하는 것이다.

그러다 보니 어떤 사람들은 완전한 독립(獨立) 인격의 입장에서만 성삼위를 말하게 되고 또 어떤 사람들은 삼위의 한 본체(本體) 곧 본질의 하나라는 사실 자체(自體)에서만 하나님을 강조하게 되다 보니 하나님에 대한 신론에 있어서 대립(對立)적 충돌(衝突)이 끊임없이 계속되어 오고 있는 것이 사실이다. 그러나 성경은 완전한 진리(眞理)의 절대적 말씀으로 단 일점일획(一點一劃)이라도 없어지지 아니하고 다 이루어지는 정확무오(正確無誤)한 하나님의 말씀이 되기 때문에 기록의 오류(誤謬)라는 사실은 결코 있을 수가 없는 것이다.

그래서 이 양면적(兩面的) 각각의 주장(主張) 또한 그 자체는 모두가 성경에 근거(根據)한 것이 사실이 되므로 각각의 자체적 주장에 있어서는 무조건 아니라고만 할 수는 없는 것 또한 사실이다. 그러므로 일단은 삼위(三位)의 독립성(獨立性)도 삼위는 근본 같은 본질의 하나라는 사실도 모두가 성경적이라는 동시수용(同時受容)적 전제하(前提下)에서의 논의가 되어야만 삼위와 그 하나님의 신론(神論)에 대한 성경적 뜻이 발견(發見)될 수가 있는 것이다.

그래서 성삼위의 독립성과 그 일체성은 대립(對立)의 관계가 아니라 표현상(表現上) 양면(兩面)적 사실로 함께 수용(受容)될 수밖에 없으므로 **삼위의 근본본체 곧 근본 같은 본질(本質)의 하나를 배제(排除)한 삼위의 독립성 인격에만 치우쳐도 안 되며 그렇다고 해서 삼위의 독립성적 인격이 배제된 단일의 그 자체 하나에만 치우쳐서도 안 되는 것이다.** 그러므로 성삼위의 독립적 인격에 치우친 삼위의 완전한 분리(分離)의 종속(從屬)적 차등(次等)의 삼신론(三神論)이나 성삼위의 독립적 인격을 완전히 배제(排除)한 반면 성삼위에 대한 양태론(樣態論)의 순환적 단일(單一) 자체 인격의 하나에 극적으로 치우친 입장에서의 논리는 성경적이 되지 못하므로 이미 오래전에 정죄(定罪)된 이단(異端)의 논리가 될 수밖에 없었던 것이다.

그렇다고 해서 **삼위일체론은 삼신론(三神論)으로서의 수용(受容)도 아니며 양태론(樣態論)으로서의 수용도 아니며 그 중립적(中立的) 논리의 수용도 결코 아닌 것이다. 그래서 성삼위의 위격은 영원하되 완전한 분리의 독립이 아닌 독립 단어에 대한 접미사표현(接尾辭表現) 곧 독립성적(獨立性的) 인격으로서의 성경적이며 그 삼위의 일체성(一體性) 또한 같은 본질의 하나라는 사실은 명백하되 구별된 삼위로 계시는 성경적 사실로 함께 수용(受容)하여 인정하되 사람의 합리성(合理性) 논리에 근거(根據)한 입증(立證)이 아니라 비록 사람의 기준(基準)에 있어서는 비합리(非合理)적으로 보일지라도 하나님은 삼위로 계신다는 삼위일체(三位一體) 하나님이 되시는 것이다.**

그러므로 현재 기독교 정통의 모든 교단이 받아들이는 삼위일체 교리의 정의(定義) 또한 "하나님은 한 분이시다."라는 절대적 사실 가운데서도 "하나님은 삼위로 계신다."라는 신론(神論) 진리(眞理)의 교리(敎理)가 되는 것이다. 즉, 성경적으로 하나님이라고 하면 이미 절대적 한 분이라는 사실이 전제(前提)되어 있는 것으로 하나의 본질을 말하는 것이며 하나님이 삼위로 계신다는 것은 성삼위의 표면으로 나타난 현실 그대로의 독립적(獨立的) 형태(形態)를 말하는 것이다.

그래서 아버지 하나님으로, 아들 예수 그리스도로, 아버지와 아들의 영(靈)이 되시는 성령 곧 보혜사(保惠師)로서 성삼위의 독립적 개체(個體)의 구별(區別)된 세 분 인격의 동시존재(同時存在)로 말한다고(마3:16-17) 해도 삼신론(三神論)이 되지 않는 것은 **성삼위격의 세 분의 인격으로 구별은 되나 성삼위**

의 완전(完全)한 분리독립(分離獨立)의 종속(從屬)적 차등(次等)의 삼신(三神)이 되는 세 분의 하나님이라는 인정(認定)은 아니기 때문이며 비록 성삼위의 본질상(本質上) 근본 같은 본체(빌2:5-6 ; 사41:4, 48:12-13 ; 계1:8, 22:13) 곧 본질의 같은 하나를 말한다고 해도 양태론(樣態論)이 아닌 것은 **예수 그리스도는 하나님의 근본본체(根本本體)이시되 성삼위의 영원한 동시 존재(同時 存在)의 독립적 구별(區別)된 위격의 인격적 사역을 인정함으로써 양태론의 논리와 같은 한 인격의 순환적(循環的) 임(臨)하심의 되돌이 사역(使役)의 인정(認定)은 아니기 때문이다.**

또 한편 삼위일체(三位一體) 안의 구별(區別) 역시 그 조건(條件)에 의하여 아버지(父)와 아들(子)과 그 영(靈)이라는 삼위격(三位格)으로서의 구별은 되지만 구별 그 자체(自體)의 성격(性格)에 의한 조건의 바탕은 같은 본질(本質)의 하나라는 사실 곧 삼위일체의 근본(根本) 안에서의 구별(區別)이 된다는 사실이다. 즉, 지난 앞부분 삼위일체 안의 구별이라는 글에서도 비슷한 내용의 글로 예를 든 바가 있는데 이 예(例)는 삼위일체 그 자체에 대한 직접적인 존재형태의 예(例)가 아니라 구별이라는 단어(單語) 그 자체(自體)에 대한 예(例)로 이스라엘 자손(子孫)은 언제까지나 12지파로서의 지역(地域)적 분배(分配)로부터 조직과 특별적 직무(職務)에 이르기까지 독립적(獨立的) 구별이 되지만 그 구별의 조건(條件)에 대한 전제(前提)에 있어서는 근본 이스라엘은 민족(民族)적 성민(聖民)의 하나라는 사실인 것이다.

또 하나의 예(例)를 더 들어 보고자 하는데 이 예 역시 바로 앞글의 예와 같이 삼위일체(三位一體)라는 그 자체에 대한 직접적인 전체(全體)의 예가 아니라 삼위일체 안의 독립적(獨立的) 삼위(三位)에 대한 구별적용(區別適用)의 이해(理解)로 삼위일체 곧 그 본질(本質)의 하나라는 전제조건하(前提條件下)에서의 부분적 참고로 양태론(樣態論)적인 하나의 본질(本質)이나, 삼신론(三神論)적인 분리(分離)의 셋이라는 주장의 논리에 연관(聯關)된 듯한 오해(誤解)가 없기를 바라는 입장에서의 구별 그 자체만의 이해(理解)가 있기를 바라는 바이다.

우선(于先) 한 사람이라고 할 때는 누구나 표면(表面)적으로 나타나 있는 육체(肉體) 곧 몸이 있고 보이지 않는 영(靈)이 있고 혼(魂)이 있음으로써(살전5:23 ; 약2:26 ; 히4:12 ; 마10:28) 이 셋의 구성(構成)으로 말미암은 한 사람이 되는 것이다. 그래서 영혼(靈魂)이 떠나면 몸은 죽은 몸이 되며(약2:26 ; 마27:50) 몸이 죽으면 영혼(靈魂) 또한 육체에 거(居)할 수가 없으므로 사람이라는 생명체(生命體)가 성립(成立)될 수가 없는 것이다. 그래서 세상의 모든 사람은 그 누구나 영(靈)과 혼(魂)과 육체(肉體)로 구성(構成)된 생명체가 되며 사람마다 각각 이름이 정해져 있으므로 그 이름을 통하여 그는 누구라는 정체성(正體性)의 인격(人格)이 증명(證明)되는 것이다. 그러므로 어떤 한 사람에게 김최고라는 이름이 정해져 있다면 그 한 사람으로 구성(構成)된 몸이 김최고가 될 뿐만 아니라 그 몸에 거(居)하는 보이지 않는 영(靈)도 김최고가 되며 그 혼(魂)도 김최고가 되는 것이다. 그렇다고 해서 김최고는 세 사람이 되는 것이 아니라 한 사람 김최고가 되는 것이다.

이는 몸과 영(靈)과 혼(魂)으로 구별(區別)은 되나 그 한 사람이 되게 하는 구성(構成)에 있어서는 같은 하나가 되기 때문인 것이다. 즉, 사람의 몸과 영(靈)과 혼(魂)으로 구별(區別)은 되나 그 구별이 되게 하는 조건(條件)의 원칙(原則)에 있어서는 몸과 영(靈)과 혼(魂)이 같은 하나 곧 김최고라는 한 사람이 전제(前提)되어 있다는 사실인 것이다. 단, 같은 본질(本質)의 하나라는 사실의 전제하(前提下)에서의 구별(區別)은 되나 그 내면(內面)적 하나가 되는 존재형태(存在形態)에 있어서는 사람으로서는 알 수 없는 결론(結論)적 사실만이 남게 될 뿐이다.

이와 같이 삼위일체(三位一體)의 구별(區別) 그 자체단어(自體單語)에 대한 이해(理解)에 있어서도 삼위격(三位格)으로의 독립적(獨立的) 구별(區別)은 되나 본질(本質)의 하나라는 근본(根本)은 언제나 전제(前提)되어 있다는 사실인 것이다. 그래서 삼위일체에 대한 이해관계상(理解關係上) 다시 한번 정리를 하게 되면 삼위의 현실적 표현의 독립적 인격을 인정하되 본질의 완전한 분리(分離)의 인정(認定)은 아니며 삼위의 하나됨을 주장하되 그렇다고 해서 위격(位格)의 구별로 말미암아 삼위의 독립적 인격의 무시(無視)는 결코 아닌 것이다. 그러므로 삼위일체(三位一體)란 성경의 나타난 그대로 삼위의 본질적(本質的) 하나와 삼위의 독립적 인격(獨立的 人格)을 함께 말하고 있는 것이다.

그래서 하나님의 신론(神論)에 대한 웨스트민스터 신앙교리에 의한 장로교 교리(敎理)적 정립(定立)을 보게 되면[장로교 통합 교단 헌법 교리 144p 2(기독교 정통교단들의 정립도 이와 비슷함)] **"하나님은 본질에 있어서 한 분이시나 삼위로 계신다. 삼위는 성부와 성자와 성령이시다. 삼위는 서로 혼돈(混沌)되거나 혼합(混合)할 수 없고 완전히 분리(分離)할 수도 없다. 삼위는 그 신성(神性)과 능력과 존재(存在)와 서열(序列)과 영광에 있어서 완전히 동등(同等)하시다."**라고 정의(定義)되어 있는 것이다. 그래서 이해관계상 지난 서술에서 표현한 바 있는 삼위일체 하나님에 대한 도표를 다시 한번 더 소개하고자 한다. 이는 곧 성경대로 성삼위 내면의 본질(本質)적 하나를 말하되 표면에 나타난 성삼위의 독립적 동시(同時) 존재(存在)의 인정이다.

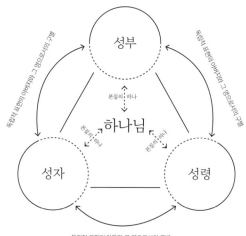

독립적 표현의 아들과 그 영으로서의 구별

위의 도표와 같이 성삼위(聖三位)는 질서의 분명한 독립적(獨立的) 동시존재(同時存在) 위격(位格)의 표면적(表面的) 구별(區別)이 되나 삼신론(三神論)적 세 분의 하나님이 결코 아닌 것은 그 내면(內面)에 있어서의 근본(根本) 본체(本體) 곧 같은 본질(本質)의 한 하나님이 되시기 때문에 **완전한 분리 독립(分離獨立)의 성삼위(聖三位)는 될 수가 없음이며** 또한 성삼위는 같은 본질(本質)의 하나 곧 한 분 하나님이 확실(確實)하나 양태론(樣態論)의 순환(循環)적 변신(變身)의 한 하나님이 결코 아닌 것은 성삼위는 표면의 **독립적(獨立的) 동시존재(同時存在)의 구별(區別)된 삼위격(三位格)으로 계시기 되기 때문**이다.

그러므로 삼위의 독립적 세 인격을 배제(排除)한 하나라는 극단적(極端的)인 치우침은 없어야 하며 반면에 근본 같은 본질의 하나를 배제(排除)한 세 분의 인격(人格)에만 극단적(極端的)으로 치우쳐서도 성경적이 아니므로 삼위일체(三位一體) 하나님 곧 삼위로 계시면서도 한 하나님이 되신다는 사실이며 삼위일체 하나님을 믿음으로 인정하는 것이 성경적 신론신앙(神論信仰)이 되는 것이다. 그래서 타의(他意)에 의한 판단(判斷)에 있어서도 성삼위(聖三位)를 단순히 서로 다른 개체(個體)라 해서, 또한 성삼위는 단순히 본체의 하나라고 해서 무조건 삼신론(三神論)자로, 또는 양태론(樣態論)자로 몰아가는 것은 오히려 비(非)성경적 판단(判斷)이 되는 것이다.

문제는 본질(本質)의 하나를 부정(否定)하는 전제(前提)하의 극단적(極端的) 치우침의 완전한 분리 독립 신격(神格)의 주장(主張)이냐, 또는 삼위의 독립적 인격(人格)에 대한 부정적 전제하(前提下)의 극단적 단일의 하나 자체에만 치우친 나머지 성삼위의 순환(循環) 변신(變身)적 임(臨)하심의 역사(役事) 주장이냐에 있는 것이다.

그러므로 하나님 신론에 있어서의 삼신론(三神論)도 아니며 양태론(樣態論)도 아닌 삼위일체(三位一體)를 말한다면 과연 본질(本質)의 하나가 되는 그 내면(內面)에 있어서 **어떤 존재(存在) 형태(形態)로서 삼위일체 한 분 하**

나님이 되느냐가 핵심적(核心的) 관건(關鍵)이 되는 것인데 하나님의 본체는 하나이시나 삼위로 계신다는 사실은 명백한 성경적 근거에 의한 사실로서 그 삼위일체의 존재형태를 구체적으로 구분(區分)해 본다면 표면적 존재형태(表面的 存在形態)와 내면적 존재 형태(內面的 存在形態)의 두 가지로 구분해 볼 수도 있는데 앞에서의 도표(圖表)와 같이 먼저 표면적 존재형태는 성삼위의 사역(使役)에서 분명하게 나타난 대로 위격(位格)의 구별(區別)된 삼위로 계시되 서로의 안에 거하고 계셔서 일하신다고 하셨으니 이는 독립적 표면의 존재형태를 말하되 내면(알 수 없는 존재형태)의 본질(本質)적 하나가 되심으로 말미암은 사역(使役)의 연합(聯合)은 강조가 되었으되 그 보이지 않는 그 하나의 구체적 존재형태(存在形態)에 있어서는 합리적 형태로 이해(理解)될 수 없는 표현(表現) 곧 서로의 안에 거(居)하고 계심의 하나라는 그 자체(自體)의 강조로만 나타나 있는 것이다.

성경 말씀의 한 구절 안에 기록된 위격(位格)의 독립성(獨立性)과 위격의 일체성(一體性)을 구체적으로 이해(理解)해 본다면 요한일서 5장 20절의 말씀 곧 "또 아는 것은 하나님의 아들이 이르러 우리에게 지각(知覺)을 주사 우리로 참된 자를 알게 하신 것과[성부(聖父) 하나님을 증명하여 알게 함] 또한 우리가 참된 자 곧 그의 아들 예수 그리스도 안에 있는 것이니(여기까지는 예수 그리스도가 너무나 분명한 하나님의 아들로서 독립적 개체임) 그는 참 하나님이요, 영생이라[독립적 개체(個體)인 예수 그리스도가 하나님이라는 사실, 그것도 참된 자의 아들(聖子)임에도 불구하고 참하나님이라는 사실]."라는 말씀으로 기록되어 있는 것이다.

그러므로 성삼위의 독립성(獨立性)에 치우친 삼신론(三神論)이 되어서도 아니 되며 그렇다고 해서 양태론(樣態論)에 치우쳐도 아니 되며 '하나님은 한 분'이시기에(딤전2:5) 삼위(三位)로 계시는 삼위일체(三位一體) 하나님이라는 사실의 동시적(同時的) 인정(認定)의 믿음이 삼위일체 신앙이다.

삼위일체의 하나가 되는 존재형태는 하나님의 신비적 영역

아버지와 예수 그리스도가 서로의 안에 계시고 거(居)하심의 하나가 되신다는 이 내면(內面)의 존재형태(存在形態)야말로 성경적으로 볼 때는 사람의 지혜(智慧)나 지식(知識)으로는 완전하게 이해(理解)될 수 없는 한계(限界) 밖의 문제로 보이는 것이다. 이는 지난 서술의 반복(反復)으로 **삼위의 일체에 대한 구체적 내면의 존재형태(存在形態)는 하나님의 절대적 권위 (權威)의 신비(神秘)적 영역(領域)에 속하기 때문**에 내일 일도 모르는 사람의 지혜와 지식이, 아니 한 치 앞의 일도 모른다는 사람이 하나님의 영원한 신비의 세계를 다 안다는 것은 그 자체가 심히도 어리석음이 되는 것이다(잠27:1 ; 약4:13-24 ; 고전1:25).

그러므로 창조 세계의 이미 드러난 부분에 있어서도 다 알 수 없는 사람으로서 어떻게 천지와 그 가운데 만물을 말씀으로 창조하시고 사람을 창조하신 전능의 하나님, 보이지 않는 그 신(神)의 세계(世界)를 구체적으로 알 수가 있겠는가 하는 것이다. 그래서 욥기 11장 7절에서는 **"네가 하나님의 오묘(奧妙) 함을 어찌 측량하며 전능자(全能者)를 어찌 능히 완전히 알겠느냐."라고 했으며 시편 145편 3절에는 "여호와는 위대하시니 측량하지 못하리로다."라고 이미 일찍이 결론이 내려져 있는 것이다.**

그러나 사람이 알 수 없는 신비의(神秘) 영역(領域)인 하나님 신변(身邊)의 신론(神論)적 문제는 2,000여 년이 되어 가도록 끊임없는 논란(論難)과 논쟁(論爭)으로 말미암은 부작용(副作用)이 계속되고 있으며 앞으로도 계속될 것으로 보인다. 이는 성경에 기록이나 의미(意味)로도 계시(啓示)되지 않은 삼위일체에 관한 성삼위 같은 본질의 하나에 대한 구체적 영적 존재형태(存在形態)를 사람의 추상적(抽象的) 논리를 이용해 완전한 합리화(合理化)로 이끌어 내려는 무리(無理)한 접근의 시도(試圖)가 되기 때문이다. 그래서 삼위일체 하나님에 대한 신론의 구체적 근본 존재형태의 문제는 인류발전(人類發展)의 화려(華麗)한 꽃이 되는 첨단과학(尖端科學)으로도 풀어낼 수가 없는 것이다.

물론 성경의 모든 기록이 과학과는 전혀 관계가 없다는 것이 아니라 성경적 신론의 핵심적(核心的) 진리는 과학도 접근(接近)할 수 없는 전적(全的)인 영적(靈的) 문제라는 사실을 말하고자 함인 것이다. 앞에서도 언급(言及)했듯이 하나님은 신(神)이시며 영(靈)으로 계시기 때문에 성경을 통하여서는 하나님의 영원하신 존재적 사실이나 전지전능(全知全能)의 역사(役事)하심의 내력(來歷)과 속성(屬性)까지는 어느 정도 알 수는 있으나 하나님의 신비(神秘)의 영역(領域)에 속하는 존재하심의 직접적인 형상(形象)이나 영(靈)으로 계시는 구체적 존재형태의 실상은 사람으로서는 그 누구도 알 수가 없는 것이다.

물론 하나님은 옛날부터 그 종(從) 선지자(先知者)들을 통하여서 비밀(秘密)을 알리기도 한다고 했지만, 어디까지나 세상의 재앙(災殃)이나 심판(審判)에 관한 것이며(암3:6-7), 그 외의 비밀도 주로 예수 그리스도와 그 복음(福音) 구속사역(救贖使役)에 속하는 것으로(골1:26 ; 엡6:19) 하나님 신변(身邊)의 신비의 문제와는 별개(別個)의 문제로 보이며 하나님의 직접적인 신론의 구체적 계시(啓示)는 허락(許諾)되지 않은 것으로 보인다.

본질의 하나되는 신앙 차원적 이해

이 서술 또한 지난 글의 개념적 되새김으로 성삼위의 독립(獨立)적 인격 (人格)이 분명해 보이는데도 불구하고 그 삼위가 같은 본질의 하나 곧 삼위일체 하나님이라는 사실은 그 자체부터가 사람들의 합리적 논리로 볼 때는 비합리(非合理)적일 수밖에 없는 것으로 보이게 되는 것이다. 그래서 삼위일체(三位一體) 그 내면(內面)의 구체적 존재형태(具體的存在形態)를 모든 사람에게 합리(合理)적 사실로 이해시킬 수 있는 논리(論理)는 있을 수가 없는 것이다. 이는 성경에서도 성삼위는 같은 본질의 하나라는 사실에 대한 내용적 근거의 기록만 있을 뿐 그 삼위의 하나가 되는 합리적 이해 (理解)의 존재형태(存在形態)로는 명확하게 설명되지 않고 있을 뿐만 아니라 바로 앞부분의 글에서도 언급한 바와 같이 삼위일체 하나님이라는 사실 자체가 하나님의 신비(神秘)의 영역(領域)에 속하기 때문인 것이다. 그래서 성삼위의 본질적 하나가 되는 그 내면의 구체적 존재형태는 사람의 이성(理性)적 사고(思考)에서는 알 수도 이해(理解)될 수도 없는 것이 사실인 것이다.

그러므로 하나님은 성부, 성자, 성령의 삼위로 계신다는 삼위일체(三位一體) 하나님이라는 사실 그 자체는 성경적 근거에 의한 너무나 분명한 사실이 되기 때문에 삼위일체 하나님이라는 그 인정(認定)에 있어서는 성삼위의 하나가 되는 구체적 존재형태(存在形態)에 의한 논리의 인정이 아니라 비록 삼위일체 하나님이라는 사실이 비록 비합리(非合理)적으로 보일지라도 신앙차원(信仰次元)의 인정(認定)밖에는 다른 방법이 없는 게 사실이다.

성경은 정확무오(正確無誤)한 절대적 진리의 생명말씀임에도 불구하고 사람들의 보기에는 합리적(合理的)인 것에만 있는 것이 아니라 하나님의 경륜(經綸)에 의한 섭리(攝理)에 따라서는 비과학적(非科學的)이거나 비합리적(非合理的)인 사실들의 역사(役事)도 많이 기록되어 있는 것이다. 그래서 참고적으로 그중 몇 가지 사례(事例)를 보게 되면 태초(太初)의 창조에서 하나님의 말씀으로 말미암아 천지(天地) 모든 만물의 무(無)에서 유(有)로 생겨났을 뿐만 아니라 하나님의 만드신 흙으로 된 사람의 형상(形狀)에 창조주의 불어넣은 한 번의 호흡(呼吸)으로 말미암아 생령(生靈)의 사람이 된 천지만물(天地萬物)의 창조(創造, 창1:1-31)야말로 사람의 보기에는 너무나 비과학적(非科學的)이며 비합리적(非合理的)으로 보인다.

또한 영원한 멸망(滅亡) 가운데 있는 사람의 구원(救援)에 있어서도 그야말로 기본(基本) 가치가 수반(隨伴)된 사람의 지혜나 지식이나 선행(善行)이나 섬김의 절차(節次)가 복잡 다양(多樣)한 율법(律法)의 공력(功力)에 있지 않고 오로지 예수 그리스도를 주(主)로 시인(是認)하고 마음에 믿는 너무나 단순(單純)한 신앙적 절차만으로 영원한 생명을 얻게 되는 것에 있어서도(롬10:9-15 ; 요3:16) 대가(代價)적 기본 상식(常識)에 있어서는 도저히 인정될 수가 없는 것이며 그리고 또한 사람의 생물학(生物學的)적 잉태(孕胎)가 아닌 성령의 잉태로 동정녀(童貞女) 마리아에게 나신 예수님의 탄생(誕生, 마1:1-25)부터가 너무나 비과학적이며 보리떡 다섯 개와 물고기 두 마리를 예수님의 축사(祝謝) 후 나누어 주었는데 5,000여 명이 배불리 먹고 12바구니가 남았다는 사실(요6:5-13), 육체(肉體)를 입은 예수님이 죽었다가 삼일 만에 다시 살아났다는 사실(마28:1-10 ; 눅23:26-24:12), 다니엘의 세 친구가 풀무 불에 던져졌을 때 불이 너무 뜨거워 던진 사람은 즉석에서 불에

타 죽었으나 풀무 불 가운데 오래 지체(遲滯)한 다니엘의 세 친구는 머리털 하나 그을리지 않고 나왔으니(단3:19-28) 이 또한 이해될 수 없는 사건(事件)이며 요나가 물고기 배 속에서 삼 일 동안 회개(悔改) 후 손상 없는 육체로 육지에 토함을 받았다는 것(욘1:15-2:-10) 모두가 비과학(非科學) 중 비과학이며 사람의 어떤 합리적 논리로도 이해(理解)될 수 없는 성경 기록의 몇 사례(事例)이다.

그러므로 다시 한번 더 강조(强調)를 하게 되면 유일(唯一)하신 한 하나님은 성부(아버지), 성자(아들), 성령(보혜사 곧 아버지와 아들의 영)의 삼위로 계시는 삼위일체의 하나님이시라는 것은 성경의 근거에 의한 사실이 되는 만큼 이미 정통 교단들이 성경적 신론(神論)의 한 교리(敎理)로 받아들이는 기독교의 공인(公認)된 웨스트민스터 신앙고백의 정립(定立)된 한 요약 곧 **"하나님의 본체는 하나이시나 삼위로 계신다. 즉, 한 본체와 한 권능과 한 영원성이다. 아버지로서의 하나님, 아들로서의 하나님, 성령으로서의 하나님이시다**(요일5:7 ; 마3:16-17, 28:19 ; 고후13:13)."

성부는 무슨 물질로 구성되거나 거기서 나오거나 그것에서 유출되는 것은 아니다. 성자는 영원토록 성부에게서 탄생하시고(요1:14, 18) **성령은 영원토록 성부와 성자에게서 나온다**(요15:26 ; 갈4:6). 이상 요약 부분 정통 교단의 웨스트민스터 신앙고백서의 교리 중에서 발취한 정의(定義)에 있어서는 신앙 차원의 믿음으로 받아들여야 하는 것이다.

그러므로 오늘날 삼위일체(三位一體) 인정(認定)의 신앙(信仰)은 성삼위의 독립(獨立)적 위격(位格)을 무마(撫摩)시킬 수 있는 성삼위(聖三位) 그 본질(本質)의 보이지 않는 하나가 된 구체적 존재형태(存在形態)를 합리화(合理化)적으로 나타내는 데 있는 것이 아니라 이미 정통기독교(正統基督敎) 교단(敎團)들의 신론(神論)적 교리(敎理)로 인정된 하나님은 성부, 성자, 성령의 삼위로 계신다는 앞에서 인용(引用)된 웨스트민스터 신앙고백 곧 성삼위(聖三位)의 본질(本質)의 하나라는 전제하(前提下)에서의 독립적(獨立的)

성삼위의 구별(區別)된 위격(位格)을 동시(同時)적 믿음의 인정(認定)으로 받아들이는 신앙인 것이다.

그러므로 지난 서술 중에서도 여러 차례 강조(强調)했듯이 성경의 명백한 기록상 하나님은 한 분이시다. 그래서 한 분 아버지 하나님이 계신다. 그럼에도 불구하고 예수님도 하나님이라는 사실과 성령도 하나님이라는 사실 또한 성경의 기록에서 분명하게 알 수가 있었다. 이로 보건대 삼위일체(三位一體)의 하나님이 아니고서는 진리(眞理)의 성경이 될 수가 없는 것이다. 즉, 한 하나님은 삼위로 계시기 때문에 성부(聖父)도 하나님, 성자(聖子)도 하나님, 성령(聖靈)도 하나님 모두가 하나님이 되시나 성삼위는 근본(根本) 본체(本體) 곧 같은 본질(本質)로서의 한 분 하나님이 되는 것이며 위격(位格)의 구별(區別)된 성부, 성자, 성령으로서의 독립(獨立)적 사역(使役)의 인격(人格)에 있어서는 세 분의 성삼위(聖三位)가 되시는 것이다. 이는 세 분의 하나님을 억지로 한 분의 하나님으로 짜 맞추기가 아니라 성삼위는 독립적 위격의 세 분으로 계시나 근본(根本) 본체(本體) 곧 본질(本質)의 하나인 삼위일체(三位一體)가 되시기 때문이다.

성경을 통하여 성부, 성자, 성령은 독립적 인격이 되신다는 것은 그 누구에게나 이해되고 있는 것이 사실이다. 그러함에도 역시 성경 말씀 중에는 **성삼위는 근본 같은 본질(本質)의 하나라는 명백한 의미(意味)의 기록은 여러 곳에 있어도 성삼위는 근본(根本) 같은 본질(本質)의 하나가 아니라는 별도의 기록은 없는 것이다.** 이는 곧 삼위일체에 있어서의 성삼위의 독립성을 함께 말하고 인정하되 본질상(本質上) 한 하나님이라는 사실의 전제하(前提下)에서의 모든 이론(理論)이 전개(全開)되어 있기 때문인 것이다. 그러므로 성삼위(聖三位) 그 역사(役事)하심의 표면상(表面上) 삼신론(三神論)이야말로 성경적 합리(合理)의 논리로 보이기는 하나 하나님의 근본 본체(本體)가 되시는 예수님과 아버지의 동질(同質) 동등성(同等性) 곧 성삼위 같은 본질(本質)의 하나를 무시하는 극도의 치우친 주장이 되며 성삼위 한 본체의 단일의 하나님으로 강조되는 양태론(樣態論) 또한 예수님은 하나님의 근본 본체(本體)라는 사실에 있어서는 완전한 합리적(合理的) 논리로 보이기는 하나 성삼위의 독립적(獨立的) 인격(人格)에 대한 동시적(同時的) 역사(役事)에 있어서는 성경적 사실을 벗어난 지극히 치우친 주장이 되기 때문에 문제가 된다.

그래서 삼위일체(三位一體)의 정의(定義)에 있어서는 성부, 성자, 성령을 독립적(獨立的) 세 분으로는 인정하되 본질(本質)의 하나라는 절대적 전제하(前提下)에서의 성삼위격(聖三位格)의 구별(區別)된 세 인격(人格)의 인정(認定)인 것이다. 그러므로 기독교 정통교단(正統敎團)들의 인정하는 삼위일체의 정의에 있어서는 앞에서의 인용과 같이 한 분 하나님은 삼위로 계신다는 동시적 인정 곧 '웨스트민스터 삼위일체 신앙고백'인 것이다.

단, 사람들의 공통(共通)된 요구 사항인 성삼위의 본질(本質)의 하나가 되는 그 내면의 구체적 존재형태(存在形態)에 대한 직접적인 증명(證明)에 있어서는 사람의 이성(理性) 안에서는 알 수도, 볼 수도, 이해(理解)될 수도 없는 하나님의 신비(神秘)적 영역(領域)에 속한 문제이기에 믿음으로 받아들일 수밖에 없는 것이다. 그래서 아버지를 보여 달라는 빌립에게 아버지와 예수님 자신이 서로의 안에 거(居)하고 계시어 "하나됨을 믿으라."라는 예수님의 직접적인 말씀과 같이(요14:8-11) 삼위일체 하나님의 신론이 비록 비합리적(非合理的)으로 보일 수도 있으나 말씀 안에서의 믿음의 인정이 곧 삼위일체(三位一體) 하나님 인정(認定)의 신앙(信仰)이 되는 것이다. 이는 곧 예수 그리스도는 하나님의 근본 본체 곧 같은 본질이라는 사실과(빌2:5-6) 성령 곧 보혜사(保惠師)는 하나님과 예수 그리스도의 같은 영(靈, 롬8:9-11 ; 요15:26 ; 행16:6-7)으로서 성경의 직접적인 기록이 되기 때문에 하나님은 삼위로 계신다는 기독교 신론에 대한 교리인정(敎理認定)에 있어서는 결국 믿음으로 받아들이는 신앙(信仰) 차원으로 연계(聯繫)되는 사실인 것이다.

모든 사람이 하나님의 신론(神論)에 대한 삼위일체(三位一體)에 있어서는 대단히 어려운 문제라는 한목소리를 내고 있다. 이는 삼위일체 하나님이 되시는 그 내면(內面)의 알 수 없는 존재형태(存在形態)를 성경에도 없는 사람의 합리(合理)적 논리에 맞추어 풀어내려고 하기 때문이다. 그러나 **삼위일체 하나님에 대한 신앙(信仰)적 믿음의 인정(認定)이야말로 이보다 더 성경적이고 더 쉬운 삼위일체(三位一體) 하나님의 신론(神論)은 없는 것이다.** 그래서 사람의 이성(理性)적 차원에서는 해결될 수 없는 삼위일체(三位一體) 그 내면(內面)의 하나가 되는 구체적 존재형태(存在形態)의 문제는 마치 보이지 않는 영체(靈體)의 하나님, 볼 수 없는 하나님, 그래서 하나님을 본 사람이 없다는 성경의 선언(宣言)까지 있는데도 불구하고 하나님을 보는 것같이 믿는 신앙은 곧 하나님 그 본체(本體)의 형상(形狀)이 되는 예수 그리스도를 믿는 믿음(요일4:12-16 ; 요1:18 ; 히1:3)으로 인하여 하나님을 아는 참신앙의 소유자(所有者)가 된 것같이 그 본질(本質)의 하나가 되는 내면(內面)의 상태(狀態)를 볼 수 없고 알 수 없는 삼위일체 하나님의 구체적 존재하심의 하나가 된 형태(形態) 역시 믿음으로 인정(認定)하는 그 신앙 안에서만 문제 해결이 될 수가 있는 것이다.

삼위일체의 개념적 압축 정리

지금까지 성경적 근거(根據)에 의한 여러 시각적(視覺的) 다양(多樣)한 견해(見解)의 입장에서 삼위일체 하나님에 대해서 생각해 보았다. 이와 같이 성경적으로 볼 때는 삼위일체(三位一體)란 성부(아버지 하나님), 아들(예수 그리스도), 성령(保惠師)은 독립적(獨立的) 세 분의 인격(人格)이 분명해 보이지만 한편으로는 예수 그리스도는 하나님의 근본(根本) 본체(本體)이시요, 성령(聖靈) 또한 아버지와 아들 그 영(靈)으로서의 삼위는 본질의 하나이시다는 사실이다.

그래서 성부도 하나님, 성자도 하나님, 성령도 하나님, 모두가 하나님이 되시지만 세 분의 하나님이 아니라 본질상 하나 곧 한 분 하나님이 되시는 것이다. 그러므로 위격(位格)에 있어서는 독립적 세 분의 인격으로 인정하지 않을 수가 없으며 본질(本質)에 있어서의 하나님은 세 인격 곧 세 분의 하나님이 아니라 유일(唯一)하신 하나님이 되신다는 정의(定義)가 될 수밖에 없는 것이다.

그래서 성부, 성자, 성령을 독립적으로 인정(認定)하되 본질(本質)의 하나이심을 부인(否認)하게 되면 삼신론(三神論)적 신론자가 되는 것이며 반면에 본질의 한 분 하나님을 인정하되 삼위의 독립적 세 분으로 계심을 부인(否認)하게 되면 양태론(樣態論)적 신론자가 되는 것이다. 그러므로 삼위일체(三位一體) 하나님의 인정이란 어느 한쪽으로의 극한 치우침이 아니라 한 분 하나님은 성부, 성자, 성령의 삼위로 계신다는 사실의 동시 인정(同時認定)이 되어야 하는 것이다.

이는 사람의 이성적(理性的) 이해(理解)와 논리에 있어서는 비합리(非合理)적, 비과학(非科學)적이 될 수밖에 없으나 성경 기록의 말씀은 절대적 완전한 진리(眞理)가 되는 만큼 액면(額面)적 기록과 그 의미에 대한 '신앙 차원(次元)적 믿음의 인정'인 것이다. 즉, 성부 하나님, 성자 하나님, 성령 하나님이 되시는 삼위는 분명한 세 분이 되시나 본질에 있어서는 완전한 분리가 아닌 반면(反面)에 또한 세 분의 혼합(混合)도 아닌 삼위(三位)로 계시는 한 분 하나님이 되시는 것이다.

그렇다면 더 나아가 삼위일체 하나님이란 과연 어떤 구체적 형태(形態)로 본질의 한 분 하나님으로 존재(存在)하시느냐의 문제가 당연히 따르게 되지만 이 또한 **사람의 이성적(理性的) 이해(理解)나 과학(科學)으로도 접근(接近)될 수 없는 한계(限界) 밖의 절대적 전능자(全能者) 하나님의 신비적(神秘的) 영역(領域)이 되는 것이다.** 그러므로 믿음 안에서 성삼위(聖三位)의 독립적 세 분의 인격으로나 본질의 하나되심의 양면적(兩面的) 인정(認定)을 한다 해서 이것도 저것도 아닌 것이 아니며 더 나아가 극한 치우침의 논리인 삼신론이나 양태론에 대한 중립(中立)적 인정도 아니라 성경적 기록과 그 의미(意味)를 액면 그대로 받아들이는 믿음의 인정(認定)이라는 사실이다.

그래서 지난 서술에서의 몇 차례의 언급과 같이 웨스트민스터 신앙 고백 중 하나님의 신론(神論)에 관한 정의(定義)에 있어서는 "**하나님의 본체는 하나**(본질의 하나)이시나 **삼위로 계신다**(독립적 인격의 인정)."라는 정의(定義)로 되어 있는 것이다. 이는 곧 본질(本質)에 있어서의 한 분 하나님은 삼위로 계시되 그렇다고 해서 혼합(混合)의 하나가 아닌 삼위(三位, 성부, 성자, 성령)로 계시는 하나의 인정 곧 삼위(三位)라는 독립적(獨立的) 세 인격(3人

格)으로 계시되 본질(本質)의 하나에 있어서는 완전한 분리(分離)가 될 수 없는 아버지와 아들과 그 영(靈)의 구별(區別)로 억지(憶持)의 구체적(具體的) 존재형태(存在形態)의 해석(解釋)이 아닌 성경 기록 액면(額面) 그 자체(自體)에 대한 동시(同時)적 믿음의 인정(認定)으로 보인다.

삼위일체 신앙은 복음교회의 현실 신앙이다

　이하의 내용 또한 이미 앞의 서술에서 언급된 중복성(重複性)의 글이 되기도 하지만 이 서술의 마무리 입장에서 좀 더 구체적 생각해 보고자 한다. 요한복음 17장 20-26절의 내용 역시 삼위일체 하나님이라는 사실의 한 증거(證據)의 말씀으로 성자가 성부에게 하신 간구(懇求) 곧 "아버지여 **'아버지께서 내 안에 내가 아버지 안에'** 있는 것같이 **'그들도 다 하나가 되어' '우리 안에 있게 하사'** 아버지께서 나를 보내신 것을 믿게 하소서** (복음신앙은 하나님의 삼위일체와 직접적인 연관성의 믿음)."라고 했으니 삼위일체 하나님의 신론(神論)이야말로 하나님의 신비(神秘)의 문제로만 끝나는 것이 아니라 그 말씀 안의 내용을 더 보게 되면 '삼위일체 안의 하나와 그 사랑이 거룩한 공동체의 하나와 사랑으로 연결(戀結)되는 복음교회의 원천적(源泉的) 중심신앙(中心信仰)'이 되는 것이다.

　구약시대(舊約時代)는 절대적 여호와 그 이름만 부르던 신앙(信仰)이었지만 신약시대(新約時代)에 와서는 한 분 하나님을 섬기되 그 섬김의 구체적 표현(表現)에 있어서는 성부, 성자, 성령의 삼위(三位)를 믿고 부르게 되는 것이다. 그러나 비록 성삼위를 섬김의 대상으로 부른다 해도 결국은 한 하나님을 믿는 신앙이 되므로 이 신앙이야말로 복음적 삼위일체의 신앙이 되는 것이다.

구약시대에도 성경의 기록자들이나 선지자들의 예언의 기록에서는 이미 성삼위에 대한 예언이 되고 있었지만 당시 대다수의 사람은 그 말이 무슨 뜻이 되는지를 모르는 상태였던 것이 사실이다. 물론 일부 영(靈)적인 사람들의 세상을 구하러 오실 메시아에 대한 믿음 안에서 메시아가 오시기를 기다리는 신앙은 있었지만 삼위로 계시는 하나님의 구체적 역사의 사실은 거의 알지 못했던 것이 사실이다. 즉, 창세기의 하나님이 하나님 스스로의 인칭을 말함에 있어서도 우리라는 복수(複數)적 표현을 할 때가 있었지만(창1:26, 3:22, 11:7), 또한 오실 예수 그리스도의 예언(豫言)의 말씀에 있어서도 한 아기로 오실 예수 그리스도야말로 "전능(全能)의 하나님이라, '영존(永存)하신 아버지'라, '평강의 왕(王)'이라."라는 사실의 말씀이었지만(사9:6) 삼위일체 하나님으로는 잘 이해되지 않았던 것이다.

그러한 가운데서 근본(根本) 하나님의 본체(本體)이신 예수 그리스도(빌2:5-6)가 육체를 입은 메시아로, 하나님의 아들로 인간 세상에 오심으로 말미암아 드디어 삼위일체 하나님에 대한 윤곽(輪廓)이 드러나기 시작했으며 죽은 자 가운데서 부활하신 예수 그리스도가 세상에서의 구속사역을 마치시고 승천하신 후 보혜사(성령)가 예수 그 이름으로 하나님 아버지의 보내심을 받은 공식 임재(臨在, 요14:26, 15:26, 16:7)로 인하여 삼위일체(三位一體) 하나님이라는 더욱 명확한 사실로 확인되므로 삼위일체 하나님을 통한 복음사역(使役)의 역사(役事)가 본격적으로 표면화(表面化)된 것이다.

이러한 증거(證據)가 지난 서술 삼위일체와 성삼위(聖三位)의 사역(使役)적 기원(起源)에 대한 신구약(新舊約) 성경의 근거(根據)를 언급한 바 있는 글에서와 같이 삼위일체(三位一體) 하나님과 그 사역의 사실은 요한복음을 통해서 구체적으로 드러나게 되는데 요한복음 기록의 시작부터가 성부와 성자가 본질적(本質)으로는 한 하나님이 되신다는 사실을 명확히 말씀해 주고 있는 것이다. 이는 곧 태초(太初)에 말씀이 하나님과 함께 계셨고 말씀은 곧 예수 그리스도를 말하는 동시에 그 말씀은 하나님이 되신다고 증거하고 있기 때문이다(요1:1-3). 이로 말미암아 창세기의 유일신이신 여호와 하나님이심에도 불구하고 우리라는 복수적 인격을 직접 말씀하신 그 궁금증이 명확하게 풀린 것이다.

특히 요한복음 1장과 14장부터 17장까지는 삼위일체 하나님이 되심을 나타내는 동시(同時)에 그 삼위의 사역(使役)적 역할이 집중되어 있는데 곧 아버지(성부), 아들(성자), 보혜사 곧 성령(아버지와 아들의 영)의 독립적(獨立的) 인격(人格)의 세 분의 삼위가 되심을 명확히 나타내 보이면서도 아버지(성부 하나님)와 아들(성자 예수 그리스도)의 서로의 안에 거(居)하고 계심의 같은 본질(本質) 하나라는 사실로 동시(同時) 수용(受容)적 삼위일체(三位一體) 하나님이 되심을 확인시켜 주고 있는 것이다.

또한 독립적(獨立的) 성삼위의 구별된 직무(職務)적 사역(使役)이 분명해 보이나 연합(聯合)적 하나의 사역이 되고 있음도 말씀하고 있는 것이다. 그러므로 요한복음이야말로 삼위일체적 복음서라 할 정도로 성삼위의 본질(本質)적 하나와 성삼위의 구별된 독립적(獨立的) 인격(人格)과 사역(使役)을 확인시켜 주므로 실상(實狀)은 기독교 삼위일체 신론(神論)의 교리(敎理)적 복음서라 해도 손색이 없어 보이는 것이다.

그러나 삼위일체 하나님의 복음신앙(福音信仰)의 기록은 요한복음으로 끝나는 것이 아니라 사도행전 성경으로 연결(連結)되는 것이다. 이는 요한복음의 기록대로 예수님께서 친히 약속(約束)하셨던 성삼위 중(聖三位 中) 제3위격(3位格)인 성령 곧 보혜사(保惠師, 요15:26, 16:7-13)의 공식(公式) 임재(臨在)로 말미암은 또 하나의 성취(成就)로서(행2:1-21) 성삼위의 완전한 표면(表面)적 복음 사역(使役)이 본격적으로 시작됨으로 말미암아 삼위일체 하나님의 복음사역의 역사(役事)는 모든 신약성경의 기록에서 나타난 대로 구원의 대역사(大役事)가 더욱 활발하게 계속(繼續)되는 것이다.

그래서 한 분 하나님을 믿는 신앙(信仰)은 곧 성부, 성자, 성령의 삼위격(三位格)으로 계시는 삼위일체 한 분 하나님을 믿는 신앙이라는 사실로 확인이 되므로 기독신앙(基督信仰)의 구체적 표현신앙(表現信仰)에 있어서는 성부를 믿고 성자를 믿고 성령을 믿는 신앙이 되기도 하나 한 분 하나님은 같은 본질(本質)의 성삼위로 계시므로 말미암아 "주(主)도 한 분이시요, 믿음도 하나요, 세례(洗禮)도 하나요(엡4:5)."라는 말씀에 의한 한 믿음 안의 한 주(主) 곧 한 하나님을 믿는 복음신앙(福音信仰)으로서 삼위일체 한 분 하나님을 믿는 신앙의 결국이 되는 것이다.

그래서 복음 안에서의 참된 신앙고백(信仰告白)은 곧 현실에 있어서도 예배 때마다 고백하는 사도신경(使徒信經)의 신앙고백인 것이다. 즉, "**나는 전능하신 아버지 하나님 천지의 창조주를 믿습니다**(성부 하나님을 믿음). **나는 그의 유일하신 아들 우리 주 예수 그리스도를 믿습니다**(성자 예수 그리스도를 믿음). 그는 성령으로 잉태되어 동정녀 마리아에게 나시고 본디오 빌라도에게 고난을 받아 십자가에 못 박혀 죽으시고 장사한 지 사흘 만에 죽은 자 가운데서 다시 살아나셨으며 하늘에 오르시어 전능하신 아버지 하나님 우편에 앉아 계시다가 거기로부터 살아 있는 자와 죽은 자를 심판하러 오십니다. **나는 성령을 믿으며**(인격적 성령으로 믿는 믿음) 거룩한 공교회와 성도의 교제와(거룩한 공동체 곧 교회를 중심으로 한 생활신앙) 죄를 용서받는 것과 몸의 부활과 영생을 믿습니다."

그러므로 사도신경(使徒信經)은 성부, 성자, 성령 곧 삼위일체 하나님이 강조되는 복음신앙의 고백인 것이다. 그래서 믿음의 대상이 셋이 됨에도 불구하고 한 믿음 안의 고백이 되는 것은 믿음의 대상은 삼위일체 한 하나님이 됨으로써 삼위일체 하나님을 믿는 복음 신앙은 곧 사도신경 안의 성도 교제의 고백처럼 교회로 말미암은 성도의 생활신앙으로도 연결(連結)되어야 하는 것이다.

이는 곧 독립적(獨立的)인 성삼위(聖三位)가 일체(一體)의 한 하나님이 되심과 같이, 그 직무로 말미암은 연합(聯合)의 하나가 되심과 같이 그 삼위일체(三位一體) 하나님을 믿는 온 교회는 찬송가 220장 3절 부분의 가사와 같이 "한 피 받아 한 몸 이룬 형제자매로서" 교회를 자기의 피로 사신 교회의 주인이 되신 하나님과 교회의 머리요, 몸이 되신 예수 그리스도 안에서 천국 영적(靈的) 양(羊) 떼 곧 참목자 예수님의 양 떼 양육(養育)을 위탁(委託)받은 목회자(牧會者, 요21:15-17)를 중심(中心)으로 한 모든 직분자(職分者)와 일반 성도와 어린아이에 이르기까지 "주님도 한 분이시요, 믿음도 하나요. 세례도 하나라(엡4:5)."라는 말씀 안에서의 연합(聯合)의 하나가 되는 거룩한 화목(和睦)의 공동체(共同體)를 이루어서(요17:20-26 ; 엡2:13-22) 이 시대 삼위일체 하나님의 복음사역(福音使役)을 능히 감당해야 한다.

이러한 의미(意味)의 권면은 거룩한 공동체(共同體)를 이루는 성도(聖徒)들의 교회적(敎會的) 생활 신앙(信仰)으로서 바울 사도(使徒)의 빌립보 교회의 직분자(職分者)들과 성도(聖徒)들에게 보내는 편지 중(빌2:1-11)에서도 구체적으로 권면(勸勉)되었던 사실을 볼 수가 있는데 삼위일체(三位一體) 하나님 안에서의 성자(聖子) 곧 예수 그리스도의 직접적(直接的)인 사역적(使役的) 예(例)를 들어 *"너희 안에 이 마음을 품으라. 곧 그리스도 예수의 마음이니 그는 근본(根本) 하나님의 본체(本體)이시나(삼위일체 하나님) 하나님과 동등(同等)됨을 취(取)할 것으로 여기지 아니하시고(이미 여러 차례 삼위일체에 관한 증거로 인용되었던 말씀) 오히려 자기(自己)를 비워 종의 형체(形體)를 가지사 사람들과 같이 되셨고 사람의 모양(貌樣)으로 나타나사 자기(自己)를 낮추시고 죽기까지 복종(服從)하셨으니 곧 십자가(十字架)에 죽으심이라. 이러므로 하나님이 그를 지극(至極)히 높여 모든 이름 위에 뛰어난 이름을 주사 하늘에 있는 자(者)들과 땅에 있는 자들과 땅 아래에 있는 자들로 모든 무릎을 예수의 이름에 꿇게 하시고 모든 입으로 예수 그리스도를 주(主)라 시인(是認)하여 하나님 아버지께 영광(榮光)을 돌리게 하셨느니라."* 그러므로 그리스도 안에 있는 자(者)들은 예수 그리스도가 하나님의 근본본체(根本本體)이시나 하나님과의 동등(同等)됨을 취(取)할 것으로 여기지 않고 오히려 종의 형체(形體)로 복종(服從)하여 의(義)를 이룸같이 성도의 교회적 생활에서도 성령(聖靈) 안에서의 권면(勸勉), 위로(慰勞), 교제(交際), 긍휼(矜恤), 자비(慈悲) 안에서 **마음을 같이하여 같은 사랑을 가지고 뜻을 합(合)하여 한마음을 품어 아무 일이든지 다툼이나 허영(虛榮)으로 하지 말고 겸손(謙遜)한 마음으로 자기(自己)보다 남을 낮게 여기고 각각 자기의 일을 돌아볼뿐더러 다른 사람의 일도 돌아보라는 당부인 것인데 이는 곧 삼위일체적 사역(使役)을 따른 주 안에 있는 성도의 교회적 복음 생활신앙이 되는 것이다.**

그래서 성삼위(聖三位)의 은혜로운 직무수행(職務遂行)과 같이 복음 안의 사명감당(使命感當)을 위한 공동체 조직의 직분수행(職分遂行上)에 있어서는 계급(階級)이나 서열(序列)이 보이지 않아도 은혜의 질서가 명확한 교회 위계(位階)적 명령(命令)이나 지시(指示)가 없어도 인도자(引導者)와 지도자(指導者)에 대한 주 안에서의 순종(順從)과 말씀 안의 복종(服從)이 있는 성도(히13:17 ; 벧전5:5) 대(代)에 대(代)를 이어 충성(忠誠)으로 섬기고 있을지라도, 수많은 사람이 해야 할 몫을 혼자서 감당했을지라도 사람의 공적(功績)은 보이지 않는 교회, 봉사와 섬김에 있어서는 우리(내) 교회라는 주인(主人)의 심정(心情)으로 섬기며 최선을 다하되 언제나 하나님의 교회, 하나님의 청지기(廳지기, Steward)라는 사실(벧전4:10)을 한순간(한瞬間)이라도 잊지 않는 온 성도 서로가 존중(尊重)하며 이해(理解)와 용서(容恕), 용납(容納)과 그리스도의 은혜와 사랑을 나누는 모든 성도, 사람이 잘해도 삼위일체 하나님이 영광을 받는 교회, 교회의 규모(規模)를 자랑하기보다 예수 그리스도의 십자가 구원과 사랑을 자랑하는 복음적 사람들의 공동체(共同體)가 된다면 그야말로 성삼위의 하나되심과 더불어 연합(聯合)의 하나된 삼위일체 복음교회(福音敎會)로서의 진정한 '페리코레시스(Perichoresis)적' 지상(地上)의 천국교회가 될 것이다.

삼위일체 하나님

1판 1쇄 발행 2023년 3월 15일
지은이 권찬수

교정 주현강　**편집** 윤혜원　**마케팅·지원** 이진선
펴낸곳 (주)하움출판사　**펴낸이** 문현광

이메일 haum1000@naver.com　**홈페이지** haum.kr
블로그 blog.naver.com/haum　**인스타** @haum1007

ISBN 979-11-6440-315-8(03230)

좋은 책을 만들겠습니다.
하움출판사는 독자 여러분의 의견에 항상 귀 기울이고 있습니다.
파본은 구입처에서 교환해 드립니다.